地域で生活をすることを支えて

精神障害者との出会いから50年

三多摩精神看護研究会 編

はじめに

　私たちが三多摩保健婦看護研究会（以下研究会とする）をはじめたのは，1981（昭和56）年で精神衛生活動が始まってから15年後のことでした．研究会は月1回の事例検討を主としたもので，保健婦技術の向上を図ることと，保健婦自身が支えられることで精神衛生活動を継続していく力を蓄えたいという思いでした．
　当時，保健所はデイケアを開設し，ようやく精神障害者の社会復帰に取り組み始めていました．デイケアの開設にともない保健婦は，グループワークへの参加やデイケアの運営についての役割を担うなど，当事者の地域生活を積極的に支える方向で精神衛生活動をすすめてきました．そこで研究会では，保健所デイケアの意義や課題を明らかにし，保健婦の役割について検討しました．また，年1回の合宿で，個別事例の事後検討を行い，初回面接やかかわりの視点，また関係者との連携のあり方など保健婦活動の課題に取り組む作業を行ってきました．
　しかし保健婦は，序章にも記されているように地域や社会の流れの中で，地域精神衛生活動をどのように進めていけばいいのか悩んでいました．そこで，研究会で東京都の地域精神衛生活動の歴史を振り返り，保健婦が担ってきた活動を見直し，これからの保健婦活動の糧にしたいと考えました．また，精神医療やその歴史に学び保健婦が担ってきた地域精神衛生活動のあゆみを形にして一冊の本にまとめたいという話題がもちあがり，研究会発足から5年がすぎたころ，宿泊研究会で上記のことが提案されました．そしてメンバー全員が取り組むことを了解し，作業は研究会メンバーがグループにわかれて検討をすすめ，必要に応じて研究会に報告し，意見を集約しました．
　研究会は三多摩地域の保健婦で構成されておりますが，23区の保健所と勉強会・研修・衛生局学会・保健婦会等を通して交流してきたいきさつから，東京都全体の保健婦活動を対象にすることにしました．
　本の構成は，第1章に地域精神衛生活動が保健所においてはじめられた当時の東京都の特性と精神衛生活動をすすめるための保健婦活動の要因や問題点について延べてあります．初期の活動に参加した保健婦は，退職などで少なくなっていましたが，研究会メンバーが訪ね歩いて資料の提供を受けました．第2章は，編集委員で検討し保健婦活動の特徴的な9カ所の地区を取り上げました．第3章は，東京都の衛生局学会の報告から集約したものをテーマ別に分類し，それぞれについて検討し発表された内容をまとめました．第4章は，保健婦の自主的な研究会・勉強会について記述しました．
　この歴史のまとめから，保健婦は地域精神衛生活動に取り組むことで，公衆衛生活動をより幅広く進めることができるようになったと感じています．先輩保健婦の歩んできた歴史から学ぶことはたくさんあり，本書よりその一端を伝えることができれば幸いだと思っています．

目　次

はじめに …………………………………………………………………………… 1

序章 ……………………………………………………………………………… 7
1. 本書作成の意図とその背景 ……………………………………………… 9
2. 行政組織における保健婦の位置づけと働き方の特徴 ………………… 10
3. 精神保健活動の中で問われた地域ケアの担い手としての視点 ……… 11
4. サービス提供の基盤づくりとしての地区活動の後退が意味するもの ……… 12
5. 地域ケア展開のためのスーパービジョン・コンサルテーションサービス …… 13
　の必要性
6. 地域の再生に向けて ……………………………………………………… 13

第Ⅰ章　保健婦の精神衛生活動のあゆみ …………………………………… 17

1. 精神衛生活動の始まり …………………………………………………… 19
　1) 東京市特別衛生地区保健館における精神衛生相談の端緒 ………… 19
　2) 東京の保健所における医療社会事業（後の普及係）の医療相談 … 19
　3) 1960年当時の保健所保健婦の精神衛生活動 ………………………… 20
　4) 精神衛生法改正後の保健婦の取り組み ……………………………… 20
2. 精神衛生活動の担い手をめぐって ……………………………………… 21
　1) 保健婦から精神衛生相談員に ………………………………………… 21
　2) 保健婦の職名変更をめぐる労働組合保健所支部の意見 …………… 21
　3) 精神衛生相談員資格取得講習会受講について ……………………… 21
　4) 山谷地区への精神衛生相談員配置の問題 …………………………… 22
3. 保健所の精神衛生活動の取り組みとその問題点 ……………………… 22
　1) 取り組み始めた当初の保健所活動 …………………………………… 22
　　〔1965（昭和40）年－1969（昭和44）年〕
　2) 保健婦の実践活動の遅れ ……………………………………………… 23
4. 東京の保健婦の精神衛生活動の動向 …………………………………… 24
　1) 精神障害者の訪問活動－訪問対象の変遷－ ………………………… 24
　2) 精神衛生活動の実態－公衆衛生看護の中での活動－ ……………… 26

第Ⅱ章　それぞれの地域に沿った保健婦活動の展開 ……………………… 29

1. 取り上げた保健所の位置づけと特徴 …………………………………… 31

― 2 ―

2．第１期　諸活動の端緒を作り上げた時期 …………………………… 34
　１）中央区中央保健所－保健所における精神衛生活動の始まり－ …………… 34
　　（１）はじめに 34
　　（２）中央区の精神衛生相談活動 34
　　（３）関係機関との連携から地域の受皿づくりへ 35
　　（４）保健所デイケアの開設 36
　　（５）地域の作業所づくり 37
　　（６）地域活動の実際 38
　　（７）おわりに 42
　２）八王子保健所－「業務計画」に基づいた精神衛生活動の取り組み－ …… 42
　　（１）はじめに 43
　　（２）精神衛生活動をどのように始めたか 43
　　（３）保健所デイケアの発足 46
　　（４）共同作業所づくり－地域活動への広がり－（表３） 49
　　（５）精神衛生地域連絡協議会・専門委員会の中で保健婦の果たした役割 51
　　（６）おわりに 52
　３）小平保健所－精神衛生看護研究会を中心とした保健婦の実践活動－ …… 53
　　（１）はじめに 53
　　（２）保健婦の精神衛生活動の歴史（表８） 53
　　（３）「小平精神衛生看護研究会」を中心とした活動とその中で学んだこと 56
　　（４）看護研究会に参加した市保健婦の学び 57
　　（５）保健婦の実践活動を振り返る 58
　４）足立区足立保健所－生活相談室から公的作業所設立への動き－ ………… 60
　　（１）足立区における精神衛生活動の特徴 60
　　（２）1966年当時，保健婦はどのように精神衛生活動を始めたか 60
　　（３）デイケア発足から作業所づくりへ 62
　　（４）酒害相談 63
　　（５）保健婦の精神衛生活動－そこで担ったものは何か－ 65
　　（６）保健婦の精神衛生活動の展開をどう見るか 66
3．第２期　活動の広がり・特色が出て来た時期 ……………………………… 67
　１）練馬区の保健所－障害児の地区組織活動から精神衛生活動へ－ ………… 67
　　（１）はじめに 67
　　（２）精神衛生活動の歴史（図２，表11） 68
　　（３）今後の課題 77
　２）調布市・武蔵調布保健所－市町村との協働態勢による作業所づくり－ …… 78
　　（１）調布市の精神衛生活動 78
　　（２）武蔵調布保健所の精神衛生活動 80
　３）三鷹保健所－市民活動を基盤とした地域精神衛生活動の取り組み－ …… 83
　　（１）はじめに 83
　　（２）三鷹地域の概況 84

（3）三鷹地域における地域精神保健活動の歴史と保健所の関わり　　84
　　　（4）街に根づく精神保健活動　　91
　4）大田区糀谷保健所－研究助成金によるデイケアの開設の取り組み　　92
　　　（1）はじめに　　92
　　　（2）保健所精神衛生活動の展開　　93
　　　（3）糀谷家族会活動への支援　　97
　　　（4）共同作業所づくりの支援活動－保健婦の果たした役割－　　98
　　　（5）おわりに　　101
　5）島しょ保健所八丈島出張所－島しょ地区の地域性を活かした精神衛生活動　　101
　　　（1）八丈島の概要　　101
　　　（2）八丈島の精神衛生活動の歴史（表17）　　102
　　　（3）保健婦活動の実際　　104
　　　（4）精神衛生センター巡回相談－保健婦の役割－　　107
　　　（5）社会復帰に向かって－新任保健婦の体験記録－　　110

第Ⅲ章　東京都衛生局学会誌から見た保健婦の精神保健活動　　117

1．なぜ東京都衛生局学会誌に注目し，取り上げたのか　　119
2．検討の方法　　119
　1）情報収集の方法　　119
　2）検討の視点　　119
3．保健婦活動全般に関するもの～公衆衛生看護としての精神衛生活動～　　120
　1）はじめに　　120
　2）保健婦の精神衛生活動の取り組み　　120
　　　（1）Ⅰ群の概要　　120
　　　（2）Ⅱ群の概要　　123
　　　（3）Ⅲ群の概要　　123
　3）精神衛生活動をどのように展開したか　　124
　　　（1）衛生教育をきっかけとした取り組み　　124
　　　（2）地域精神衛生活動の実際～関係機関との連携から～　　124
　　　（3）保健所保健婦の活動の実際　　125
　4）地域精神衛生活動の広がり　　125
　5）考察とまとめにかえて　　125
4．精神衛生相談（一般精神衛生クリニック・酒害相談事業・老人精神衛生相談事業）　　127
　1）はじめに　　127
　2）検討の対象　　128
　3）精神衛生相談（精神衛生クリニック）　　128
　4）酒害相談（酒害クリニック）　　132
　　　（1）1群　三鷹保健所はどのように酒害クリニックを始めたのか　　132

（2）2群　品川保健所のアルコール依存症家族看護勉強会は　　　133
　　　　　　どのように始めたのか
　　（3）3群　世田谷区保健所は断酒会クリニックをどのように始めたのか　134
　　（4）酒害クリニックのまとめ　　　136
　5）老人精神衛生クリニックについて　　　136
　　（1）はじめに　　　136
　　（2）八王子保健所の活動事例報告から　　　136
　　（3）北区の活動事例報告から　　　137
　　（4）老人クリニックのまとめ　　　138
　5）おわりに　　　138
5．保健所デイケア（社会復帰促進事業）　　　139
　1）はじめに　　　139
　2）研究方法　　　140
　3）検討内容　　　140
　　（1）地域の状況　　　140
　　（2）保健所デイケアの準備　　　140
　　（3）デイケアの目的・目標　　　142
　　（4）デイケアの方法，活動内容　　　142
　　（5）デイケアから地域への広がり　　　145
　　（6）課題　　　146
　4）考察　　　147
　　（1）保健婦の役割　　　147
　　（2）保健所デイケアの機能　　　148
　5）おわりに　　　148
6．「事例」から見た保健婦の精神保健活動－支援の内容の経年的な変化－　　　149
　1）はじめに　　　149
　2）「事例報告」から経年的に見た保健婦の援助活動　　　149
　　（1）年代による地域における個別援助の特徴　　　149
　　（2）事例検討による援助技術の向上への努力　　　150
　3）事例報告から見た保健婦の果たした役割を検討する（表25）　　　150
　　（1）病気だから働けないと言って趣味に没頭している精神障害者に対する　151
　　　　保健婦の援助
　　（2）精神分裂病の母親とファロー四徴症の乳児の看護　　　151
　　（3）「餓死寸前の人」と連絡を受けてからの関わり　　　152
　　（4）登校拒否の高校生の相談を受け援助した例　　　152
　　（5）支援システムの中で保健婦が果たした役割を考える　　　153
　　（6）保健婦の引継ぎを考える　　　154
　4）おわりに　　　155
7．全体としてのまとめ　　　156

第Ⅳ章　精神衛生活動についての研修および学習会のまとめ …………… 157

1. 精神衛生センター主催の研修 ……………………………………… 159
2. 保健所または地域関係者との事例検討会 ………………………… 159
3. 学習会 ………………………………………………………………… 159
　1）三多摩保健婦精神看護研究会 ………………………………… 159
　　（1）発足の経過　159
　　（2）会のねらい　160
　　（3）事例検討会の課題　160
　　（4）会員について　160
　　（5）検討会の内容　160
　　（6）検討会を継続させたことが，保健婦活動にどのような影響を　160
　　　　もたらしたか
　　（7）合宿による事後検討　161
　　（8）年1回の合宿での事例検討のまとめと事後検討　163
　　（9）事例検討10年を振り返って　164
　2）特別区地域精神保健活動を検討する会 ……………………… 165
　　（1）発足　165
　　（2）会員　165
　　（3）目的　165
　　（4）検討会の持ち方　165
　　（5）検討会で学んだこと　165
　3）4木会 ……………………………………………………………… 167
　　（1）発足の時期・契機　167
　　（2）会員　167
　　（3）会の目標　167
　　（4）事例検討会の持ち方　167
　　（5）発足当初から現在（平成5年）までの運営の流れ　167
　　（6）保健婦活動への効果，影響　167
　　（7）助言者が得られたこと，メンバーの支え合いによる学び……　169
　4）グループの事例検討会（中野区保健所保健婦他） ………… 170
　　（1）発足のきっかけと経過　170
　　（2）勉強会を振り返って　170
　　（3）事例検討の一部を紹介する　172
　　（4）おわりに　175
　5）酒害相談検討会のあゆみ …………………………………………… 175

おわりに ……………………………………………………………………… 178

　　　　　　　　　　　　　　　　　　　カット　磯見明子

序 章

1．本書作成の意図とその背景

　地域ケアの担い手である保健婦は，母子，成人，老人などの対人保健サービスの一環として，精神障害者の地域での生活を支える活動を展開してきた．本書はそうした働き方の特徴を生かして，東京都において保健婦がどのように地域精神保健活動に取り組んできたかについて，その歩みを検討した記録である．
　本書の編纂を担った「東京都三多摩保健婦精神衛生看護研究会」は，1981年3月に三多摩地域の保健婦の自主研究会として発足した．その時期，「小平精神衛生看護研究会」による小平地域における保健婦の精神衛生活動記録が刊行され[1]，つづいて，「東京都特別区保健婦精神衛生看護研究会」「世田谷区保健所保健婦精神衛生事例検討会」[2]が発足するなど，保健婦の地域精神衛生活動における主体的な役割の担い方が，積極的に検討された．
　それらの研究会は，単に参加した保健婦が日々の実践を振り返るだけではなく，それぞれが所属する保健所・市区町村の「枠や壁」を越えて，互いの経験を蓄積し，集約する場となった．そして，地域ケアの担い手としての保健婦の主体性を確立すると共に，さまざまな立場や職種の人々との協同体制を生みだす基盤となった．
　このような保健婦の自主的な学習を動機づけた背景には，保健所において，いわゆる「精神衛生クリニック」，「デイケア」，「職親制度」などの精神衛生事業が増大し，保健婦業務に占める精神衛生の割合が高まっていたことが挙げられる[3]．他の業務と比べて時間とエネルギーをより多く割かれる精神保健活動に取り組むには，保健婦は同僚との間においても，保健所組織内においても地域ニーズに呼応した活動を優先するための，合意形成を必要とされた．
　さらに，この時期には地域の家族会や回復者クラブの発足，あるいはまた作業所や共同住居づくりなどの当事者および家族たちによる先駆的な活動が始められ，保健婦は，公的サービスの担い手としてそうした地域内の活動をバックアップする働きをも必要とされていた[4]．
　また，個別援助の面では，家族や近隣住民からの孤立・ひきこもり・家庭内暴力などに対する緊急な対応要請を始め，多問題を抱える家族へのきめ細かな日常生活援助を含めた包括的なアプローチが要請されていた[5],[6]．
　地域精神保健活動の第一線機関としての保健所保健婦は，当事者の自主性を尊重しながら，継続的に関わっていく力を必要とされた．しかも，使える社会資源が乏しい状況にあって，市町村保健婦をはじめ，それまでの活動で培ってきた人々との関係をいかしながら，地域内の新たな支援体制づくりを模索していた[7],[8]．
　一方，精神障害者にとって，この時期は，保健所デイケアの普及により，従来の限られた病院という"医療の場"から，一般の人々が利用する保健所という"場"に登場し，保健所職員をはじめ地域住民とふれ合う機会が高まった．加えて，小規模共同作業所の普及により，病院でもなく保健所でもない，新しい形の地域社会への参入の"足場"が作られ，これが精神障害者の問題を地域社会に提起していく運動の拠点ともなっていくのである[9]．
　1980年代の「国連障害者年10年」の運動の中で，身体障害や知的障害など，他の障害者活動に連動して，それまで立ち遅れていた精神障害者の地域内支援活動への関心が高まった．草の根的に共同作業所づくりが進められる過程で，精神障害者が仲間と集う場や働く場が地域の中に生みだされ，セルフヘルプ・グループ活動やボランティア参加のルートが切り拓かれていった[10]．

このようにして，従来の病院中心の処遇から地域での生活の定着を支えようとする動きが芽生えてはいた．しかし，そうした処遇の変革への気運が醸成されていたにもかかわらず，それら先駆的な試みを行政の責任において普及させていく抜本的な施策の転換はなされなかったのである．

　したがって，行政が急場しのぎの"頼みの綱"として保健婦を動員する構造は変わらなかった．保健婦の増員も，活動への財源も，公衆衛生機関のリーダー育成も保障されない中で，地区活動は個々の保健婦の「熱意と使命感」にまかせられるしかなかった．

　地域内の"受け皿"を創りだせないままに，一方で精神病院の病床数の増加，在院日数の延長が依然として続く中で[11]，保健婦の訪問活動が開始されたことにより，精神障害者の施設収容を助長しかねない状況が生みだされた．地域隔差・保健所隔差は広がり，保健婦はジレンマをいっそうつのらせていった．

　私たち研究会に参集した保健婦は，このような状況に甘んじることなく，自らの実践を点検し，互いの試みを共有すると同時に，その成果を広く関係者との議論に付したいとの思いを強くしていた．その一つの方法として，研究会の活動記録の刊行が計画された．

　研究会での討議過程をテープに収録したものを，報告集としてまとめる作業を進める中で，筆者らは地域精神保健活動の全体状況の把握と，保健婦が直面している課題の重要さを痛感させられた．これまでの保健婦活動の歩みをふり返り，これからの方向を見つめ直していくことを迫られた．

　そこで，研究会メンバーの活動や報告に限らず，既存の資料の検討をも含めて，東京都の保健婦がどのように精神保健活動を担ってきているかをまとめ，問題提起しようと思い立ったのである．

　したがって，本書は，次の3部から成り立っている．1つは，地域精神保健活動を先駆的に取り組みはじめた都内の数か所の保健所を取り上げ，それぞれの活動の特徴を検討し，位置づけを行ったものである．2つは，東京都衛生局学会誌への保健婦による精神保健活動報告を取り上げ，精神衛生クリニック・デイケア・訪問活動などの取り組みの実態を検討したものである．3つは，公衆衛生学会・日本看護学会など関連学会の報告から保健婦の自主的な研究会活動について考察したものである．

　本書のような形で，東京都における保健婦活動の歩みを編纂するまでには，多くの曲折があった．また，予想以上の長い年月を経過してしまい，この間の厳しい現実の前に発刊の時宜を逸した感はまぬがれない．しかしなお，本書が刊行されるに至ったのは，他でもなく，激しい時代の波にゆさぶられ続けてきた保健婦活動をふり返ったとき，幾つかの重要な節目のあったことに考え及ばされるからである．そして，"今，なぜ，このようにあるか"を見定め，引き継いでいくことに意味を見いだし得たからである．

　精神障害者の地域での生活の継続を支える社会環境の改善はいまだに遅々としている．筆者らがこの「記録づくり」を思い立った当初から抱いていた保健婦活動をめぐる危惧の念は残念ながらいっそう強まっている．この期に及んだ本書の刊行も，今日，そうした危機意識を改めて共有し合い，これからの方向を見定めようとする一助となるならば，との思いをこめてのことである．

2. 行政組織における保健婦の位置づけと働き方の特徴

　日本の公衆衛生活動の拠点としての保健所は，その管轄地域の住民に対する対人保健サービスと環境保健サービスとを担っている．保健婦は地方自治体の保健部門に属し，公的

保健サービスの担い手として一定の地区を担当し，その住民の健康問題を包括的に把握しながら，地区活動を担っている．そうした働き方は地域住民のニーズを汲み上げていくコミュニティ-オルガナイザーとして重要なものであり，保健婦活動の基盤でもある．

しかしながら，保健婦は行政の末端組織に配置されているため，行政当局からの「通達・通知」によって全国一律に動員される側面をもっている[12]．その時代の社会的問題でもある「疾病対策事業」の実施を末端行政機関としては優先することとなり，その関連業務が肥大化し，保健婦の訪問等の地区活動は圧迫され続けてきた[13]．

すでに当初から，保健婦一人あたりの担当する地域が広すぎることや，対象人口が多すぎることによって，地域特性に応じた地区活動の展開が困難な状況にあることは指摘されていた[14]．その後も大幅な増員はなかったが，それでもなお，保健婦は地区を担当して働く持味をいかし，包括的な対人保健サービスを通して地域住民のニーズを掘り起こし，地域ネットワークの結び目としての役割を担ってきた．

保健婦の働き方は，公務員として形の上の公平さという制約に加え，属する組織の性格やその組織責任者の姿勢や考え方によっても制約されてきた．これらの要因は，地域の先駆的な動きをバックアップし，地域のニーズに呼応していく保健婦の活動を進めにくくしている．保健婦が自らの置かれているそうした組織的状況に無自覚であることにより，地区活動の削減を余儀なくしていった面も否めない．

とくに，地域精神保健活動において，保健婦は公的機関に所属する専門家として，他の関係機関や地域住民から早急な"問題処理"への要請を受け，社会防衛的な役割を担わされかねない状況にも置かれた．

地域での生活支援のための社会資源が未整備な状況の中で，精神障害者の処遇は，それぞれの地区担当の保健婦の判断や力量によって，大きく左右されてきた．

保健婦は個別的援助を通して，当事者の置かれている状況を改善する働きが期待されていたにもかかわらず，保健所の膠着したシステムの中で自らの力を発揮し得なかったのである．

3. 精神保健活動の中で問われた地域ケアの担い手としての視点

日本の公衆衛生活動においては，「結核対策」を通して「感染症モデル」「疾患モデル」に基づく"早期発見・早期治療"に象徴される一定のアプローチが作り上げられてきた．しかし，精神保健活動においては，健康診断や届出などにより対象を把握し，指導管理するという方式は，適用し得なかった．精神保健問題の顕在化されてくる過程は多様で，提供されるサービスが目に見えにくく，評価もされにくい．さらには精神科医療の暗い歴史や社会の差別・偏見によって，援助の活用への動機づけがしにくいなど，保健婦の取り組みを阻む多くの壁があった．

さらに，実際の日常生活の継続を支える時間外訪問・関係者とのペア訪問・緊急に生活用品を届けたり整えたりするなどの援助，あるいはまた，社会資源の利用を動機づけるまでの関係づくりのきめ細かな働きかけは，数量的なデータに基づく行政評価には位置づけられにくく，また，それに充当する予算枠が定められていない．

そうした中においても保健婦は地域住民の一般健康問題を幅広く扱っている立場をいかし，精神保健サービスの主体的な利用を動機づけたり，地域内の支えのネットワークを生

みだす役割を担おうとしてきた．例えば，母親学級，乳幼児グループなどの母子保健活動のなかで，あるいはまた，寝たきり老人の在宅ケアを通して，精神の保健問題を持つ人やその家族を脅かさずにアプローチする．さらに，家庭訪問活動を通して，育児不安やアルコール依存，児童あるいは老人虐待のきざしなどを早期に把握する，学校の養護教諭と共にいじめや不登校の問題に取り組む，家族や近隣の人々との対人トラブルをめぐり，民生委員や住民自治会の世話役などから相談がもちかけられるなど，地域の人々の生活全般に亘って精神保健的なアプローチを試みてきたのである．

このようにライフサイクルのあらゆる局面で関わることができ，"タテ割りの健康問題別"ではなく，家族，あるいは地域全体の健康生活の改善に働きかけることが可能なのである．そうした包括的なアプローチは，今なお，精神障害者への差別・偏見が強い中で，大きなメリットとなっている．

保健婦は多くの場合，"問題"が生じている場に出向くことを求められ，しばしば関係者相互の葛藤・緊張・利害の対立などが交錯する中で当事者と関わることになる．地域でのケアはだれにとっての何が"問題"か，あるいはだれがどのような援助を必要としているかを確かめることから始まる．そのため，初期における保健婦の関わり方は，援助を必要としている当事者との信頼関係を培う上で重要であり，このことがその後の処遇の方向を大きく左右するのである．

本来，地域ケアの担い手としての立脚点[15]は，当事者の自己発揮を支える環境づくりであり，個別援助によるより安定した関係づくりにある．家族や近隣，警察，福祉事務所などから"困った人や問題"への対処や解決を要請された場合においてもなお，当事者と確かめ合う場と機会を作り，その人の自己対処能力を高めていくことに主眼を置く．すなわち，相談として持ち込まれてきた"問題"を通して，そこに関わる人々の考え方やそれまでの対応などを確かめ合い，当事者の表現を支え，社会資源の活用に向けて合意を得る過程を重視する者であるはずである．

しかし，関係機関や地域住民から，公的機関として早期に事態の収拾を要請される場合も多い．保健婦はジレンマをつのらせながらも，当事者の地域での生活継続を支える社会経済的条件や環境を整えていく方向に，さまざまな立場にある人々と協同していく力量を問われたのである[16]．

4. サービス提供の基盤づくりとしての地区活動の後退が意味するもの

精神保健的アプローチは，その顕在化の過程でも，それに対する処遇を方向づける関わりにおいても，地域住民や関連諸機関との連携なしには進めることができない．前述したように，保健婦の日常的な地区活動は，その基盤を培うものである．地区活動の中で，保健婦は当事者が援助を要請しやすい場や機会に居合わせることができる．また，地域のいろいろな立場の人とのつながりをもっているので，ごく初期に相談が持ち込まれやすい状況を作ることができる．さらに，それまで身近な所で本人を支えてきた家族などが，抱え込んだり，疲れ果てて共倒れする以前に，具体的な生活場面を通して「対応のしかた」を示すこともできる[17]．

しかしながら，行政責任において，そうした保健婦の取り組みを保健所活動の基盤として位置づけ，それをバックアップするシステムを確立する方向はとられてこなかった．地域住民へのサービスの一貫性と継続性に対する責任の所在が曖昧な中で，地区担当制を主

軸として働く保健婦には過重な負担がかかることになる[18]．

例えば，「家庭内暴力」「生活の困窮」などとして顕在化した精神保健問題が，警察や福祉事務所などから保健所に相談が持ち込まれた場合など，組織管理者は地域住民の苦情処理と事態収拾を早急に求める．地区担当保健婦は当事者と直接会う機会を作ることを優先し，時間と根気を要するアプローチを試みようとする．そうするためには，適正な対象人口やその裏づけとなる保健婦の増員はもとより，保健婦の地区活動における判断と対応をバックアップする保健所の地域への責任を明確にしなければならない．

一方，母子，成人，老人，そして近年はエイズなど，「タテ系列」でそれぞれの事業が次から次へと下ろされてくる中で，業務は増大し，それに伴って，保健婦の所内業務はますます増大することとなる．地区担当保健婦の裁量で融通しやすい，「地区活動」が削減される結果となる．しかも，そうした事業に対して，1か月1～2回の非常勤の嘱託医の確保とその補助者を雇用する程度の予算が充当されるにすぎない．このようにして保健所事業は肥大するが，それらの基盤ともいうべき地区活動を担う保健婦の増員は実現されることなく，地区活動が，年を追って後退してきたのである．

加えて，保健婦の管理的，機械的な配置換えは，保健婦が地区活動で培ってきた地域住民や関係諸機関との信頼関係の確立への配慮が皆無の中で，行われ続けている．

5．地域ケア展開のためのスーパービジョン・コンサルテーションサービスの必要性

保健婦は，暮らしの場に出向き，その場で判断しながら一人で対応することが多い．とくに，精神の場合には，当事者が援助の必要性を合意し，処遇の見通しがつくまでに長い期間を要するため，個々の保健婦の取り組みがチームに共有され，サービスの継続性と一貫性を保障するサポートの仕組みが必要となる．しかし，現実には保健婦をサポートし，その経験を蓄積するための場や機会をシステムとして確立してこなかった．

そもそも実践家は自らの実践を多角的に検討し，経験を意味づける相互学習によって，サービスの質を高めていく必要がある．保健婦が実践の中で直面する"困難さ"を見すごすことなく，それを成長の糧とするには，取り組みの過程を意味あるものとして確認し合うことのできる"人の存在"が不可欠である．その人は，組織のラインから比較的自由な立場を取りながら，保健婦が地域全体を視野に入れて働きかけを行えるように側面からサポートする専門家であることが望ましい．

私たちの研究会もまた，このような地域ケアの担い手を支える「スーパービジョン，コンサルテーション」の場の1つとして機能していたと考える．そこでは参加者が持ち寄った事例を中心に互いの判断，対応，その根拠や妥当性，さらにそうした取り組みの背景や基盤となっている地域の動きを検討し，方向づけが行われた．

こうした働きをもつ具体的な存在として，スーパーバイザー・コンサルタントの派遣や配置がシステムとして保障される必要がある．

6．地域の再生に向けて

わが国では，疾病に対しては医療を，障害に対しては福祉をという考え方で行政施策が進められてきた．そして，障害に対しても身体障害と知的障害とに区別した別箇の福祉法

があるのみで，精神障害者は障害者福祉施策からも適用除外されてきた．

この数年，「心身障害者対策法」から「障害者基本法」(1993)へ，「保健所法」から「地域保健法」(1994)へ，「精神保健法」から「精神保健福祉法」(1995)へと，障害者の処遇をめぐる法制度の立ち遅れは徐々に改善されつつはあるが，いまだ抜本的な改革を実現できていない．「保健所」を中心として進められてきた地域精神保健活動は，市区町村を実施主体とする方向へと切り換えられつつある．高齢者施策におけるゴールドプラン（高齢者保健福祉10ケ年戦略，1989年），新ゴールドプラン（1995年）にならって，国は障害者施策においても障害者プラン（ノーマライゼーション7ケ年戦略，1995年）を打ちだし，市区町村における障害者福祉計画の策定も進められている．しかし，高齢者保健福祉計画とは異なって，障害者計画は市区町村に義務づけられたものではない．そのため，計画を立てない自治体もみられるなど，障害者プランに謳われた内容の実現に向けては，さらなる働きかけが必要となっている．

また，地方分権の確立があって初めて，市区町村が地域住民の生活や健康の問題に取り組めるものである．しかし，いまだ中央集権の堅固な日本においては，必要なヒューマンパワーも財源の保障もないままに，事務の移管や事業の実施責任が市区町村に負わされつつある．そのため，一定の水準が保たれるはずの公的サービスにいっそうの地域格差が生みだされている現状にある．

一方で，現代社会における広域的な公衆衛生問題が次々と生じ，人々の健康生活を脅かし，健康不安をますます高めている．ゴミ問題やダイオキシンなどの環境問題，食品の安全の問題など，市民生活を脅かす問題が顕在化する中で，地域保健活動は新たな局面に立たされている．しかし，これらの地域ニーズの高まりに対し，技術的にも方法論的にも呼応できる体制を持ち得ていない．

また，暮らしの場での人と人とのつながりが稀薄になる中で「こころの健康問題」が社会的関心事となっている．保健所の統廃合が進められる中で，保健婦の地区活動はいっそう困難な状況に陥っている．辛うじて地域の人々や関係機関スタッフとの連携を積極的に担ってきている保健婦が，個人的な努力によって，地域内の新しい動きに加わっているにすぎない．

こうして，公共サービスへの期待が高まっているにもかかわらず，地域の中で保健・医療・福祉サービスの「つなぎ手」となり得る保健婦の地区活動は，危機に瀕しているのである．

急激な変貌を遂げつつある時代の転換点において，利用者（ユーザー）本位の保健医療福祉の「仕組みづくり」とそれへの市民参加がめざされている．そうした中で保健婦は人々の健康生活の守り手として，どの時点で，だれと，どのように組んで仕事をするかの選択を迫られているといってよい．

昨今，「公的介護保険制度」をめぐる論議が交わされているが，形や時間で評価されにくい側面が，現在の保険方式では抜け落ちやすいといった問題をはらんでいる．ましてや，形にならず評価されにくいサービスが主流となる保健福祉の分野において，しかも，社会資本の基盤整備がなされてこなかった日本において，安易な「市場原理」の導入には多くの問題がある．制度の狭間で，サービスの対象から除外されやすい人々への対応や，提供されるサービス，全体の質の維持向上に向けての公的サービスの役割は重要である．

人はだれでも，病気や障害があっても，一人の人間として社会の営みに参加し，自分らしさを発揮して自らの生活を作り上げていく権利をもっている．私たちの社会は，この，人が生きる上での大前提である，人としての当然の願いや希望を，「精神疾患をもってい

る」との理由によって当事者から奪い取ってきてしまっている．こうした障害者にもたらされている「社会的不利」を改善していくための，社会の側の努力は今，ようやくにして始まったばかりである．従来の医療の枠内での疾病対策やリハビリテーション施策を越えて，新しい「健康観」や「障害観」に基づいた支え合いのシステムを創り上げていかなければならない．社会全体で担うための「財源と人材」が得られるような新しい価値づくりに向けて，公的サービスの担い手としての保健婦の責任は重い．広い視野から社会の動きを捉え，地域住民のニーズに沿った働き方を選択しながら，地域再生に向けての新たな取り組みの方向を探り続けていきたい．

本書が，厳しい状況の中でそうした努力を続けている保健婦たちはもちろんのこと，さまざまな立場にある多くの関係者たちとの意見交換の素材として活かされていくことを切に望む次第である．

(1998年3月　外口　玉子)

参考文献

1) 小平精神衛生看護研究会編：小平地域における保健婦の精神衛生活動の記録；地域保健研究会，1982.
2) 外口玉子・伊藤ひろ子・伊藤昌子・鳥谷邦子・小堀由祈子・遠藤厚子編：精神衛生活動における学び合い支え合う，チームづくりをめざして－自主研究会の5年間の歩みと事例検討の記録－；世田谷区世田谷保健所保健婦精神衛生事例検討会，1986.
3) 1984年の，保健所・市町村における個別健康相談・面接および訪問の総延回数のうち，精神障害者を対象とした割合は40.2％となっている．また，デイケア実施の保健所数は557か所で，全保健所の65.1％，
さらに5年後の1989年には，657か所で，全保健所の78.4％と増加している．(厚生省「保健所運営報告」)
4) 地域精神保健業務連絡会編集委員編：地域精神保健活動のあゆみ；業務連25周年記念，東京都小平保健所地域精神保健連絡協議会・地域精神衛生業務連絡会，1994.
5) 最上キクエ・外口玉子：ひとり暮らしの精神分裂病を病む老人の生活と保健婦の援助活動をめぐって；保健婦雑誌33(7):2－61,1977.
6) 染谷睦子・最上キクエ・外口玉子：家族から"無断欠勤，暴力行為"を問題とされひきこもり状態にあった青年が職場復帰するまでの過程；保健婦雑誌37(8):10－48.1981.
7) 外口玉子："地域社会内支援"のあり方を考える－ケアの担い手の問題とその担い方への一提言；日本公衆衛生雑誌27(10):200－203, 1980.
8) 外口玉子：保健婦の地域精神衛生活動；地域保健13(6):7－51, 1982.
9) 全国精神障害者家族会連合会：社会で共に生きる方法を求めて．精神障害者の社会復帰と社会参加を推進する全国会議報告書；1987.
10) 藤井克徳：福祉型作業施設における活動；(蜂矢英彦・村田信男編　精神障害者の地域リハビリテーション，第5章).210－236, 医学書院, 1989.
11) 精神病床数は1965年当時は16万であったものが，20年後の1985年には34万床となっている．また，精神病院の患者の在院日数は536.3日 (1985年) で，長期在院患者の社会復帰の困難さを示している．(厚生省「我が国の精神保健」)
12) 1966年2月に「保健所における精神衛生業務運営要領」を通知した．こうして保健所の精神保健業務は開始されたが，その後，保健所の精神保健業務に関するものとして，1975年7月に「保健所における精神衛生業務中の社会復帰相談指導実施要領」が通知された．さらに1983年1月に「保健所におけ

る精神衛生業務中の老人精神衛生相談指導要領」と，1987年9月に「保健所における精神衛生業務中のデイ・ケア事業実施要領」がそれぞれ通知されている．

また，保健所内における健診などの保健事業も，1961年の3歳児健康審査制度制定，1965年の精神衛生法の改正，同年の母子保健法制定，1982年の老人保健法制定，1988年の精神保健法，労働安全法の改正等があるごとに，またそれ以外にもさまざまな通知という形で，保健婦業務はいやおうなく拡大してきた．こうした事業の多くは，保健所内の固定化された業務として，週単位，月単位で年間計画に組み込まれ，保健婦の稼働日数の多くが，このような事業で埋められている．

13) 外口玉子他：地域精神保健活動における看護マンパワーの動向；21世紀に向けてのメンタル・ヘルス―わが国の精神保健体制の現状とその改革への提言（秋元波留夫編）198－240，日本精神衛生会，1991.

14) 1989年の，保健婦の就業状況は，総数23,559名で，その内訳は保健所35.9％，市町村46.9％，その他17.2％となっている．なお，保健婦一人当たりの受持人口は，全国平均で6,497人であるが，地域差が大きく，最低3,310人（島根県）に対して，最高11,358人（神奈川県）となっている．東京都は10,021人となっている．

また，保健婦の家庭訪問総件数に占める精神障害者への家庭訪問の割合についてみると，保健所保健婦は，16.6％（全国），20.0％（東京都）であり，市町村保健婦は，3.6％（全国），5.4％（東京都）となっている．

15) 外口玉子：地域ケア展開の視点と保健婦活動の再考－"暮らしの場"としての地域で精神障害者を支える－；保健婦雑誌43(11)，25－33，1987.

16) 外口玉子：保健所・精神衛生センター等における社会復帰活動と自助グループへの支援活動の現状と課題，社会で共に生きる方法を求めて－；「精神障害者の社会復帰と社会参加を推進する全国会議」報告書，全国精神障害者家族会連合会，1987.

17) 最上キクエ：保健婦が担った地域精神衛生活動－20年にわたるあゆみをふり返って；バオバブ社，1997.

18) 外口玉子：地域ケア展開と支援システム；精神医学30(6)，679－692，1988.

第Ⅰ章　保健婦の精神衛生活動のあゆみ

戦後，1950（昭和25）年に精神衛生法が制定され，精神障害者は法的に医療および保護を受けることができるようになった．また，これは精神衛生が公衆衛生の領域に位置づけられた端緒として，きわめて大きな意義を持っていると言ってよいであろう．これまで精神障害者は家族や近親者のみならず，社会的にも「狂人」扱いされていた．この背景には，永年にわたる為政者の障害者に対する施策がなかったことが挙げられる．

1950（昭和25）年当時の保健所は結核対策が活動の大半を占めており，保健所（筆者の勤務保健所は品川）保健婦はこの法制定の意義について話題にするほどの関心を持っていなかった．そのために，保健婦の日常の活動の中で「ちょっと気になるな」と思われる人と出会っても，その人に対して有効なケアを提供することはできなかった．

それから15年後，突発したライシャワー事件を契機に精神衛生法の一部改正が行われ，保健所が精神衛生活動の第一線機関としてその活動を担うことになった．保健婦が精神衛生活動を始めて20年あまりが経過した．保健婦の活動の端緒はどのようなものであったか，保健婦活動の経緯とその概要について見てみよう．

1．精神衛生活動の始まり

1）東京市特別衛生地区保健館*における精神衛生相談の端緒

保健所の精神衛生相談は精神衛生法制定〔1950（昭和25）年〕の約15年前の1936（昭和11）年に，東京市特別衛生地区（中央区）保健館*において，精神衛生相談および優生相談事業が村松常雄医師によって始められたことが活動の端緒である．文献[7,8]によると，精神衛生相談の初回相談数187（延べ320；1937年）〜176（延べ276；1939年）と多くの相談者を迎え，精神衛生相談者に家庭訪問を行っていた．1944（昭和19）年10月，保健館は中央保健所と名称を変更した．

2）東京の保健所における医療社会事業係（後の普及係）の医療相談

1947（昭和22）年，新保健所法に切り替わって，保健所は4課17係の機構となり，その中に医療社会事業係が新たに加えられた．ただしこの機構は中央・杉並のモデル保健所のみで，その他の保健所は1952（昭和27）年の機構改革によって3課9係になり，医療社会事業係は普及係の一員になった．しかしこれまでに採用された13名のケースワーカーは，医療・生活相談を主にした結核・母子・精神病に関係する相談を行った[9]．

1950（昭和25）年の精神衛生法施行当時，中央・杉並西保健所以外の保健所は結核予防活動に全力投球しており，精神衛生活動・優性保護相談は保健所活動として表示するに止まった．

東京都衛生局年報から医療社会事業の中の精神病に関する相談件数を見ると，1953（昭和28）年には558件で全医療相談数の1％であったが，1960（昭和35）年には1,173件，14.6％と増加し，さらに1965（昭和40）年には2,916件，21.3％と増加してきた．この相談件数はケースワーカーが配属されてい

＊ 保健館は都市型の地区保健事業のモデルを確立することと，国で養成する衛生技術官の臨地訓練機関として，米国ロックフェラー財団の協力を得て，1935（昭和10）年10月に設立された．保健館の事業は公衆衛生の理論・技術・経験の実際的適用を実践するということで11の事業を実施したが，その1つに精神衛生が入っていた[7]．

ない保健所からも出ているので，全都的に精神衛生相談の必要性が高まっていたと考えられよう．とは言え，法施行後の精神衛生相談の多くはケースワーカーによって担われていたのであった[10]．

3）1960年当時の保健所保健婦の
精神衛生活動

　その中で東京都本所保健所では，1961（昭和36）年4月，精神科医による相談（クリニック）週1回開設している．さらには1964年には管内の総合病院（精神科併設）と提携し，地域精神衛生活動に目を向けた働きかけとして，精神科受療中断者への訪問を試みている．住所不明や転居者が多く，受療に結びついた例は少なかったが，保健婦はこの体験を通して精神衛生活動の第1歩であるとし，以後，精神衛生相談や家庭訪問を進めている．保健婦が精神衛生のケースと関わるのは，主として家庭訪問の場で相談されるという形態が多かったために，その実績は保健婦月報の「その他の疾病」に入れられ，病弱者や身障者等と一括されていた．

4）精神衛生法改正後の保健婦の取り組み

　保健所における精神衛生に関する組織的な取り組みは1966（昭和41）年以降であったが，当時「保健所だより」のような広報手段はなく，新聞・テレビ等から情報を得て保健所に相談に来るか，あるいは福祉事務所や警察の紹介で相談に来るのを待つという形が多かった．
　保健所の精神衛生活動は「精神衛生相談」の開設で始められた．開設した保健所は12か所で，「精神衛生相談」に精神科嘱託医を迎え，精神衛生相談員を配属した上で実施された．従って保健婦は，精神衛生相談の運営に関心と期待を持っていたが，精神衛生相談員と保健婦とのチームワークの持ち方，役割分担等について話し合うことは少なかった．つまり，合意を得るまでには至らなかったと見るべきであろう．
　保健婦の個別相談を契機として，精神衛生センター医師の支援を受けた日本橋保健所の例を見てみよう．
　相談実績は1966（昭和41）年1月から1968（昭和43）年9月の間に38人（実人員），延べ225件であった．相談経路は「保健婦が結核や成人病ケースへの訪問目的で訪ねた家庭訪問の過程で家族から相談を受けたもの」16件，「関係機関からの連絡」15件，「家族・隣人等」7件となっている．家族の相談が少ないのは，住民への周知が不十分であったためであると推測される．
　家族が困惑しきって相談に来た事例を挙げると，35歳の息子が1人で部屋に閉じ籠もり，会話もしない状態になって，困り果てた母親が保健所を訪れたが，保健所を行きつ戻りつくり返すこと6，7回，やっと保健所の受付で相談の主旨を伝えたというのである．このような状況を知るにつけ，保健婦は改めて家族の大変さを知ったのであった．
　精神障害者の家族は遠くの専門病院ではなく，近くの保健所に相談窓口ができたことを非常に喜んでいた．
　関係職種と援助方針を共有することにも困難があった．福祉事務所のケースワーカーは，生活保護受給者で「こころの病気」と思われる人に対しては，できるだけ早期に専門病院に受診させるという指導方針を持っている人もいた．保健婦に対しても，妄想・幻覚症状のあるケースがいると，すぐに専門医の診断を受けさせてほしいと依頼してきたり，ハイミナール中毒で入退院をくり返しているケースについて，少しでも長く入院させておくように家族を説得してほしい，と依頼してきたりすることもあった．
　保健婦は専門医への受診は，ケースがどの

ような生活ができているのかを見届けた上で，本人との関係を作りながら勧めることが大切だと考えていた．また，いたずらに長期入院させることは本人や家族にとって適切でないとも感じていた．

このように，それぞれケースの捉え方，対応の方法が異なっていることが多く，一緒にケースに関わる際には戸惑うことが多かった．どうにかして一致点を見出したいという思いを抱く一方で，とても難しいと感じたりしていた．

2．精神衛生活動の担い手をめぐって

1）保健婦から精神衛生相談員に

1960（昭和35）年，世田谷区梅ヶ丘に都立精神衛生相談所が設置された．この都立精神衛生相談所では，法改正の翌年に，台東区下谷に都立精神衛生センターが開設されたことに伴って，首都東京都の地域精神衛生活動の進め方の構想を練った．精神衛生センターの機能や役割を検討し，さらに保健所の精神衛生活動の進め方についても話し合われたという．その任に当たった梅ヶ丘精神衛生相談所長の南孝夫医師は，当時都立松沢病院に勤務していた小坂英世医師（元栃木県精神衛生センター勤務）の地域精神衛生活動を高く評価し，小坂医師とともに新しい精神衛生センターの構想を作った．その中で，地域精神衛生活動の担い手となる職種は保健所の保健婦が適切であるという意見であったという．その理由として挙げられたのは，保健婦は母子・成人・老人等すべての人を対象としていること，家族や市民から保健婦の訪問活動は受け入れられていること，であった．そこで保健所の保健婦に対して精神衛生活動の方法を指導しながら地域精神衛生活動を進めていく方向を打ち出した．保健婦が適切な活動を行うことで，保健所長を始め他の職員に精神衛生活動をPRし，理解を深めていきたいという意図があったという．

そして，法に基づく精神衛生相談員も心理・社会福祉関係者ではなく，資格取得講習会を開いて保健婦にその資格を得させた．そして1966（昭和41）年，保健婦から精神衛生相談員に転職を希望した保健婦60人に対して，書類・面接によって5名を選考した．その他に新規入都の保健婦5名を採用し，さらに翌年4月，保健婦1，社会福祉1の2名を加えて，計12名が12か所の保健所に配置された．ところが法には「精神衛生相談員を置くことができる」と規定されていたために，設置が義務づけられていない職種ということで大きな問題を残したのである．

2）保健婦の職名変更をめぐる労働組合保健所支部の意見

東京都衛生局としては，保健婦から相談員の業務に横滑りした保健婦に職名変更を強く勧めた．局は労働組合保健所支部にもその提案をしている．しかし，職名変更すると，相談員として新規採用となるので給与が減額する．相談員になった保健婦の中にはそれも止むを得ないという意見もあったが，労働組合は保健所保健婦の経験を生かすことを認めないのはおかしい，と主張を譲らなかった．結果として職名変更をしないまま，表向きの名称は精神衛生相談員として配置することになった．

3）精神衛生相談員資格取得講習会受講について

1969（昭和44）年，精神衛生センターにおいて精神衛生法に基づく精神衛生相談員資

格取得講習会を開催した．担当課のほうで相談員となった11名の元保健婦を対象とするだけでは，せっかく予算化した研修事業がもったいないという意見が出て，結局専任の相談員として働く保健婦と，保健婦活動の中で精神衛生活動を行う保健婦の両者に，同一の研修を行うという計画で実施に踏み切ったという経緯があった．従って，この研修は相談員の資格取得のためというよりも，保健婦の現任教育という位置づけを重視したものとなったのである．

しかし実際には，精神衛生相談員の専門性は何か，保健婦との違いは何か，といった点に関しては，依然混沌とした中で精神衛生活動が進められていったのである．衛生局は保健所の精神衛生活動を行う保健婦全員に，精神衛生相談員資格取得講習会を受講させる計画であった．

講習会は厚生省の指定した基準によって実施し，日程36日間，講習内容は精神医学および衛生行政，精神病院・保健所実習各1週間，面接技法実習，事例検討等，理論学習と実践活動からなっていた．保健所の精神衛生活動が進む中で，患者家族会や福祉関係者から地域ケアの質的向上，つまり社会復帰への積極的な取り組みについての要請が都に出された．それに対して都は「精神衛生相談員資格取得講習会」受講者数が保健婦全体の60％であることを提示し，鋭意努力していると述べている．しかし東京の精神衛生活動は，それを担う人として保健婦，精神衛生事務担当者，精神科嘱託医（週1回から月1回の相談）に限られているため，危機的対応ができなかった．また，いじめ，嗜癖問題等，持ち込まれた相談に対応するに止まらざるを得なかった．

いくら「精神衛生相談員資格取得講習会」を受講した保健婦が多くても，また，保健婦の努力がなされたとしても，それだけで精神衛生活動が円滑に進むものではないのである．

4）山谷地区への精神衛生相談員配置の問題

1971（昭和46）年には山谷地区の精神衛生を充実するという目的で，精神衛生相談員（男性）の採用が決まった．しかし，当時山谷地区に暴動が起きた後であったため，経済的・社会的問題を精神衛生の問題にすり替え，山谷地区に住む人々は精神的に問題があるという偏見を作りかねない，という理由から，精神衛生相談員の中から反対運動が起こった．その結果，山谷地区への精神衛生相談員の配置は取り消された．

以来，東京の保健所には精神衛生相談員が配置されることなく，今日に至っている．

3．保健所の精神衛生活動の取り組みとその問題点

1）取り組み始めた当初の保健所活動
〔1965（昭和40）年－1969（昭和44）年〕

東京都では，これまで結核や母子などの新たな事業を保健所で始める時には，担当する保健婦や事務職員等に対して，必ず研修を受講してもらうことを常としていた．しかし精神衛生活動を開始するに当たっては研修などは行われず，精神衛生法に保健所が精神衛生活動の第一線として明記されていることを頼りにするのみで，担当者には具体的な活動指針が見えてこなかった．体当たりで取り組んでいかざるを得なかったのである．

精神衛生活動を始めるに当たって，都の保健所では精神科嘱託医による月1～2回の相談日を設けた．一方，医師である保健所長・予防課長はこの所内相談や相談者への対応に一定の役割を果たすことができず，嘱託医を中心とした相談員・保健婦・精神衛生事務担

当者に実務が任せられた．

精神衛生法の改正に伴って，保健所における精神衛生活動について「昭和41.2.11.衛発第76号　都道府県知事宛公衆衛生局長通知」が出された．この中では「保健所は地域精神衛生活動を進める上で重要な役割を担当する」と述べられている．しかし，保健所と精神病院は物理的に離れている地域が多く，職員の交流が行われない状況において，患者の秘密保持の観点からと，保健所の対応が不明確で患者を紹介することはできない，と病院側は主張し，医療の継続性をどのように考えたらよいのか，容易にはつかめなかった．従って，精神衛生活動を具体的にどうすればよいのかがわからず，困惑した状況が続いたのである．そのような時に出された報告（佐々木ほか：東京都における保健所精神衛生活動の諸問題，そのⅡ，Ⅲ，Ⅳ）は，当時の精神衛生活動のスタンダードとも言えるものであった．

厚生省から出された「保健所における精神衛生業務運営要領」は，当時その内容について関心を持つ人は少なかったが，保健婦業務から見ると次の諸点が問題である，と後年に至って気づかされた．

① 医師（精神科嘱託医），精神衛生相談員を主軸とした実施態勢を作り，保健婦はその指導・助言を受けて協力していく立場であると規定され，要領には保健婦の主体性は認められていなかった．従って，長年公衆衛生活動を行ってきた保健婦が，精神衛生活動についてはサブ要員と見做されていた．これが保健婦は精神衛生活動にそれほど時間をとらなくともよいだろう，という消極的姿勢を生み出す要因となった．

② 嘱託医・精神衛生相談員は精神医療の専門職ではあるが，保健所の活動や職員に馴染めなく，孤立化する傾向があった．従って保健婦の特徴的な活動を相互に生かす方向はとれなかった．

③ 保健婦が職務を遂行するに当たり，精神衛生に関する専門的な処理を要するケースについては，医師および精神衛生相談員に連絡し，適正な処理を行うことになっていた．これまで相談場面で状況に応じ，自ら判断して行動することの多かった保健婦にとって，援助内容を専門医の指示・連絡を受けてから決定することについては，戸惑うことが多かった．

④ 訪問指導の対象例を見ると，精神障害者の管理を目的とした訪問であることがわかる．社会防衛的発想の要領が出されたことで，心ある精神科医や心理相談員から，

「保健所は結核管理の経験から，精神障害者を管理するのではないだろうね」

と半ば冷やかし，半ば警戒の目でもって見られていることがわかった．

2）保健婦の実践活動の遅れ

ライシャワー事件後「精神衛生業務は保健所に」という動きの中で，保健所の看護係長を対象として，都立松沢病院の実習を含む研修が企画された．精神衛生センター設立〔1966（昭和41）年7月〕後，短期間の研修として精神科医の講義や事例検討（1つの事例を5〜6人のグループに分かれて検討する）が行われた．

すでに精神衛生活動を始めていた群馬県伊勢崎保健所保健婦は，1964（昭和39）年より精神衛生研究会の例会を持ち，その実践活動を進めていた．東京では保健婦を中心に「土曜会」という勉強会が開催されていたが，群馬の活動にメンバーである菊地らは触発され，精神衛生をテーマとした学習会を1966（昭和41）年から開催し，1969（昭和44）年まで継続した．当時「保健所の精神衛生活動をどうするのか」という周囲の思惑を受けていたので，その学習会には50〜70人ほどの保健婦が参加していた．講師は小坂医師（東

京都精神衛生センター），江熊助教授（群馬大学医学部精神科），西本保健婦（群馬県東村役場）（いずれも当時）らで，熱気溢れる状況であった．その後，初めて「精神衛生相談員資格取得講習会」を受講した保健婦らは自主的に学習会を作り，東京の保健婦に呼びかけた．

このようにして保健婦が活動の実績を上げ始めると，保健所職員の中には好意的に見守る人や協力的な人も出てきた反面，

「それほどやらなくてもいいのではないか」とか，

「保健所としての責任は持てない」などと言われたりすることもあった．それぞれに努力していたとは言え，保健所としての態勢基盤は整わず，各保健所間における精神衛生活動の格差は大きくなっていった．発足当時を振り返って言えることは，保健所の活動は公衆衛生活動であるから，保健婦だけが研修を受けたからやれるとか，熱心な所長がいるから活動が進むというものではない．直接業務に関わりを持たない人にも理解をしてもらい，多くの人と協同できる場を作らなければ，保健所活動は展開できないことを，東京の活動事例は示していると言えよう．

4．東京の保健婦の精神衛生活動の動向

第1章の最後に，保健婦が公衆衛生看護の立場から精神衛生活動に関わってきた足跡を，各資料を基に検討し，考察することにしたい．

1965（昭和40）年に行われた精神衛生法の改正によって，保健所が地域精神衛生活動の第一線機関として位置づけられ，精神衛生相談事業が開始されてから，保健婦による精神衛生への取り組みが本格的に始められたと言えよう．

保健婦は受持地区において，あらゆる健康問題に対して地区活動を行うことを基本業務としているため，母子や結核の訪問指導と同様に，精神衛生に関しても従来の家族保健指導という考え方で援助してきた．1965（昭和40）年以前においても，一部地域，すなわち東京都中央保健所の取り組みや，群馬県の生活臨床を核とする活動に見られるような先進的な活動がなされていたのである．

しかし，多くの保健所保健婦にとっては，精神衛生への取り組みは未知の分野であった．1965（昭和40）年から1975（昭和50）年にかけて，初めて先進的な活動に刺激を受けてその第一歩を踏み出したというのが妥当なところであろう．そこで本節では東京の保健婦が，疾病構造や生活・文化が変化していく中で，精神衛生活動を歴史的にどのように変遷させてきたのか，そのことで保健婦数がどのように変わっていったのか，そして他の事業との関連をどのようにしていったのか，などについて考えてみよう．

1）精神障害者の訪問活動－訪問対象の変遷－

東京の保健所における総訪問数に対して，精神障害者を対象とした訪問数は，1967（昭和42）年，760件（0.5％）から20年後の1987（昭和62）年には28,410件，（23.5％）に増加した．全訪問数は20年間ほとんど変化していないから，訪問の対象が母子や結核から精神障害者に向けられたと言うことができよう．なお，保健婦数は1967（昭和42）年の539名から，1987（昭和62）年には1,007名と1.8倍になった．

訪問対象の変化は表1に示したが，母子や結核の訪問に代わって精神の訪問が徐々に増えていることがよくわかる．ここで精神に関する訪問の特徴を数の上から推測してみる．

1981（昭和56）年から5年間の推移で精神障害者を対象とした訪問の実数と延べ数の関連を見ると，実数に対して延べ数は3.1～

表1 対象別訪問件数の年次推移（特別区・多摩地区計）　　　　　　　　　　　　　　1996.2.5

年度 / 種別による訪問数率	結核	精神	成人病	難病の心身障害 昭和54年まで種々の疾病を含めていた（その他の疾病）	母子（妊産婦・未熟児・乳児・幼児・）（　　　家族計画）
昭和42年	70.329	760	3.240	1.810	64.873
（100%）	48.2	0.5	2.2	1.2	44.4
昭和43年	64.756	1.717	3.840	2.197	63.451
（100%）	45.7	1.2	2.7	1.6	44.7
昭和44年	49.795	2.042	3.181	2.256	59.382
（100%）	40.3	1.7	2.6	1.8	48.1
昭和45年	41.920	3.301	3.939	2.299	55.723
（100%）	37.2	2.9	3.5	2.0	49.0
昭和46年	37.834	4.559	4.034	2.584	63.406
（100%）	31.4	3.8	3.4	2.1	52.6
昭和47年	36.830	5.430	5.376	3.610	55.700
（100%）	33.2	4.9	4.9	3.3	50.3
昭和48年	29.966	5.480	5.456	3.677	57.528
（100%）	28.4	5.2	5.2	3.5	54.5
昭和49年	26.452	6.175	6.134	4.320	62.717
（100%）	23.5	5.5	5.5	3.9	55.8
昭和50年	24.609	7.465	7.811	6.880	64.748
（100%）	21.1	6.4	6.7	5.9	55.6
昭和51年	21.835	9.131	10.598	9.374	63.964
（100%）	18.2	7.6	8.8	7.8	53.3
昭和52年	19.517	11.518	11.115	11.099	64.755
（100%）	16.2	9.1	9.1	9.1	53.0
昭和53年	16.736	11.241	12.905	13.256	67.146
（100%）	13.2	8.9	10.2	10.5	53.1
昭和54年	14.798	12.454	14.754	14.291	68.538
（100%）	11.4	9.6	11.4	11.0	52.7
昭和55年	13.338	15.478	15.834	11.502	67.294　昭和55年から難病,
（100%）	9.9	11.5	11.8	8.6	49.9　心身障害を別にした
昭和56年	10.583	16.596	15.364	10.817	64.469
（100%）	8.2	12.9	11.9	8.4	49.9
昭和57年	9.197	18.401	15.891	11.955	64.911
（100%）	7.0	13.9	12.0	9.0	49.1
昭和58年	7.503	18.725	17.711	12.431	59.015
（100%）	6.0	14.9	14.1	9.9	46.9
昭和59年	6.302	19.572	17.207	12.530	55.489
（100%）	5.2	16.2	14.3	10.4	46.1
昭和60年	6.014	23.505	18.901	13.696	52.570
（100%）	4.8	18.8	15.2	10.9	42.1
昭和61年	5.395	26.309	21.332	15.244	48.066
（100%）	4.1	20.0	16.1	11.5	36.3
昭和62年	4.473	28.401	20.960	15.605	42.160
（100%）	3.7	23.5	17.4	12.9	34.8

3.4倍である．このことは精神に関する訪問は平均して1事例に年間3回以上の訪問がなされていることを示しているのである．ちなみに同じ実数と延べ数の関連で乳児の訪問を見ると1.3～1.2で，1事例につき年間1回強の訪問であった．

　精神障害者への訪問指導数の増加は，精神衛生クリニックの開設が東京全体に広がったこと，社会復帰促進事業（デイケア）の開設および精神障害者共同作業所づくりに伴って，相談内容がそれまでの「受診・入院に関する相談」から「受診・治療に関する相談」「日常生活・療養上の相談」「社会復帰に関すること」等，多彩になってきていることへ対応していったためであると考えられる．

2）精神衛生活動の実態
　－公衆衛生看護の中での活動－

　保健所の再編合理化につながる危機感の中で，保健所保健婦は保健婦活動の方向性を模索する意味から，精神衛生業務に焦点を当てたアンケート調査を1977（昭和52）年に行った．それによると，東京都の保健所の区移管は保健所の活動に対する住民の関心を高め，住民と接近するきっかけとなった．その結果住民からの要望が反映して業務量は増加の一途をたどったと記されている．ここでも精神衛生活動は全体の業務量の大きな部分を示している．

　当時精神衛生相談日（精神衛生クリニック）を設置している都と区部の保健所は，全保健所の91.3％，63か所に増えており，相談日以外の保健婦による相談はほとんど毎日行われていた（99.5％）．また，精神衛生法32条（医療費公費負担制度）申請時に保健婦が相談にのっている割合は56.3％であった．当時の保健婦の意気込みが窺える数字である．また，1976（昭和51）年度中に精神衛生相談を行ったことのある保健婦は，調査対象634人中606名，95.6％，相談を受けていない保健婦28名，その内訳は精神衛生業務は精神衛生相談員が行っていることを挙げ，その他4名は保健婦個人として相談を行っていない，と答えている．1965（昭和40）年の法改正から10年を経て，ほぼ全員の保健婦が精神衛生活動に参画するようになったと言えるであろう．

　しかし，精神衛生相談，訪問指導以外の衛生教育（デイケア），家族会活動等については，地区組織活動的な観点から見ると，当時精神衛生の衛生教育は，全保健所の25％で行われている程度であった．また家族会，患者会についても，保健所が関与しているものは区部の保健所で4か所と極めて少なかった．

　関係機関への連絡は4割程度が何らかの形で連絡会を持っていたが，そのほとんどは福祉事務所との間であった．

　1955（昭和30）年以降，急速に向精神薬の開発が進み，精神科治療に画期的な変化がもたらされ，入院患者の退院および社会復帰に向けての取り組みが取り沙汰されるようになった．

　1965（昭和40）年の精神衛生法改正では，通院医療費公費負担制度が取り入れられ，また保健所を地域精神保健の第一線機関として位置づけ，相談活動や訪問活動が行われる態勢が作られた．以後，「入院医療中心の治療態勢から地域におけるケアを中心とする態勢へ」という流れが作られたが，精神障害者の社会復帰促進の動きは全国的にはまだまだ不十分であったと言える．しかし，小平地区に見られるように，向精神薬による治療で回復した患者を，精神病院に隣接した地域においての社会復帰を図る動きも出始めていた．

　1970（昭和45）年に入ると，保健婦の活動は住民の健康ニーズとともに歩んでいく方向をとるようになった．障害があっても安心して住める態勢づくりを志向し始めたとも言えよう．

精神に関する保健婦の訪問活動の特徴は，1事例に数回の継続的な訪問がなされる必要があり，1回の訪問に長時間を要する，というところにある．これは精神に障害を持つ人と信頼関係を築くためには時間が必要であること，保健婦が障害を持つ人と「ともに行動する」ことを大事にしていること，対応の困難な事例もあることを示していると考えられる．従来，保健婦は家族保健指導と称して家族全体を見てきたが，精神のケースに関しては疾病の特徴や生活のしづらさを考えると，生活を支えるという面から，近隣，周囲の人とのつき合い方も視野に入れた活動を展開していると言えよう．

保健婦の活動は人々が健康に生活していくことを援助するために行われるものであるから，その意味では精神衛生の領域も何ら他との変わりはない．しかし，精神衛生に関する偏見の壁は未だに存在しており，その点で活動を困難なものにしているが，今後ますます地域の人々の理解と協力を得て，地域ぐるみの活動を展開していくことが期待されるところである．公衆衛生看護の基本は昔も今も個人，家族，集団の健康問題の解決を，その人々が暮らす地域の中で考え，「安心して暮らせる地域づくり」を目指すことにある．保健婦はその中核を担っていく職種であり，今後のいっそうの活躍が期待されている．

（安田貴恵子　斎藤泰子　最上キクヱ）

参考文献

1) 松坂好江：精神障害者に対する保健婦活動；東京都衛生局学会誌，1969.
2) 佐々木雄司：公衆衛生と臨床の接点；精神医学12巻，1970.
3) 橋本正巳：公衆衛生活動の立場から；精神医学，1966(10).
4) 佐々木雄司ほか：東京都における保健所精神衛生活動の諸問題Ⅱ，Ⅲ，Ⅳ；東京都衛生局学会誌，1967～1970.
5) 桑原治雄：「公衆衛生の精神衛生」をすすめよう；日本公衆衛生雑誌，34(11).
6) 保健所における精神衛生業務運営要領
7) 中央保健所25周年記念誌「25年の足跡を顧みて」；1960.
8) 畑山英子：精神衛生相談および事例経過；東京都衛生局年誌，1969.
9) 木下泰雄：東京都保健所の医療社会事業について；都職労保健所支部運動史，発行年不明.
10) 東京都衛生局年報；1953，1960，1965.
11) 大谷藤郎：地域精神衛生活動（地域精神衛生活動指針P10，Ⅳ）；医学書院，1966.
12) 宇津野ユキ：モデルとして群馬県の果たした役割（精神衛生と保健婦活動Ⅱ．1）；医学書院，1985.
13) 益子フサ：保健所保健婦の立場から（第7回全国公衆衛生看護学会集録）；日本看護協会保健婦会，1969.2.

第Ⅱ章　それぞれの地域に沿った　　　　　　保健婦活動の展開

1. 取り上げた保健所の
位置づけと特徴

　東京の保健所の精神衛生活動は，1966（昭和41）年の精神衛生法の改正に伴い，公衆衛生局長通知「保健所における精神衛生活動について」が出された時点から本格的に開始されたと言える．
　しかし，実際にはこの通知が出される以前から，東京の各地で保健婦の精神衛生活動は行われており，それらが現在の活動を支える基盤を作っていったのである．
　本章では東京の保健所の精神衛生活動*を，第1期　諸活動の端緒を作り上げた時期，第2期　活動の広がり・特色が出て来た時期，の2期に分け，それぞれ特徴的な活動を展開していた保健所を取り上げた．
　第1期の活動を検討した上で，特に中央，八王子，小平，足立の4つの保健所を取り上げた．
　中央保健所は1935（昭和10）年に「保健館」として発足した．ロックフェラー財団の協力を得て設立され，国立公衆衛生院の実習機関の1つとなっていた．また1937（昭和12）年の保健所法制定時，第1号保健所として全国のモデル保健所となった所でもある．精神衛生活動も発足当初から保健婦業務の中に組み込まれており，専門医相談も1936（昭和11）年から開始されていた．当時，地域の態勢はほとんど整っていなかったにも関わらず，精神を含めたすべての住民を対象にした活動を，当初から実践している特徴を持っている．
　八王子保健所は，東京都が1966（昭和41）年に精神衛生相談員を3か所の保健所に配置

　＊　精神衛生活動とは1965（昭和40）年の精神衛生法の改正から，1987（昭和62）年の精神保健法改正までの期間の活動を指す．

したうちの1つである．1983（昭和58）年，都の医療施設調査結果によれば，管内の精神科の病院数は14，病床数は5,226床と全国の約20％を占めていた．そこで特に精神衛生活動を重視し，保健所全体で活動を展開することにした．例えば，保健婦の松沢病院への研修・派遣を行ったり，精神衛生をテーマに研究会を所課長，センター医師等を含めて実施していた．さらに，把握しているケースの現状確認と合わせて，これまでの保健婦活動の見直しをし，現実的に精神の訪問に当てられる時間をどう確保するのかを検討するなど，他の保健所の精神衛生活動に大きな示唆を与えたと言えよう．
　小平保健所は八王子に次いで精神病院数5，病床数1,970床と多い所である．さらに精神科だけでなく，結核・癩（らい）療養所等も多い．1966（昭和41）年に保健所が開設した当時，精神衛生に関する業務を行っていたのは精神衛生事務担当者に限られていた．しかし，1969（昭和44）年に地域の病院からの呼びかけに，保健所や市役所が応える形で連絡会を開催し，翌年には「地域精神衛生業務連絡会」と名を改めた．保健婦も主体的にこの会に参加し，精神衛生活動に取り組んだ．また，1973（昭和48）年には市役所の保健婦と合同で「精神衛生看護研究会」を開き，管内の国立武蔵療養所デイケアに勤務していた外口玉子氏にスーパービジョンを依頼し，自分たちの担当している事例や業務を検討する場を持った．地域にある人的資源等を活用しながら，保健婦活動の質を高めるための努力が払われた．
　足立保健所は，厚生省のモデル事業として区部で初めてデイケアを開設した．また，デイケアに通所し，地域で生活することに自信を持つようになった本人や家族は，さらに次のステップを考えるようになった．家族会としては区立共同作業所の設立を強く要請し，1980（昭和55年）に足立区立作業所が設立

された．デイケアからの広がりを見せたこの活動について，足立保健所では多くの報告を行い，またデイケアの開設準備をしている他の保健所職員の見学等も積極的に受け入れ，モデル保健所としての役割を果たしている．

第2期の活動を検討する中では，練馬区，調布，三鷹，糀谷の各保健所および調布市役所の活動を取り上げた．

練馬区においては，保健婦の地区活動，特に地区組織活動が盛んであった．練馬保健所でも「練馬障害児を持つ親の会」や，高齢者の健康問題を中心に取り組んでいる「健康の会」等，住民の組織づくりに保健婦は積極的に協力していた．精神衛生活動についても，それまで築いてきた住民の地区組織活動の中から「地域で精神障害者を支えていこう」という動きが始まり，展開を見せている．

調布市においては，精神衛生活動は1970（昭和45～）年代から始まっている．保健所保健婦と合わせて，市に勤務している保健婦も，電話相談や市民相談の窓口，福祉事務所のケースワーカーから相談のあったケースに対し積極的に対応し，訪問活動等を行っていた．このことは，その後1987（昭和62）年10月に発足した「地域精神衛生連絡協議会」を中心とした，作業所設立の動きの際，市側も積極的に参加・協力していける態勢を持てた素地となったと考えられる．

三鷹保健所では，1968（昭和43）年保健所の開設に先がけて，市民活動を基盤とした地域精神衛生活動の取り組みが始まった．なかでも生活保護受給者の中でアルコール依存症者の占める割合が高かった．福祉事務所の職員がその対応に努力してきた中で，依存症者のほうから自助グループを作りたいという気運が高まり，1980（昭和55）年1月に「断酒会」が結成された．しかし，アルコール依存症を予防することや，回復した人をフォローしていくためにはそれだけでは不十分であり，保健所に専門医によるアルコール相談を開設して欲しいと要望が出された．保健所の保健婦もこの要望を重視し，多摩地区の保健所としては早い時期にアルコール相談の開設に至っている．また，このことをきっかけに，依存症者・家族のグループワークの試みや，アルコール依存症者の作業所づくりへと保健婦の関わりを深めている．

大田区においては，永年，精神障害者本人や家族からデイケアを補足させて欲しいと要望は出されていたが，なかなか予算化されず，実施に至ることができなかった．糀谷保健所では1981（昭和56）年に，医学振興研究のテーマとして「精神障害者の社会復帰の試み」を取り上げ，デイケアを開始している．デイケアの費用には研究費を運用し，予算的な措置がないところから事業を立ち上げている．デイケアを開設すると，区内全域から定員を上回る利用の申し込みがあり，1年後にはデイケアを終了した利用者から作業所設置の要望が出され，短期的にデイケアから作業所づくりへと活動が展開していった．

島しょ保健所の活動は，閉鎖性の強さ，精神科医療機関が皆無という状況の中，保健婦活動が非常に大きな比重を占めていた．東京の特徴として挙げておきたいと考え，その代表として八丈島の保健婦活動を紹介した．

以上，歴史的な観点から9か所の活動を取り上げたが，それぞれの活動と国や東京都の動きとを対比させたものを表2に示したので，参照していただきたい．

表2 東京都の保健所における精神衛生看護の歴史

	第Ⅰ期 諸活動の端緒を作り上げた時期	第Ⅱ期 活動の広がり・特色が出て来た時期
国の動き	1937 ・保健所法の制定 1950 ・精神衛生法公布 1965 ・精神衛生法改正 ・保健所の業務に精神衛生が加わる 1970 ・開拓保健婦の身分が農林省から厚生省に移管 1974 ・精神科作業療法・精神科デイケアが社会保険診療報酬で点数化	1975 ・保健所社会復帰事業開始 1977 ・国民保健婦の市町村移管決定 1982 ・老人保健法成立 1988 ・精神保健法施行 1993 ・精神保健法一部改正 1995 ・地域保健法公布 1996 ・精神保健及び精神福祉に関する法律施行
東京都の動き	1960 ・梅ヶ丘精神衛生相談所開設 1966 ・東京都に精神衛生相談員が10保健所に設置される ・都立精神衛生センターを下谷に開設 1972 ・世田谷リハビリテーションセンター開設 1973 ・町田保健所において厚生モデル事業としてデイケアを開始	1975 ・区移管施行 1976 ・精神障害者共同作業所「あさやけ第2作業所」開設 1978 ・精神科夜間救急医療制度発足 1980 ・東京都においてデイケアが予算化される 1983 ・保健所老人精神衛生相談開始 1985 ・中部総合精神保健センター開始 1986 ・保健所酒害相談開始 1992 ・多摩総合精神保健センター開設
取り上げた保健所の動き	中央保健所 1935年保健館として設立。1939年に都市型モデル保健所となる。精神衛生未制定の中、精神衛生業務を仕事に組み入れられて活動していた先分的な存在。 八王子保健所 保健所モデル保健所として保健所がどのように活動を展開していくべきかを組織的に検討。1969年、1970年に局学会に報告し、他の保健所の活動のモデルとなった。	練馬保健所 保健所の地区活動と住民活動が結びつき地域に歩み寄り活動を展開。1966年以降地域精神活動も大きく前進。 小平保健所 1969年に持った管内の病院・保健所・福祉事務所等と地域の医療につて話しあう例会などを基礎に、精神衛生連絡会を持った。地域の人的資源を活用し、保健婦の資質向上、保健所の活動の場とした。 足立保健所 厚生省のモデル保健所として1976年よりデイケアを先駆的に開始。他保健所の保健婦の研修やデイケアを見学も数多く受け入れた。 調布保健所 保健所での精神衛生事務が開始された。1970年代以降市役所の保健婦も精神衛生業務に精力的に取り組んできた。 三鷹保健所 1978年以降保健所全体の業務としてメンバーを断続的に変え活動を展開していった。 松谷保健所 デイケアや作業所を希望する住民のニードをきちんと受け止め、施策に結びつける活動を1981年より展開していった。 島しょ保健所（八丈出張所） 開所性の強さ、精神科医療機関が皆無という状況の中、保健婦活動の重要性が高かった。

-33-

2. 第1期 諸活動の端緒を作り上げた時期

1) 中央区中央保健所－保健所における精神衛生活動の始まり－

(1) はじめに

 中央区では，東京駅を境に南側を中央保健所が，北側を日本橋保健所が所管している．
 中央保健所の管轄区域は隅田川によって大きく2つに分けられ，西側の八重洲・京橋から銀座にかけては高層ビル化が進み，オフィス・店舗・百貨店街を構成した繁華街となっており，築地には東京都中央卸売市場がある．東側は佃島・月島・晴海などの埋立地帯で，港湾施設・倉庫および工場地帯をなしていたが，最近は工場が疎開し始め，代わってマンション建設が著しく，都心過疎化に歯止めをかける傾向が顕著になっている．
 区内には精神科専門病院はなく，銀座・京橋の精神科診療所と1つだけある総合病院の外来だけが窓口であった．そのため，交通渋滞に巻き込まれながら，他の地区へ時間をかけて通院することを余儀なくされてきた．この状況については，1960年代に保健婦らが精神医療の過疎地と指摘してきたが，1991（平成3）年には精神科，神経科の病院が3か所，診療所が6か所に増え，相談が受けやすくなっている．
 管内の人口は戦後1956（昭和31）年を頂点に年々減少し，1989（昭和64）年1月1日現在56,835人（中央区全体：80,388人），出生数487人，昼間人口384,806人（1985年国勢調査）となっている．
 中央保健所は1935（昭和10）年1月に東京市特別衛生地区保健館として設置され，翌年から精神衛生相談クリニックが開始された．

1944（昭和19）年には東京都中央保健所となり，1948（昭和23）年，新保健所法によって区の衛生課と合併し，4課17係で発足した．また，1951（昭和26）年には三宅島に三宅出張所を，1958（昭和33）年には八丈島に八丈出張所，大島に大島出張所を開設した．さらに1970（昭和45）年には組織改正で4課，4係，15主査，3出張所制となり，1975（昭和50）年には特別区移管で中央区中央保健所となった．3出張所は東京都島しょ保健所の所管となった．
 1965（昭和40）年に精神衛生法が一部改正され，これまで進めて来た精神衛生活動から視点を地域精神衛生活動に置き，その実践方法を模索する目的で精神障害者の生活調査を行っている．
 この長年にわたる活動の歴史を，文献・事業概要・事例検討資料・現職の保健婦の聞き取りなどから集約し，精神衛生活動の中で保健婦が果たした役割を考察してみることにする．

(2) 中央区の精神衛生相談活動
A. 精神衛生相談クリニック
 中央保健所の精神衛生クリニック（以降クリニックとする）は，1950（昭和25）年の精神衛生法制定よりも前の，1936（昭和11）年に精神科医を招いて開設し，保健婦・医療相談員らとともに週1回の相談を行ってきた．当時は相談ケースには向精神薬の処方も行い，精神医療過疎地域で医療の役割をも担っていたが，1972（昭和47）年の精神科医（嘱託医）の交替によって薬の処方は中止になった．当時の保健所のこのような地域性に基づいた活動は，地域住民にとってより身近で，有効な活動として受け入れられていたのではなかろうか．
 クリニックは図1を見てもわかるように，開設当初から年間180余名の市民が相談に訪れていた．当時は結核に対する偏見が強かったことははっきりしているが，市民が精神病

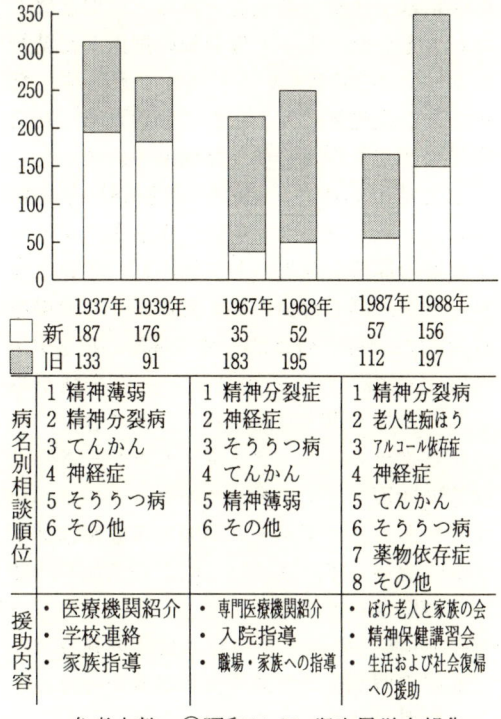

	1937年	1939年	1967年	1968年	1987年	1988年
新	187	176	35	52	57	156
旧	133	91	183	195	112	197

病名別相談順位			
1	精神薄弱	1 精神分裂症	1 精神分裂病
2	精神分裂病	2 神経症	2 老人性痴ほう
3	てんかん	3 そううつ病	3 アルコール依存症
4	神経症	4 てんかん	4 神経症
5	そううつ病	5 精神薄弱	5 てんかん
6	その他	6 その他	6 そううつ病
			7 薬物依存症
			8 その他

援助内容		
・医療機関紹介	・専門医療機関紹介	・ぼけ老人と家族の会
・学校連絡	・入院指導	・精神保健講習会
・家族指導	・職場・家族への指導	・生活および社会復帰への援助

参考文献 ①昭和44.10.衛生局学会報告
②昭和63年度中央区事業概要

図1 精神衛生相談の推移とその内容

をどのように捉えていたのかははっきりしない．ただし図1の数字で見る限り，専門病院ではない保健館で精神衛生相談を受けられるということが，多くの市民に支持されていたように思われる．また，専門医療機関の紹介だけでなく，家族や職場への指導も行うという生活に密着した相談活動を展開していたことも，クリニックが利用された一因かもしれない．

1967～1968（昭和42～43）年の相談数を見ると，開設当初より初回相談者は減少している．しかし，旧相談者延数が多く，初回相談者は3.7～5回継続して相談を受けていることがわかる．

1987（昭和62）年のクリニックには老人性痴呆，アルコール依存症，薬物依存症，神経症と多様な相談が持ち込まれている．

B．保健婦の家庭訪問

保健婦の家庭訪問[1]は保健館設立の当初から始まっており，家族を1つの単位として家族票を作り，患者個人の相談から入り，家族員すべてを対象として保健指導を行っていた．

1942（昭和17）年には保健所実習生の手引書として「保健指導部要覧」を作成している．その中で，保健指導部の組織，事業の範囲およびその種類，家庭訪問について詳しく述べている．訪問対象の中に精神衛生相談者も入っており，家庭訪問の目的として，「医師の指示により家庭または学校を訪問し，事例の毎日の生活に接触する両親，先生に面接する．事例の生活状態を十分調査し，それに対する確実な診断，または治療を継続するよう指示し，早期における精神病予防に尽力する等[2]」とあるが，興味深い点は，事例の観察として，幼児期成育状態，胎生期における状態，疾患の有無，食物の嫌悪・嗜好，子供の家庭生活等，疾病の側面よりも健康および生活の側面を重視した内容になっていることである．家庭訪問の件数の年次推移は表3に示してある．

（3）関係機関との連携から
地域の受皿づくりへ

1960（昭和35）年当時，中央保健所・日本橋保健所と中央区福祉事務所とで年3回連絡会を開き，そこで保健・福祉の業務打ち合わせ会や精神衛生ケースの事例検討会を行っていた．

1982（昭和57）年，新たに福祉センター*が開設され，障害者の相談および機能訓練の場ができた．前記の3所と合わせて4所で業務連絡会を持つようになり，さらに，事業ごとに打ち合わせ会を行うようになった．

---

* 中央区福祉センターは障害者の憩いの場，相談・機能訓練の場になっており，同センターの中に福祉事務所があり，保健所も併設されている．

そのほかにも，1980（昭和55）年から有志による勤務時間外の事例検討会を月1回持つようになった．この事例検討会の構成メンバーは，保健婦，福祉事務所ケースワーカー，福祉センター職員の構成で行っており，事例によって他職種の参加を得ている．この事例検討会では困難ケースへの対応のほかに，障害者の地域での生活を支援する方法について討論した．

区内に精神科専門病院がなく，言わば精神医療過疎地の中で，この有志による検討会は10名ほどの小グループではあったが，精神障害者の理解や処遇困難なケースへの関わり方への助言を得られる有意義な会であった．

このような中で地域ケアを考えた時，保健所でデイケア実施や共同作業所づくりを動機づけた保健婦の活動は，評価できるのではなかろうか．

（4）保健所デイケアの開設
A．デイケアの試行の4年間

保健婦は精神のケースとの個別の関わりを続けていく中で，ケースの集まれる場，憩ったり，話し合ったりできる場を持ちたいと考えていた．

そこで，保健婦間で，保健所デイケアを開設する意義について話し合いを続けた．同僚

表3　中央保健所保健婦の家庭訪問年次推移

年	保健婦数	延保健婦訪問総数	精神障害訪問数	延総数に対する割合
1936	30人	17.702	19	0.1
1950	21	6.752	—	—
1958	14	6.006	56	0.9
1970	7	2.683	251	9.4
1975	7	1.353	111	8.2
1980	6	1.422	171	12.0
1985	6	1.229	242	19.7
1988	6	1.562	180	11.5

（中央保健所25周年記念誌・東京都衛生局医務部看護課東京都保健所保健婦活動状況）

の中にはデイケア開設をそれほど必要と感じない人もいた．しかし保健婦の把握した精神のケースが300名もいるにもかかわらず，精神の社会復帰施設がまったくないため，社会復帰の拠点を作る必要性は痛感されていた．そして流れの中で，1983（昭和58）年に精神のグループワーク「憩いの家」を，デイケア事業の開設を前提として始めた．予算はなかったが，話し合いの場，友達づくりの場を目指して，映画会のお誘いを保健婦の担当ケース20名に出した．その結果，区内全域から8名の参加を得て発足することができた．

プログラムはトランプやオセロゲーム，公園等の散策，近くの公園でのキャッチボールなどであった．グループ場面で保健婦はプログラムを通して，メンバー同士の交流や，個別への働きかけを進めようとした．しかし，「憩いの家」の参加者の約半数は単身者で，保健婦の個別援助が必要な者が多かった．メンバーが自分のことを表現したり，話し合いのできるグループにするには，保健婦だけの運営では限界を感じていた．2年間の試みの中で，グループ運営についての経験を持つグループワーカーの導入について検討した．そして個別ケアとグループ運営の役割を明確にし，チームで参加者の援助を考えていくことが必要であると考えた．

B．デイケア事業化への準備

月2回の「憩いの場」を継続運営しながら，デイケアをどのような形で開設するかを検討した．

① 保健婦は2人1組でチームを組み，立川・足立・杉並西などすでにデイケアを実施している保健所を見学した．見学するに当たって，見聞きしてくる事柄を検討し，見学記を作った．見学記の内容は以下の事項を含んでいた．

目的，対象者，定員，期間，日時，場所，担当者，ミーティングの持ち方，プログラム，運営，予算など．

② 準備会議には，業務係事務担当者も当初から参加するように働きかけた．
③ 精神保健センターの医師やケースワーカーを招き，所長，課長，予防課全員が参加してデイケア研修を行った．

C．デイケアの事業化

デイケアの試行期間4年を経て精神障害者社会復帰事業予算が通り，月2回のグループワーカーのほかに，年6回美術工芸家を招いてデイケアが行えるようになった．

試行期間は長かったが，現在年間延155名のメンバーの参加があり，事業は順調に進んでいる．

D．デイケアにおける保健婦の役割

a．運営を担う
① グループワーカーの役割に協力する．
② グループワーカーにデイケア以外の日のメンバーの動き，地区担当保健婦の関わりを伝える．
③ 気になるメンバーについて，デイケアの終わりに地区担当保健婦に会ってもらうことや，地区担当保健婦に訪問やミーティングへの参加を促す．
④ 外出などで地域外へ出る時には，事前に保健婦と事務職とで下見をして事故防止に配慮した．

b．記録を取って所長，課長，事務担当者，保健婦全員に回覧する．

c．所内関係者との連携に留意する．

E．デイケアを実施して，保健婦が学んだこと

① デイケアがメンバーにとって仲間同士のつき合いを学ぶ場となった．
② 個の関わりからグループの関わりへと発展したことから，メンバーと保健婦の連帯感や精神的なつながりを感じることができた．このような活動の積み重ねから，メンバーが自信をつけることができた．

(5) 地域の作業所づくり

A．精神障害者の作業所を必要とした理由

保健婦は，精神障害者が豊かに生きる権利があるにもかかわらず，偏見による社会復帰の難しさを感じていた．そこで，デイケアだけでなく，さらにもう1歩地域で精神障害者を支援するシステムが必要だと感じ，まずは身近な所で作業所を作りたいと考えた．

一方で，保健婦の関わっているケースの家族を対象に精神保健講習会を開き，講師から作業所づくりや家族会活動についての話を聞く中で家族も作業所の必要性を感じ，作業所づくりの大きな力となった．

B．家族会の結成

当時はまだ「家族会」が結成されていなかった．そこで，地区担当保健婦が受持ケースの家族に呼びかけて，作業所づくりに向けて家族会の結成を促した．

家族は保健婦の提案に応え，1987 (昭和62) 年夏に保健所で家族の集会を持った．それから何回かの集まりを経て，約6か月後に「家族会」が結成された．

C．「家族会」を中心とした作業所づくり

保健婦は当初から「家族会」の活動に期待して，「全家連」や「東京つくし会」の支援を受けることを勧めた．家族会集会の時には共同作業所の所長らを招き，地域に作業所の必要なことや，家族の運動の進め方などについて勉強できる機会を設けた．また，福祉事務所職員らとの話し合いを行うなどして，側面からの支援にも配慮した．

「家族会」の会員は6～12名と少ないが，「全家連」や「東京つくし会」の援助を受けて中央区議会に陳情書を提出し，ついに1989 (平成元) 年9月，家族の家屋を借りて作業所を発足させた．6か月後には，作業所をマンションへ移して運営することになった．そして10名程度のメンバーが2名の指導員や家族らとともに，スプーンの袋づめやボタンつけなどの仕事を行っている．

（6）地域活動の実際

―近隣からのトラブルも多く，入退院をくり返しながらも，関係者の協力を得ながら支え続けた事例との30年間の関わり―

事例は1958（昭和33）年から1989（平成元）年までの30年あまり，病気とそのために生じた生活苦に悩みながら，保健所を拠り所として保健婦への相談を続けてきた．この過程を3期に分けて要約し，保健婦はどのような役割を担ったかを考えてみることにする．

A．ケースの紹介

1931（昭和6）年生まれの男性，中央区で4人兄弟の長男として生まれ育った．高等小学校のころ学徒動員になり，戦後父親の勤めていたメッキ工場に勤めた．1959（昭和34）年に結婚したが，4年後に妻は家出をして，後に離婚になった．1975（昭和51）年に同居中の母が交通事故死して，以後単身生活となった．その後本人は孤独に耐えることの苦痛を訴え，周囲への迷惑行為から入院に至った．入院中は治療をきちんと受け，わりと短い期間に退院しているが，すぐに近所とのトラブルをくり返し起こしていた．1984（昭和59）年ごろから本人の頼りにしていた近隣者が次々に死亡し，本人は行き場がなくなって保健所に頻回に来ていた．そのうちに連続飲酒するようになり，1989（平成元）年に事故死した．

診断名は精神分裂病で，1958（昭和33）年にT大病院で服薬を開始している．1966（昭和41）年，アルコール中毒症で専門病院に入院して以来，11か所の病院に，延べ11～13回入退院をくり返している．

B．事例との関わり

a．I期：発病から母親の事故死まで〔1958（昭和33）～1976（昭和51）年〕

保健所への最初の相談は1958（昭和38）年で，本人は母親に同行されて相談に来ている．その時本人は職場の人員整理で解雇されており，それを契機に飲酒量が増えて，同居中の弟家族と関係が悪くなり，弟嫁から疎ましく思われるようになっていた．

本人は，本人の意向を聞くすべもなく，一方的に離婚させられてしまったことを情けなく思い，たびたび来所して保健婦や医師に「『別れた妻が妊娠10か月で死産しているが，その子供のお骨を分骨してほしい』と話しても妻は受け入れてくれない．それが悲しい．あまりにも情けない」と訴えながら涙を流すのであった．このことは本人の心の中に大きなしこりとなっていたようで，ずっと後まで訴え続けた．

本人は離婚してからいっそう生活に乱れが出て，母や弟家族とのトラブルが絶えなかった．母に乱暴したり，自宅前の通行人に文句を言ったり，車を止めたりした．尋ねて来た慈善事業の人を自宅に閉じ込めて殺すと脅迫したり，夜間大声を上げて近隣の安眠を妨害したり，自宅で自殺すると言って刀を持って暴れたりした．

1969（昭和44）年から1975（昭和50）年にかけて，本人は幻覚・妄想様の症状が見られるようになり，家族はたびたび本人を入院させて欲しいと相談に来ている．保健婦はそのつど家族の対応の仕方について相談し，入院に追い込まない方法はないのかについて話し合った．

しかし，自傷・他害の振る舞いがあって警察の保護を受けることになり，結局措置入院となった．この時家族（母親と弟家族）は保健婦に相談を求めて来ていたが，本人の入院中に弟の家族は家を出ることになり，本人は母親と2人の生活になった．その後，母親と街を歩いている時，母親が車に轢かれて死亡するという事故に遭い，本人は大きな衝撃を受けた．

b．II期：単身生活者となって〔1976（昭和51）～1985（昭和60）年〕

本人は身近に相談できる人がいなかったた

め，頻繁に保健所に相談に来所した．相談の内容は，孤独で淋しいので自分の話を聞いて欲しい，近隣とのトラブルが多く自分はよく思われていない，というものであった．

　この時期本人はいっそう自傷・他害の行為をするようになった．保健婦の訪問中にも，突如ガス自殺を図ろうとしたり，火をつけたり消したりするなど，はらはらするような行為をくり返すことがあった．

　本人は女性，子供に関心を持ち，その行動は相手を脅かす行為になることがたびたびあった．また髪を長くしてちょんまげに結い，女性の肌着を身に纏うという奇妙なスタイルをした本人は，近隣者には異様に映り，気味悪がられていた．また，会社の女子寮の前に座り込んだり，交番に居座ったりするため，警察から連絡がきた．その場に保健婦が医師と訪問すると，本人は途端に座り込みや暴言を止め，尋ねて来た保健婦や医師に親しみをもって話しかける態度となった．

　本人のさまざまな奇異な行動に近隣者は敏感に反応し，
「当分は帰れないように入院させて欲しい」
と保健所に訴えて来た．保健婦は本人を入院させるべきかどうか判断に迷った．しかし，単身者でもあり，本人を支えるには限界もあり，家族（弟ら）を説得して同意入院の方向で働きかけた．

　このように，本人の思いや行動は一般の社会生活からはみ出したものであったが，その反面，他人の気持ちや行動を敏感に察知する力も持っていた．

c．Ⅲ期：保健婦と同行して専門病院へ―そして地域での生活〔1986（昭和61）～1987（昭和62）年〕

　Ⅱ期の終わりごろの1984（昭和59）年，地区担当保健婦となった新人保健婦は，当初大変不安であったという．本人は奇妙な外観をして，体格は大きく，動作が機敏で，対人関係は威嚇的になるため，一瞬身の引き締まる怖さを感じるほどであった．しかし，警察と協力して入院させるという方向ではなく，保健婦は本人とじっくりつき合い，本人の納得を得る方向で援助しようと考えていた．しかし，間もなくそれがいかに困難であるかということを思い知らされると同時に，同じ地域に住む人々は彼が怖くて声も出せないでいることを知った．保健婦は少なからず焦りと不安を感じて，保健所精神衛生クリニック嘱託医に相談をした．その後近隣者が困っていることをクリニックの専門医に訴え，相談する場面を持ったことで，本人が医療につながるのを待つことができた．

　保健婦は本人に対し「病気を癒す」ためには入院も考えなければならないと思うと話をし，専門病院の医師に相談することを本人はやっと了解した．

　保健婦は主治医の紹介でA病院に同行したが，本人が入院を納得していないこともあって気になった．A病院に着くと，本人は，
「医師の診察を受けたくない」
と言って車から降りようとしないので，病院職員3，4人が説得し，ようやく診察室に入った．医師が本人に話しかけながら注射器を持つと，本人は，
「診察が終わっていないのに注射をするのはおかしい」
と言って，強く抵抗した．さらに大声を上げて医師と押問答し，医師は，
「もう帰れ」
と言ってドアを開けた．

　その後本人はカッターナイフを振り回し，病院から住宅地に駆け出した．病院職員と保健婦は，住民に事故が起こっては困るので，警察に本人の保護を依頼した．間もなく大勢の警官に囲まれた本人は，
「保健婦の言うことなら聞き入れる」
と言って，カッターナイフを捨て，保健婦と話し合うことになった．保健婦が，
「今日やったことを考えると，医師に一筆

書いてもらわないと地元に帰れないよ．今は夜の時間帯でＢ病院しか診てもらえないし……」
と言うと，本人は，
「わかった」
と言って警察の車でＢ病院に向かい，鑑定を受け，同意入院となった．

保健婦は1年間の本人の入院中に3回面会に行き，退院後に向けて話し合った．その時は近隣者に迷惑をかけないようにという話題で，本人も納得したようであった．しかし，退院して間もなく，以前と同じ生活にもどった．本人は飲酒して保健所に来所し，退庁時間になっても帰ろうとしないことがあった．また，保健所の職員に話しかけたり，1日に何回も来所したり，電話をかけてきたりした．保健所のロビーで担当保健婦を待って，保健婦と少し言葉を交わして帰って行くこともあった．飲酒が続き，胃液を吐くなどという生活の乱れから，心身ともに弱って行き，自宅近くのマンションから転落し，死亡した．

C．事例からの学び

このケースを最後に担当した保健婦は，
「病気を持ったためにどうにもならないところや人間の弱いところを目の辺りに見たり，ケースが保健婦に率直に話してくれたりしたことを通して，病気を持ちながらも独りで生きていくことのすさまじさを，身をもって体験することができた」
と述べている．そして，このケースとの出合いによって，
「心の病を持つ人はどのような援助を待っているのか，保健婦は何をやればよいのかを学んだ」
と感想を述べた．

他にもこの事例を通して，地域で活動を展開していくために大切だと思われることを何点か挙げる．

a．近隣の人への対応

地区担当保健婦の所に，民生委員や近隣住民などから，本人の迷惑行為が気になるので何とかして欲しい，という連絡が入った時に，保健婦は周囲からの情報だけで判断するのではなく，自分自身の目で本人の状況を確かめようとしている．本人へ直接関わる一方で，近隣住民や関係者に対しては，保健所の精神保健クリニックの場を活用して，嘱託医から治療方針や病気についての説明を受ける機会を設定している．

このように，本人や家族からでなく周囲の人から苦情や連絡が入った場合，本人への対応だけでなく，不安を一番感じている人々への対応も必要である．

b．本人への関わり方

ここでは第3期における入院前後の関わりに焦点を当ててみよう．保健婦は近隣の人からの情報をもとに家庭訪問を行い，保健婦自身の目で本人の生活状況を見て，入院の必要性を判断した．そして，これまでの入院のパターンをくり返さないように留意して，本人の同意を得る方向で働きかけている．また，入院した後も病院を訪問して，本人と会うだけでなく，主治医と援助方針を確認し，退院後の地域での生活がスムーズに送れるように準備している．

c．他職種とのチームワークの取り方

保健婦は入院する病院に同行する時に警察官にも同行してもらっている．これは本人は病院に行くことは承知していても，入院となると動揺するのではないか，また病院までの距離が遠く，時間がかかるので，本人が怒り出したり，威嚇的にならないようにということを考えると，止むを得ない判断であった．このような状況の中でも，保健婦はあくまでも本人の自尊心を傷つけないで，本人に納得してもらえる方法をとろうと考えて，パトカーではなく福祉事務所から車を出してもらっている．また，病院に向かう途中で保健婦は本人に入院の説得をしたが，同行している警察官にはその意図が理解されなくてちぐはぐな

対応をしてしまう結果になり，他職種とのチームワークの取り方の難しさも感じている．

d．保健所ぐるみの活動から見て

　近隣からの苦情を受けて保健婦が関わり始めてから30年，このケースに関しては，地区担当保健婦は何人かが交代を重ねながら担当してきた経緯がある．「暴力行為」を伴うケースに関わる時に保健婦が最も重視すべきことは，常に地区担当保健婦1人でケースと関わるのではなく，共同できる態勢を保健所の中で作ることができるかどうかである．この事例は一見関係者のチームワークがとれており，Ⅲ期の後半には保健所職員の思いやりある対応に，本人はほっとしているように思われる．しかし患者の永年にわたる生活の中で緊急入院に至った時，〔1969（昭和44）年～1970（昭和45）年〕予防課職員の協力を得ることはできなかったという．それは保健婦の所属している奉仕課（保健婦職が課長）の業務に，予防課精神衛生事務担当者が協力または共同する必要はないという，行政組織から見た考え方からのようであった．

　保健婦としては本人の言動に不安を感じ，専門病院に同行することに怖さを感じ，保健婦主査と警察官に同行を依頼し，やっと専門病院に行くことができたのであった．

　保健所嘱託医は患者輸送について，

「専門病院が遠隔地の場合でも，保健所は患者を安全に治療機関に送り届ける義務がある．その役割を保健婦職だけが担うことが問題だ」

と述べている．

　その後保健所組織の改正〔1986（昭和61）〕で，予防課の中に保健婦は看護係として位置づけられた．以来精神衛生活動において予防課事務担当者等と保健婦の協力関係が新たに

表4　保健婦の働きかけと関係者の連携

	昭和43	44	45	46	47	48	49	50	51	52	53	54	55	56	57	58	59	60	61	62	63	平成1	計
①	1	4	6	3		2			3	5	4		2		10	11	17	9	8	2	2	5	94
②		7	3	3	4	4	1	5	2	1	2			2	2		3	9	8	12	2	22	92
③				1	1																		2
④		1		1	1	3	5	4								5	7	9	6	7		9	58
⑤																3	1	1					5
⑥																							
⑦		3	3	3					2	4			1		1	8	6	8	27	16	4	6	4	96
⑧		1														1	2	7	8	1	1		21
⑨		4	1			1	1	1	3						5	4	4	11	13	3	9	5	65
⑩		4			1	1	2									7	5	11	3	7		12	53
⑪						2			4	8	4			1	18	13	15	11	6	1	5	1	89
⑫									1		2			1	2	4	7	11	4	3	1	3	39
⑬		1				1			5	7	2				6	4		1	3	3			33
⑭		5				1	2		1		1			2	2	2	3	8		2			31
⑮						1				1					7	5	10	6	1			1	32
⑯									1						1	1	1	1	5		2		12
計	1	29	14	11	7	16	11	12	24	22	16	0	2	7	61	51	86	116	95	35	44	62	722

中央区

①保健婦⇄本人（家族）　⑦保健婦⇄医師　⑨福祉事務所ワーカー　⑪保健婦⇄民生委員　⑬保健婦⇄警察　⑮保健婦⇄近隣住民　訪問
②　　　　　　　　　　⑧　　　　　　　⑩　　　　　　　　　　⑫　　　　　　　　⑭　　　　　　　⑯　　　　　　　　来所
③TEL④
⑤文章⑥

※①と②　昭和43〜昭和51は，ほとんど母へのはたらきかけであり，それ以降の母の事故死後は本人への対応が主となった．
※入院をした年は，対応が少ないこともあります．

作られているという．佐々木[3]は対応の困難なケースに出会った時に，行政枠を越えて保健所職員が横一線につながることができる活動が，重要であると述べている．なおケースへの関わり方については，**表4**の関係者間の連携の密度を通して保健婦活動の実際を見ることができる．

(7) おわりに

中央保健所の保健婦活動を精神衛生相談，個別事例への関わり，地域支援組織の育成等から述べた．私は提出していただいた相談事例に感激し，くり返し読んだ．30年の間継続的に保健婦が関わりを持ってきたことに着目したい．継続的に関わることは当たり前だと言えばそのとおりだが，実際には保健婦間で引き継いでいく中で，ケースとの関係がいろいろな理由で中断し，何年か後に「何か」をきっかけに，ふたたび関わりが再開されることがほとんどである．しかし，この事例においては，30年間一貫して地区担当保健婦がきちんと関わってきたのである．

また，本人は生活力もあり，自立できる力も持っていた人ではないかと思われるが，独居生活の寂しさに耐えられず，つい近隣者などに迷惑を及ぼしてしまうことが多かった．近隣者もなかなか本人の寂しさを理解することはできなかった．「地域に受皿を」と言われて久しいが，たとえ受皿があっても，それにそぐわない人もいるだろう．しかし，保健婦としては，地域に居住する精神障害者の生活を支援する役割があるのだから，そうした人の生活を見守り続けることになる．

精神保健活動を始めて以来60年に及ぶ活動の歴史を，深くかみしめることができた．今や中央保健所の地域環境は大きく変わり，以前のイメージはなくなったかに見える．これからの保健所および保健婦の活動はどのように展開されるか，注目していきたいものである．

（資料提供者：相原ヒデ子・奥野ひろみ・堀越和子）

引用文献

1）中央区中央保健所：25年の足跡を顧みて；中央保健所25周年記念誌，1960.
2）杉田チヅ子編：関連文献集；平井雅恵先生米寿記念誌，三美印刷，1992.
3）佐々木雄司：東京都における保健所精神衛生活動の諸問題（その1）；東京都衛生局学会誌，1969.

参考文献

1）大曽根やよい他：地域精神医療における看護のあり方；全国公衆衛生看護学会，1969.
2）畠山栄子他：精神衛生相談及び事例経過について；東京都衛生局学会誌，1969.
3）大曽根やよい他：中央保健所における地域精神衛生活動；東京都衛生局学会誌，1971.
4）大津秀子他：精神障害者の家族に対する働きかけ；全国公衆衛生看護学会，1970.
5）外間邦江他：多人数精神障害者の家族への接近；全国公衆衛生学会，1970.
6）内田靖子他：統一体としての家族理解に関する一考察；保健婦雑誌vol.27, no5.1971.
7）中央保健所事業概要；昭和58.59.平成1．
8）堀越和子：保健婦事例検討会資料；1990.
9）東京保健婦活動状況，昭和47,50,55,60,63.

2）八王子保健所－「業務計画」に基づいた精神衛生活動の取り組み－

(1) はじめに

八王子保健所は東京の西南部に位置する八王子市にある．八王子市は多摩地区32市町村の中で最も多い人口（438,645人，1989.4.1.現在）を持っている．

地域の特徴の1つとして，市内に精神病院が14，老人病院も多数あることが挙げられ，全都の医療・福祉施設を賄っている，と言っても過言ではない．
　また，八王子市は織物産業が中世末期から農村の副業として盛んになり，北条氏時代に世に知られるようになり，地場産業として栄えてきた町である．
　市の人口は1935（昭和10）年には70,947人であったが，1960（昭和35）年には158,410人と倍増している．以来10年ごとに人口は10万あまりずつ増加していき，1988（昭和63）年には446,970人となり，多摩地区最大の市となった．
　保健所はこうした地域背景のもとで，パイロットスタディとして地域精神衛生活動の方向性を打ち出す活動を試みてきた．他の保健所に先駆けて活動を進めていく中で，保健所は精神衛生業務についてどのような役割を担い，保健婦活動を進めてきたのかについて述べることにする．

(2) 精神衛生活動をどのように始めたか
A．精神衛生法改正後の保健所職員の受け止め方とその動き
　精神衛生法の事務分掌は保健所総務課医薬係にあったが，1965（昭和40）年の法改正後予防課業務係の業務となり，ここに保健所が公衆衛生行政の第一線機関として，精神衛生業務をも担当することが明確に示されたのである．また翌1966（昭和41）年，八王子保健所を含む全都12保健所に精神衛生相談員が配置された．八王子保健所内の保健婦の所属する看護係は，当初，相談員が精神衛生業務を単独で行うものと考えていた．しかし，精神病院21か所，ベッド数4,400床という，世界一精神障害者の密度の高い地区を抱えていただけに，所長の要望も強く，折から結核管理が軌道に乗ったという保健所の態勢もあって，保健婦としては地区活動を進めていくには，精神衛生業務を含めた対応をしていかなくてはならない状況である，と考えるようになっていった．

B．保健所の精神衛生相談（クリニック）の場で
　前述したように，1966（昭和41）年に八王子保健所に精神衛生相談員が配置され，管内のK精神病院の医師の協力を得てクリニックが開設された．
　開設当初に持ち込まれた相談は，本人との話し合いがつかずに，対応に困った家族からの入院相談が多く，クリニックの場での対応も早期入院，早期治療を勧めるものに終始しがちであった．相談の場に居合わせたT精神衛生相談員は，
　「家族の相談に『すぐ入院』のサインを出すのではなく，訪問して本人と面接するとか，漠然としている家族の気持ちを入院に向けて詰めていく，などということを試みた上で医療の場に繋げたい．それこそ公衆衛生的な相談ではないか」
と考えていた．しかし，そのことを専門医にうまく伝えることはなかなかできなかった．
　そんな状態にあった1966（昭和41）年7月に東京都精神衛生センターが設立され，翌年1月より技術援助として，精神衛生センターから派遣された精神科の医師に，精神衛生相談を支援してもらうことになり，病院からの支援はセンターに引き継がれることになった．そのためクリニックの中身も徐々に変化してきたが，運営・相談は精神衛生相談員が主に行っており，保健婦は受持ケースの相談をするに止まっていた．
　精神衛生相談員は重要な関係機関の1つである福祉事務所との連携をさらに深め，精神衛生的ニードを顕在化させ，地域活動を充実して行く必要性を感じていた．その試みの1つとして，センター医師とともに福祉事務所を訪，福祉ワーカーの相談に乗ったり，要請に応じてケース検討や訪問活動を行っていっ

た．

C．保健婦はどのようなことから精神衛生活動を始めたのか

a．精神衛生活動を行うための準備－保健婦の学習から－

1人の精神衛生相談員と精神衛生センター医師のみによる活動では，ケースの個別対応に追われ，公衆衛生活動（ケースの掘り起しやネットワークづくり）としての役割をとることは極めて困難であった．

保健婦はこれまで精神障害者への対応を行っていなかったので，実際にどのような働きかけができるかは予測できなかった．

そこで当時の看護係長は所長の要望を受け入れて，保健婦が精神衛生活動に馴染めるようにするには，保健婦に学習の場を作ることが必要だと考え，月1回事例検討会を持ち，センター職員の助言を受けることにした．この事例検討会には所長を始め関係職員の参加を要請し，それぞれの職員が果たす役割を検討した．その中で精神障害者の対応についても，母子保健，結核管理と同様に，保健所の組織的活動が重要であることを学んだ．

さらに，所長の積極的な働きかけがあって，都立松沢病院（精神専門）で保健婦4人が病棟での看護研修を受けることができた．このように保健婦は1968（昭和43）年から1969（昭和44）年にかけて，持ち込まれた相談を素材にした事例検討を通して保健所の精神衛生活動を模索していた．

b．保健婦の訪問活動－ケースの現状調査－

1968（昭和43）年の精神のケースへの訪問延数は37件，訪問全数の1％であった．同様に1969（昭和44）年の訪問延数は156件，4.9％であった．訪問対象としたケースは，保健婦自身の勉強を兼ねて，精神衛生相談員に取り扱いやすいケースを選んでもらった．また，センター職員の試案した管理カード（結核管理システムを活用したもの）に記載したもののうち現状不明のものに対して，病院連絡や家庭訪問を行った．

この訪問は現状確認であって，強制的に調査をするものではなかった．突然の訪問ではあったが，当時働いていた保健婦の話によると，拒否されたり不信を抱かれたことはなかったという．

管理カードのケースの情報記入は精神衛生相談員が行っており，1970（昭和45）年1月は1,365例（情報源は32条申請，入・退院届出，保健所への相談ケース）であった．

訪問場面では，予想に反してアルコールのケースが社会復帰しているのに出会ったり，留守かと思われた家から大男のケースが出て来たり，ケースから耳にいきなり指を突っ込まれてヒヤリとすることもあった．しかし，概ね訪問先の受け入れはよく，保健婦は精神のケースだからといって特に強く不安を感じることはなかった．

c．家庭訪問の計画

1970（昭和45）年当時，保健婦の業務計画の中に精神衛生活動（個別ケースの面接・相談・訪問）をどのように数量化できるかが課題になっていた．まず，試案として使っていた管理カードの情報を基にして，受療しているかどうかを当面の問題とし，ケースを「放置・ほぼ適応・通院」に絞った．そして「放置ケース」に対しては年3回，「ほぼ適応」には2回，「通院」には1回という訪問の要求量を出し，さらに年間の新ケースに2回訪問するという計画を立てた．

精神のケースを新たに訪問対象とすることは，従来行ってきた訪問基準を大きく変更しなければならないということであったが，結核の新届出ケース・開放性ケース・低体重児などの訪問は従来どおりの計画を立てた．

（注：これは保健所業務としての各クリニック・集団検診に要する保健婦業務量を減らすことはできずに，一定枠の地区活動については，新たな保健活動が加わるたびに縮小していく傾向にあるのに比べて，注目されてよい

表5　保健婦の家庭訪問計画

訪問の組み込み：1970（昭和45）年における八王子保健所保健婦10名の訪問計画
稼働時間：19,800時間
1単位2.3件として，予定件数3,415件

種別	訪問予定数	百分率	備考
結　核	1,386	40.6	昭和44.12.31 現在登録数　1,626
未熟児	480	14.0	昭和44年の発生数より推定　400
乳児	120	3.5	クリニック指示
幼児	100	2.9	〃
母性	130	3.8	昭和44年の有所見者265，他は栄養士と集団指導
成人病	70	2.3	昭和44年の集団有所見者280 国保と分担　栄養士と集団指導
その他の疾病	54	1.5	昭和44年の実績
不明・不在	683	20.0	昭和44年の実績（他に連絡死亡，転出調査を含む）
精神衛生	392	11.4	放置　　　　　　　45×3＝147 ほぼ適応　　　　　64×2＝128　481 通院　　　　　　262×1＝262　差し引き 45年予想される数　94×2＝188　　89
総数	3,415	100.0	

（この表にある数字は，保健婦全体の活動を1つの表にしたものである．保健婦の地区によって精神のケースの多い地区もあれば，未熟児など母子のケースの多い所もあるが，保健婦の訪問対象を一定の視点で決め，保健婦が均等な保健サービスを提供しようとした業務計画である．）

ことである）

表5は保健婦全体の活動をまとめたものである．担当地区によって精神のケースの多い地区もあれば，未熟児など母子のケースの多い所もあるが，保健婦の訪問対象を一定の視点で定め，均等な保健サービスを提供しようと立てた業務計画である．

保健婦は，地区担当者として一斉に精神のケースの訪問を行う計画であったが，高齢の保健婦には精神のケースへの訪問は容易ではなかったようである．従って複雑・困難なケースは精神衛生相談員が担当し，保健婦は比較的相談しやすいケースを受け持つようにした．相談が長引いて時間外になることや，家族の都合で夜間の相談を受けることもあったが，時間外手当を支給されることもなければ，それを所内で取り上げることもなく過ぎた．

表6　八王子保健所保健婦の家庭訪問年次推移
東京都衛生局，都保健所保健婦活動状況

年	保健婦数	延保健婦訪問総数	精神障害訪問数	訪問の割合
1971	10人	3,045	181	5.9%
1975	16	3,591	78	2.1
1980	19	3,185	318	9.9
1985	17	2,492	364	14.6
1988	19	2,577	554	21.5

（医務部看護課）

（八王子市は1市，1保健所，1保健相談所があり，それぞれの事業を持ちながら，精神保健活動は広く共同し，活動を勧めている．上記数値は保健所，保健相談所の合計をしたもの．）

D．精神障害者訪問の推移

保健所ぐるみの精神衛生活動を推進するために，業務を整理しながら準備を進めようとしたが，計画されたケースの訪問は保健婦全体としては進まなかったようである．今にして思えば，訪問の対象としたケースを保健婦側の見方で選び出しており，ケースや家族のニーズを十分に掴まずに立てた計画であったので，訪問しにくかったということも考えられる．しかし，この計画を実践してみたことで，保健婦としてはもとより，保健所として何ができるのかがわかっていなかった時期に，

保健所ぐるみの活動の必要性と，保健婦の地区活動の中に精神のケースを組み込んでいく方法を導き出せたことの意義は非常に大きかったと言えよう．（表6）

1971（昭和46）年以降の取り組みは記述がなくはっきりしないが，恐らくセンター職員の技術援助が少なくなり，また保健所職員の移動などがあって，保健所ぐるみの活動の計画は停滞していったと推測される．そのような状況の中で，精神衛生相談員のみが孤軍奮闘した形となり，保健婦は全体的に相談員と共同し，協力していくことの困難さを感じていたようで，事例検討の中でもお互いの役割を明確にすることはできなかったようである．さらに保健婦は精神衛生活動以外の激増する保健活動に忙殺されていたことも，その要因の1つであったと思われる．

その後精神衛生相談員は1978（昭和53）年以降は八王子保健所には配置されず，以来保健婦が全面的に精神衛生活動を引き受けるようになって行った．

（3）保健所デイケアの発足
A．デイケア開設の動機

1979（昭和54）年に，全国精神障害者家族会連合会等を中心とした患者家族会の永年の要求運動を背景として，東京都は八王子など2保健所でのデイケア実施の方針を打ち出した．これに対して八王子保健所では，保健所の対人保健業務の中に新たにデイケアを開設する余裕がないことを理由に，実施を先に延ばしてもらった．

翌年，再び衛生局精神衛生課の強い要望によって，デイケアを受け入れることを決定した．実際に精神障害者家族や一般市民からの緊急を要する相談も多く，保健婦は，嘱託医のほかに福祉事務所のワーカー等専門職員らと，単なるケース処遇に止まらず，地域ケアのあり方を検討したいと考えていた時期であった．

B．デイケア開設の準備

八王子保健所は1980（昭和55）年6月にデイケア開設を決定した．これまでの精神衛生相談は主に入院斡旋的な医療相談が中心であったが，保健婦はデイケアがそこから一歩進んだ地域ケアの活動を担う再発防止，対人関係の改善，仲間づくり，家族の相談，一般市民への啓蒙普及を含む事業であることを，徐々に認識して行ったのである．

保健婦，精神衛生事務担当者らは以下の目標を持って管内の病院を訪問し，病院の見学を通して病者の社会復帰を考えていった．

① 保健所管内21か所の精神病院へのアプローチを強める．

② 精神科医療の実際を知る．

③ 医療の場は保健所に何を期待しているのかを探る．

④ 入院中の精神障害者を通して，保健婦は何を支援できるのかを知る．

その結果，専門病院のスタッフからは，保健所の精神衛生活動の立ち遅れを厳しく指摘されながらも，好意を持って迎えられた．

そして，共通して保健所へ期待するものとして，次の3項目が提示された．

① 公的機関である保健所の包括的な精神衛生活動の重要性と，これからの受皿づくり（保健所のイニシアチブ）．

② 退院後の保健婦による生活援助，家族援助への期待．

③ 患者の地域における生活訓練の「場」の確保と提供．

当時，デイケアを担当していた保健婦は，次のように語っている．

「デイケアの準備をしなければ……と毎日焦りと不安が続いた．ああ，病気になるんじゃないかしら，という思いがちらりとよぎった．とにかくデイケアを見学して来ようと出かけたりした．その後この事業をどのように進めていくかで，職員や所外の関係者も交じえて何度も話し合いが持たれた．まさしく手づく

りの事業という感じがした．そして意見交換は参加者の考えの広がりとか，深さを増すことになり，デイケアは素晴らしい事業だと思った」[1]

さらに，管内の専門病院や，すでに行われている保健所デイケアを見学に行くうちに，徐々にデイケアのイメージが作られて行った．また，保健婦は担当者を2～3人に絞って，具体的活動の方向性を作っていった．

デイケア開設準備のために行った病院見学の後，当時の保健婦は，

「某病院の閉鎖病棟の室内環境は，窓が少ない，冷暖房もない，という状況で，しかも雑然としていて汚れが目立つ．体が冷えてくるようなショックを受けた」

と感想を述べている．しかし，このようなありのままの病棟，ありのままのケースを目の当たりにしたことは，保健婦に社会復帰に関する自分たちの役割を強く意識させる引金となった．

C．デイケア開設と保健婦が担えたこと
a．保健所デイケアの目標と保健婦の役割
a）仲間づくりの場

開設当初，月2回のデイケアを試行することから始めたために，デイケアの成果に多くを期待せず，メンバー同士が自らの病気のことや生活のことを語り合える仲間であり，友達であることを，お互いにわかり合えるようになることに努めた．

b）家族を育てる

メンバー*の家族との経験交流の場を持ち，家庭での生活の仕方に家族の関心が向けられるように努めた．家族の中には障害者がいることをひた隠しにしたいという気持ちも見受けられたが，家族同士の話し合いを大切にし，相互に学び合う場にするように心がけた．

c）メンバーの再発防止

グループワークの場を通して相談を重ね，必要に応じて面接や家庭訪問を行ったり，関係者間の事例検討の場を持った．

d）プログラム

メンバー同士の仲間づくりを目標の中心に置いた1年目は，グループが安定性を持つことに主眼が置かれた．そして，メンバーが自主的なプログラム活動ができるように心がけ，彼らが幅広い人との交流が持てるように，野外活動時には保健所の保健婦以外の職員の参加を求めた．

e）チームワーク

デイケアを担当したスタッフは，グループワークの安定とよりよいケアの場を目指して，地区担当保健婦や事務担当者の協力を得ることや，デイケア担当保健婦の役割分担などについて，チームワークを重視した．

f）主治医との連絡

メンバーの主治医から意見書をもらうために，地区担当保健婦とデイケア担当保健婦が主治医を訪問した．保健婦は保健所の受入態勢や家族と地域の状況を説明するとともに，主治医からケースの健康状態や病状・留意点を聞く機会にした．また，主治医を初め医療関係者とも話し合う場を持ち，保健所デイケアを理解してもらうように努めた．

b．デイケア活動状況

1980（昭和55）年6月から，「社会復帰促進事業」として，八王子市に居住する精神分裂病患者を対象にデイケアが実施された．最初は定員15名，月2回で開始され，1回平均9名の参加があった．翌年から週1回実施できるようになり，参加者もコンスタントに出席するようになって，1991（平成3）年1月現在メンバー数23名，1回平均参加人数12.5名となっている．

通所者の年齢は20～30歳代に集中しており現在も変わっていない．プログラムは参加者の自主性を尊重し，メンバー自身で考えて決め，スタッフは彼らの自立への働きかけを

---
* デイケアの中では本人のことを「メンバー」と呼ぶ．

専ら行うようにしていった．

　はじめはどのように参加していけばよいのかと戸惑っていた保健婦は，メンバーとともに楽しめばお互いにリラックスできるようになることを学んだ．しかし，メンバーの自主性を重んじてプログラムを組んだ結果，保健婦が前以て決めておいたとおりにいかないこともたびたびあり，それまでの活動形態と違う動きに戸惑うことも多く，辛いこともあったという．

　また，保健所のデイケアは病院のデイケアと異なり，「地域の中での生活空間を広げる」という役割を担っていることを保健婦は認識できるようになり，メンバーが自ら何かを摑むことによって，それが自立につながればよいと考えるようになった．「就労＝自立」ではなく，自立するということは，その人なりに人と関わっていけるようになることであり，それに向けてのステップが大切なのだと，当時関わっていたある保健婦は語っている．そのため保健婦は，スタッフと地区担当保健婦や家族との関係を密にするだけでなく，デイケアへ保健婦以外の保健所職員の参加を勧めたり，主治医との連絡を取るように心がけた．

　保健婦は精神衛生相談員の後を引き継いでしばらくの間，不馴れなこともあり，精神衛生相談に苦慮していた．しかし，デイケアが開設されたことによって，保健婦はここで改めて精神衛生活動を見直し，地域ケアのあり方を意識するようになった．

　メンバーはデイケア通所1年で生活リズムが変わり，就労したり家事に就いたりする人が出て来始めている．また，デイケアの卒業者が増えるにつれてOB会を作ろうという声が多くなり，

　「デイケアの他に週1回集まりたい」と言うメンバーの意向を受けた家族らは，市内の心身障害者福祉センターの2階の1室を借りられるように交渉した．OB会は以降「のぞみの会」と命名され，自主グループ活動として週1回の集まりを持つことができるようになった．

D．家族会の結成

　1980（昭和55）年6月のデイケア発足時には地域家族会はまだできていなかった．そこで保健婦らは家族とともに社会復帰を進めようとして，デイケアメンバーの家族に呼びかけ，1980（昭和55）年7月に家族との話し合いを行った．

　家族の集まりは当初は4名と少なかったが，勤めをしている家族のために偶数月の土曜日の夜間に集まりを持つように工夫した．そのためか参加者は10名に増えた．また，中には本人の兄弟も参加するようになり，家族会の結成の気運が広がった．

　一方，保健所の精神衛生活動の一環として「障害者の地域ケア」をテーマにしたシンポジウムを広く地域住民に呼びかけた．シンポジストは町田市精神障害者家族会「つくし会」会長，多摩病院の医師，家族代表者，保健所保健婦であった．初めての試みではあったが120名余の参加者を得ることができ，会館のホールがいっぱいになり，熱気溢れる討論がなされた．この中で「八王子市に家族会を作ろう」という意見が多く出され，家族会結成の動機づけになった．そして1982（昭和57）年4月，八王子精神障害者家族会「わかくさの会」が，当時の会員30名で結成された．以来，保健所や八王子PSW研究会の協力のもとに，奇数月に保健所を会場として定例会が開かれるようになった．共同作業所が作られてからは，さらに偶数月に作業所で家族会が行われるようになり，家族会の定例会は毎月行われるようになった．

　1990（平成2）年には「わかくさの会」の会員は100名になり，家族間相互の交流に止まらず，関係者とともに作業所づくりなどに共働することになった．

表7　八王子市精神衛生活動の地域への広がり

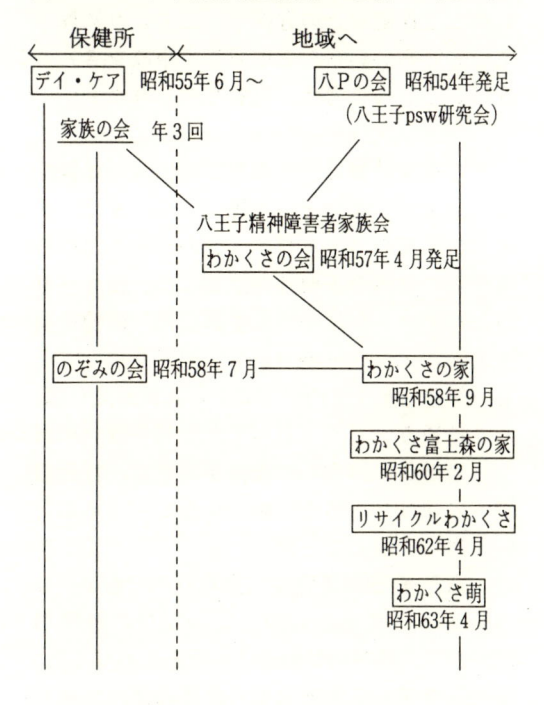

```
←―保健所――|――地域へ――→
デイ・ケア  昭和55年6月～   八Pの会  昭和54年発足
                                  (八王子psw研究会)
家族の会   年3回
              八王子精神障害者家族会
              わかくさの会  昭和57年4月発足
のぞみの会  昭和58年7月    わかくさの家
                          昭和58年9月
                          わかくさ富士森の家
                          昭和60年2月
                          リサイクルわかくさ
                          昭和62年4月
                          わかくさ萌
                          昭和63年4月
```

(4) 共同作業所づくり―地域活動への広がり―（表7）

A．本人自身の憩いの場を求めて

　保健所デイケアに1年間通い続けたメンバーは，仲間意識を強めることを目指して，新たに週1回のデイケア以外の日に集まりを持ちたいという意向を述べるまでになった．

　デイケア終了者は仲間の輪をさらに広げていきたいと考え，その集まりの場所を探し始めた．そして1983（昭和58）年7月に心身障害者福祉センターの場を借りて，週1回の集まりを持つ「のぞみ会」が発足した．そこはピアノを弾いたり，話し合いや習字，手芸等，参加者が自由に参加できる場として位置づけられ，保健婦も時折参加した．この身障センターの場を借りるについては，家族会や精神衛生活動に理解のある市議会議員らの協力を得て，活動の場を得ることができた．

B．共同作業所「わかくさの家」づくり

　保健所デイケアに通所しているメンバーの家族と「わかくさの会」（地域家族会）は，1982（昭和57）年11月，八王子市に対し作業所設置の要請を行った．また，共同作業所の資金づくりのために大バザーを開き，多くの市民にその必要性を呼びかけた．保健婦は保健所のデイケアのメンバーや家族を支援しながら「わかくさの会」に協力し，資金集めやPRを行って懸命に支援した．

C．地域の門戸を開いた作業所づくりとその運営について

　家族会では，デイケア卒業後の行き場がないことが大きな悩みとなっていた．一方，医療関係者は退院したケース，就職できない，生活のリズムを崩しやすい人を地域で支える場を作りたいと考えていた．お互いの想いが重なり合い，家族会三役と精神病院関係者が，作業所検討会を発足させた．

　当初から作業所を，障害者を地域で支える施設として位置づけ，その財政的援助・運営に参加する人を家族会や関係者にとどめず，広く地域の人に呼びかけた．「わかくさの会賛助会」（年間2,000円，150名の会員）を作り，継続的支援と作業所の活動をPRした．

　作業所開設〔1983（昭和58）年9月〕は，障害者，その家族，関係者を含む多くの市民に注目され，大きな喜びを持って迎えられた．それから5年の間に共同作業所は4か所に増設された．

　4つの作業所はそれぞれ名称と作業内容を異にしているが，1つの作業所運営委員会でその運営に当たっている．運営委員は作業所職員・家族会より3名，心理判定員，作業療法士，看護婦，ソーシャルワーカー〔1986（昭和61）年12現在，18名〕によって構成されている．この中に保健所職員の参加が見られないが，それは行政主導型になることを避ける意味であったという．

　家族会を運営主体にしなかったのは，家族が身近にいない者，単身者など，家族会員でない人も利用できるようにと考えたからであっ

た．また，家族会が作業所を運営することによって負担が大きくなり，家族会独自の運動が広がらなくなることを心配した．さらに作業所や精神障害者の問題を，家族だけが抱え込むのではなく，地域社会の問題として，医療関係者や家族，一般市民などできるだけ多くの人に呼びかけて行こうという狙いもあった．

作業所は単に作業訓練の場にとどめるのではなく，精神障害者の「生活の場」としたいという運営委員らの強い期待があった．

D．保健婦の作業所の利用の仕方と関わり方

「あゆみ」によると，小平市A作業所を見学した後で，メンバーからデイケアのプログラムとして，

「A作業所のような所が八王子市にも欲しい」

という声が出た，と記されている[2]．

保健所のデイケアを終了した人たちの多くは，共同作業所に通所するようになった．デイケアから作業所に入所する時は，保健所デイケア担当または地区担当保健婦がその仲介の労をとり，作業所に馴染むまで相談にのっていた．しかし，共同作業所への通所が軌道に乗って来ると，日常業務に追われていた地区担当保健婦は，ケースを尋ねて作業所に行くことは少なくなった．そして何年か過ぎたある日，1つの事故に出会うことになったのである．

市内の作業所に通う1人の青年が雪の降る日に凍死した．その青年がデイケアに来ていた時，デイケアの担当であった保健婦は次のように話してくれた．

「彼は体調をこわして（作業所を）休みがちであったと，後になって聞いた．家にじっとしていられなくて外出したのだろう．彼は保健所のデイケア開設当初のメンバーであったが，デイケア終了後は地区担当保健婦との関わりはなかった．本人または家族，作業所職員からの連絡がないと，途絶えてしまいがちになる保健婦との連携を，どのように保っていったらいいか，この青年の事故をきっかけにいろいろと考え，反省させられた」

その後保健婦は，この悲しく，辛い体験をくり返したくないという思いから，また，デイケアの次のステップアップの場としての作業所との連携の重要性を認識して，夜6～9時に行われる作業所運営委員会に，保健所長とともにオブザーバーとして出席し続けている．保健婦が作業所に出向くことが増えれば，そこに通うメンバーらのことを知る機会になり，指導員に協力して支援ができる．社会復帰への途はケースと一緒に歩むことであるという思いを新たにした．

E．八王子PSW研究会（通称八Pの会）

八王子市は市内に21か所の精神科医療機関があり，精神科診療所3か所を合わせると，精神医療施設の密度は他の地域に比べて極めて高い．その医療機関の職員であるPSW，心理相談員は，1978（昭和53）年に八王子PSW研究会を組織し，保健所を会場として例会（月1回）を持ってきた．当初から保健婦，福祉事務所ケースワーカー，近隣市町村関係者に呼びかけて事例検討会を行ってきた．

この通称「八Pの会」は，精神病院と地域（保健所，市町村）に対して常にインパクトを与える役割を担い，地域家族会の育成，共同作業所づくりなどにおいて，共同するプロセスを非常に大事にしてきた．

「八Pの会」は12～13名の会員からなり，所属病院での活動を背負いながら地域精神保健協議会の専門委員となり，地域精神衛生活動に参画している．また，退院するケースの受皿として作業所を重視し，積極的に協同，協力している．

F．心の健康フェスティバルの開催

この事業は1986（昭和61）年から開始された．保健所長を中心にした保健所主導の活

動ではあるが，家族会，共同作業所，のぞみ会，八Ｐの会，地域精神衛生連絡協議会と協議しながら運営されているものである．年ごとに参加者が増えており，一般市民のボランティアも多く，社会の精神衛生活動への関心の高まりが感じられる．

G．共同作業所大バザールへの協力

作業所の運営資金（転居費用，施設整備費等）を捻出するためのバザールは年中行事となった．バザールへは保健婦はデイケアメンバーらと一緒に参加する．大勢の人が出入りする中で1つの売り場を持ち，1つの仕事をみんなで作り上げていくことの楽しさを体験し合える場となっている．

（5）精神衛生地域連絡協議会・専門委員会の中で保健婦の果たした役割

精神衛生地域連絡協議専門委員会は，協議会設置要綱に基づいて1986（昭和61）年に発足した．この会は地域精神衛生活動が総合的かつ効果的に進められるように，保健・医療・福祉および精神障害者関係団体の参加を得ている．そして，精神障害者の地域ケアの充実と，地域住民の心の健康問題について，多面にわたって検討を重ねる場になっている．

この会では，① 精神障害者の「社会復帰」の受皿づくり，② 老人精神保健の地域ケアと地域医療の連携，の2つを課題にしてそれぞれに専門委員会を設置し，年間を通して具体的に活動を進めている．

保健婦はこれらの組織に参加する中で，保健婦の精神衛生活動の実際を報告すると同時に，関係機関職員との情報交換を行い，保健所の担えることは何かについて探ってきた．

専門委員会の活動の一端を次に述べる．

A．社会復帰専門委員会

a．「社会復帰専門委員会報告1990.3.」によると，この委員会は1986（昭和61）年12月に活動を開始し，翌年から年3回ほど委員会を重ねて来た．委員の構成は福祉事務所のケースワーカー1名，医療機関のケースワーカー3名，保健所精神保健担当保健婦3名，その他関係医療事務担当者7名になっている．

b．専門委員会の主な活動－6項目の課題に取り組む－

① 地域の相談機能の充実と，受診・受療上の相談への対応

② 地域における多様な社会参加の場の確保

③ 障害者の生活条件の問題（住宅，就労，保証人など）

④ 単身生活者に対する援助

⑤ 緊急時の対応，一時休息入院，24時間の対応（特に夜間）

⑥ 酒害相談

c．上記の課題の中から障害者の生活条件を取り上げ，そこにおける問題点を明らかにする．

例えば，近年急速に悪化した住宅問題は生活保護世帯，低所得者層に深刻な影響を与えており，特に精神障害を持つ老人や単身者のアパート探しは容易ではない．そこで委員会では，生活保護世帯に対する住宅扶助に関して，他の区市町村と比較したものを提起して検討している．

また，公衆浴場は経営難から閉店して行く地域が多く，利用者は遠距離まで出向いて行かなければならない．こうした実態を示す「地域の生活マップ」（保健所環境衛生課作成）を作って，関係者への問題提起を行った．

d．保健婦の役割・機能

保健婦はこの委員会を運営する中で，世話人会による自主的な運営を呼びかけた．意欲的な世話人（委員の中から4名と保健婦）によってテーマの選定，司会，記録と，それぞれ役割を担って運営されている．

保健婦は世話人会と年4回の専門委員会が効果的に機能するように，連絡調整に努めている．

B．老人精神専門委員会

a．専門委員会の構成

「痴呆性老人相談の手引き1990.6.」の小冊子によると，専門委員会は17名で構成されており，その内訳は精神病院の医師，ケースワーカー各1名，老人病院ケースワーカー1名，老人精神病院ケースワーカー1名，特養施設長・特養生活指導員各1名，福祉事務所福祉ワーカー1名，八王子市保健センター保健婦1名，社会福祉協議会1名，民生委員1名，八王子保健所医師1名，保健所業務係長・業務担当者各1名，保健所保健婦3名，保健相談所保健婦1名となっている．

b．専門委員会の主な活動

八王子市内には老人精神保健に関わる老人病院，精神病院，特別養護老人ホームが多い．これまでも福祉事務所と保健所は病院や施設を利用してきたが，「地域ケアのネットワーク」を作っていこうという意図的活動ではなかった．委員会の各メンバーがお互いの所属の機能を紹介し合い，他機関を知るのに約3年もかかっている．その中で委員会は，地域ケアを進めるための「相談の手引き」を作ることができた．さらに「安心して住める街づくり」「デイホームを考える」についての討議が続けられている．

c．「痴呆性老人相談の手引き」作成

「痴呆性老人相談の手引き」という小冊子は，保健所，市役所，病院，施設などの関係機関および関係者が，相談活動に利用している．この小冊子によって入院や入所サービス，地域，医療，アフターサービスなど，地域の社会資源がわかりやすく示され，利用しやすくなった．これまで老人病院や施設は，医療スタッフの人数やサービスの内容を公開する機会を持っていなかったが，委員会でこの小冊子を作ったことにより，地域住民の利用窓口がより広がったのではないかと思われる．

d．保健婦の果たした役割

保健婦は専門委員17名と定期的に会を持ち続ける中で，相互に関係性を強め，老人ケアを進める拠点を作ることができた．また老人病院，ケア施設内治療，およびケア体制のガイド版づくりを準備するなど，各関係機関が主体的に取り組める方法を提示することができた．

(6) おわりに

八王子保健所の精神衛生活動は，1966(昭和41)年当初から管轄内に精神病院が多いという特殊な状況の中で，東京都のパイロットスタディとしての機能を果たしてきた．1970(昭和45)年までに衛生局学会に報告された「都における保健所精神衛生活動の諸問題その1～4」は，保健所精神衛生活動の位置づけを明確にしており，以後都の全域の保健所でこの「報告」の考え方を基に活動が進められてきている．

しかし，「報告」の中で述べられている計画は，ケース側のニードを考慮して計画されたわけではなく，あくまで保健婦主体で立てられたものであり，実際に計画どおり活動して行くのには無理があったと思われる．その結果は報告されていないが，活動が継続するには至っていない．

保健婦の家庭訪問の対象別訪問の年次推移を見ると，精神障害者への訪問数が1971(昭和46)年から1975(昭和50)年にかけて減少している．保健婦全体としては，1970(昭和45)年に計画された内容では実践活動ができなくなり，新たに精神のケースへの訪問活動を再構築するのに年月がかかっていたことが伺える．

それから10年後の1980(昭和55)年，保健所にデイケアが発足した．デイケア発足前は相談ケースを専門医にどうつなぐことができるのかが主な課題となり，そのことへの援助が中心となっていたが，デイケアの発足により，ケースの自立をどう見守るのか，それに向けた生活支援の方向へ変化していることが確認できる．さらに現在老人性痴呆，アル

コール依存症など，保健婦の精神保健活動はいっそう領域を広げ，全市民を対象に精神保健活動が展開されている．

（川村登志江・東條敏子・長沢和代）

引用文献

1）八王子保健所あゆみ編集委員会：あゆみ，デイケア事業開始3年のまとめ；1984.
2）八王子保健所あゆみ編集委員会：あゆみ，デイケア事業開始3年のまとめ；p.29, 1984.

参考文献

1）佐々木雄司・熊谷きく子：東京における保健所精神衛生活動の諸問題その1～4（佐々木1～3，熊谷4）；衛生局学会，1969,1970.
2）安木桂子：老人精神相談事業を始めて；衛生局学会，1984.
3）安木桂子：呆けたお年寄りを抱えた家族の会；衛生局学会，1989.
4）八王子保健所専門委員会：社会復帰専門委員会報告；地域精神保健連絡協議会，1990.
5）八王子保健所専門委員会：痴呆性老人相談の手引き；地域精神保健連絡協議会，1990.
6）八王子保健所：保健婦精神保健活動資料一式，保健所事業概要；1989.

3）小平保健所－精神衛生看護研究会を中心とした保健婦の実践活動－

（1）はじめに

小平保健所は1966（昭和41）年に開設され，小平市・東村山市を管轄することになった．都心に近い両市は，折から首都圏のベッドタウンとして人口が増えつつあり，母子・結核・成人保健に活動の主力を置いていた．

管内には国立の療養所や私立の精神科病院があり，精神科のベッド数は八王子市に次いで2番目に多い地域である．また，緊急救護施設もあり，精神障害者共同作業所が都内でも早期に開設され，また，医療と福祉を考える総合研究所などを中心とした住民参加のボランティア活動が行われている地域でもある．

開設当時の精神衛生活動は精神衛生事務担当者に限られ，家族や住民からの相談があっても，保健婦は具体的な相談を進められないでいた．当時の事務担当者はこのような実態を何とかしなければと考え，病院の関係者と連絡をとっていた．

1969（昭和44）年7月，私立の精神病院から「病院と地域社会を結ぶ連絡会議」を開催したいとの連絡が保健所，市役所などに届いた．この会には病院関係者を始め福祉事務所保護係長，生活保護ケースワーカー，民生委員，保健所精神衛生事務担当者，保健婦などが集まり，以来月1回継続して開催することが合意された．連絡会では関係者が相互に知り合い，経験を共有する関係者の勉強の場となった．この会は1970（昭和45）年から会場を保健所に移し，関係者の学習および業務連絡を目的として保健所長から文書連絡することになり，「地域精神衛生業務連絡会」と改められた．

この連絡会を基盤として，地域関係機関の連携を図るとともに，家族会の育成や保健所精神衛生活動の場として，1973（昭和48）年4月から「精神衛生クリニック」を開設し，1980（昭和55）年1月から「精神衛生グループワーク（デイケア）」を開始した．

（2）保健婦の精神衛生活動の歴史（表8）

小平保健所は，開設当初は小平市と東村山市を管轄していたが，1973（昭和48）年に東村山保健所が開設されてからは，小平市1市を管轄することになった．保健婦は保健所保健婦9名，市役所保健婦6名がおり，全員で地域を分担し，精神衛生活動も同様に共同して行ってきた．（表9）

表8　地域における精神衛生活動の推移

年　代	
1965（昭和40年）	精神衛生法改正により，保健所の業務に精神衛生が加わる．
1966（昭和41年）	小平保健所開設（小平・東村山・市管轄）
1969（昭和44年）	地域内精神病院の呼びかけで保健所・市役所・福祉事務所・関係施設等との連絡会発足名称「地域精神衛生懇談会」
1970（昭和45年）	会発足から6か月後「精神衛生業務連絡会」と改称し，月1回の例会を持つことになる．「精神衛生業務連絡会」は，保健所の公衆衛生活動の一環として行い，地域関係者の連絡・連携・学び合う場と位置づけ協同していく．
1971（昭和46年）	「精神衛生業務連絡会」（以下「業務連」）は，精神障害者の家族に呼びかけ．家族懇談会を開き，家族会結成をめざして8回行う
1972（昭和47年）	小平・東村山地域家族会発足「通称けやきの会」 国立武蔵療養所に病院デイケア開設
1973（昭和48年）	東村山保健所開設（東村山・東大和市管轄）
1974（昭和49年）	小平保健所に精神衛生クリニック開設　月1回 「業務連」で，精神障害者の歯科未治療のことを問題とし，歯科受療の促進について，地域歯科医師会・都の関係局・厚生省に陳情．要望書提出 歯科医療の問題に端緒，地域精神病院長協議会発足
1976（昭和51年）	精神障害者の共同作業所「あさやけ第2作業所」開所 「業務連」で精神衛生活動のあゆみを発刊
1977（昭和52年）	小平から分かれて，東村山地域家族会（けやき会）結成
1978（昭和53年）	保健所における精神衛生相談（クリニック）を4月から月2回の相談を開く
1979（昭和54年）	「業務連」の主催で「私達の精神衛生を考える・つどい」を開催 　　　対象　一般市民・精神障害者および家族・関係者等　参加者115名 　　　以来，年1回開催を継続している 　　　内容　講演・シンポジウム・映画・個別相談を行う
1980（昭和55年）	保健所デイケアについて前年度から話し合いを始め，1月から月2回料理教室を開催 昭和55年4月〜東京都の事業として予算化される 保健所デイケア週1回の開催となる
1981（昭和56年）	東村山けやき会共同作業所開所（地域家族会運営）
1983（昭和58年）	小平あさやけ第3共同作業所開所 東村山保健所デイケア開始
1984（昭和59年）	精神障害者回復者クラブ「ぶんぶんクラブ」発足 あさやけ第2作業所の新施設が完成した時（昭和58年10月），精神障害者のための「くつろぎの場・たまり場」として活用してはどうかとの方向が打ち出され，回復者クラブを作ることになった．クラブの運営委員により準備が進められ，4月から月4回（昼2回，夜2回）の開設というスタートになった 会費月300円　夕食500円　参加者昼5〜10人，夜15〜20名
1988（昭和63年）	精神衛生クリニックの相談者が多くなり（不登校・思春期相談），夜間クリニックの必要からその準備を始め，実際に開設したのは1989年7月である

表9 小平保健所・小平市役所保健婦の家庭訪問指導延人員および百分率

年度 保健所・ 市別 訪問 延数	1970年 小平 保健所	小平市 東村山市	1975年 小平 保健所	小平市	1980年 小平 保健所	小平市	1985年 小平 保健所	小平市	1988年 小平 保健所	小平市
	2.201 (100%)	1.123 (100%)	2.171 (100%)	994 (100%)	1.979 (100%)	384 (100%)	1.463 (100%)	343 (100%)	1.701 (100%)	341 (100%)
感 染 症	— 	— 	6 0.3	1 0.1	— 	— 	— 	— 	1 	—
結 核	688 31.3	193 17.2	257 11.8	94 9.5	177 8.9	65 16.7	35 2.4	11 3.2	38 2.2	13 3.8
精神障害	128 5.8	13 1.1	315 14.5	211 21.2	455 23.0	151 38.6	493 33.7	166 48.4	695 40.9	115 33.7
心身障害							98 6.7	23 6.7	96 5.6	53 15.6
成 人 病	119 5.4	228 70.2	315 14.5	124 12.5	200 10.1	33 85	53 3.6	41 12.0	146 8.6	55 16.1
その他の疾病 （難病含む）	63 2.9	57 5.1	343 15.8	242 24.3	300 15.2	69 17.8	167 11.4	36 10.5	188 11.1	23 6.7
妊 産 婦	393 17.8	10 0.9	194 8.9	36 3.6	203 10.3	6 1.5	145 9.9	18 5.4	132 7.8	11 3.2
乳 児	636 28.9	233 20.8	388 17.9	101 10.2	342 18.1	29 7.6	145 9.9	18 5.4	132 7.8	11 3.2
幼 児	117 5.3	59 5.3	239 11.0	23 2.3	196 9.1	10 2.6	148 10.1	11 3.2	127 7.5	17 5.0
家族計画	42 1.9	193 17.2	38 1.8	34 3.4	11 0.5	14 3.6	1 0.1	2 0.5	2 0.1	4 1.2
そ の 他	15 0.7	137 12.2	76 3.5	128 12.9	95 4.8	12 3.1	50 3.4	9 2.6	87 5.1	22 6.5

注）1970年，1975年，1980年の心身障害はその他の疾病は含まれる
東京都衛生局看護課・東京都における保健婦活動状況（昭和60,63年度）
小平保健所　　保健婦9名
小平市役所　　保健婦4名　　昭和60年より5名

　精神衛生活動を開始した当初の保健所への相談は，家族からの病院紹介の依頼や病院から退院患者への生活相談の依頼，また福祉事務所からの精神障害を持つ生活保護受給者への訪問依頼などであった．保健婦はこのような相談に「連絡会」に参加しながら熱心に取り組んできた．しかし，しだいに相談内容は医療中断者への通院の動機づけ，引き籠もりや医療拒否の人との関係づくり，家族関係の調整など，地域での生活継続のための支援活動が要請されるようになった．また，精神衛生相談は最初から精神衛生上の問題として持ち込まれるのではなく，生活上の困り事や職場・近隣とのトラブルがきっかけとなって持ち込まれることが多く，相談者も本人より家族や近隣住民，あるいは関係者からの場合が多くあった．このような地域からの相談に，保健婦はこれまで対人保健サービスで体験しなかったような状況に，しばしば直面した．
　また，精神衛生上の問題があると思われる閉じ籠もりのケースへの関わりや，関係づくりの難しいケースへの出合いから，地区担当保健婦1人で関わる限界を感じた．そこで，保健婦自身が相談したり，学習できる場の必要性を強く感じ，お互いの経験を積み重ね，学び合う場として，自分たちの手による研究会を発足させることにした．
　1973（昭和48）年に発足した「小平精神

衛生看護研究会」は事例検討を中心として，保健婦が相談者との関わりの中で判断したことや行ったこと，対応の過程でのためらいや迷いなどの気持ちを検討し合い，相互に学び合うことを狙いとした．この研究会には発足当初からスーパーバイザーとして，当時国立の療養所に勤務していた外口玉子氏に参加してもらった．また，研究会は単に保健婦の学習のためばかりではなく，保健婦間のチームワークを高め，地域ケアを展開していくための受け皿づくりや，ネットワークづくりにも取り組む場ともなった．

このように，小平地域の保健婦の精神衛生活動は，地域の関係者による「精神衛生業務連絡会」のネットワークを基盤とした活動と，保健婦がお互いに事例を共有し，力量を高める場としての「精神衛生看護研究会」の継続的な開催に支えられ，精神衛生活動を積極的に展開していたと言える．

(3)「小平精神衛生看護研究会」を中心とした活動とその中で学んだこと
A．保健婦の精神衛生活動を展開するための場づくり
a．地域家族会の発足－1972（昭和47）年12月～

保健婦は相談活動を進める過程で，家族が自分の不安を話したり，家族の役割や対応の仕方について，同じような体験を持つ家族同士で相談できる場の必要性を感じていた．また，「業務連絡会」でも地域家族会の必要性が論議されており，業務連絡会の協力を得て地域家族会が設立された．
b．精神衛生クリニック－1974（昭和49）年1月～

保健婦は未治療や医療中断の相談を受ける中で，精神科の病院に直接受診するにはさまざまな困難があり，病院の外来ではなく，気軽に専門医に相談できる場が欲しいと考えていた．また，業務連絡会でも同じような声が聞かれた．そこで，保健所に精神科の専門医を迎え，本人や家族の相談だけでなく，保健婦を始め関係職員の相談の場としても機能できる「精神衛生クリニック」のあり方について，看護研究会で検討した．
c．「私たちの精神衛生を考える集い」の開催－1979（昭和54）年

精神障害者が地域で生活するためには，地域住民に精神障害者についての理解を深めてもらうことが必要であった．また，問題を抱えている人ができるだけ早期に相談できる場や機関を知って欲しいと考え，業務連絡会が主体となって，年1回の一般市民へのアピールを目的とした集いを開催した．保健所や保健婦活動の紹介とともに個別相談も実施した．
d．社会復帰促進事業「デイケア」の開始－1980（昭和55）年1月～

保健婦は長期入院ケースの生活支援を進める中で，単身者の食生活や昼間の過ごし方の問題を痛感していた．また，作業所に通うメンバーにとっても食事の問題は多くあり，料理教室を中心としたグループワークの実施が望まれていた．そこでデイケア開設についての要望書を，1977年から東京都に提出していたが，なかなか実現しなかった．保健婦の間で，予算化を待つより何とか実施してみる方向で検討を重ね，1980年1月から月2回の料理を中心としたグループワークを開始した．1980年4月からは東京都の社会復帰促進事業として予算化され，週1回のデイケアがスタートした．
e．「ぶんぶんクラブ」の誕生－1984（昭和59）年

休日や夕方の時間に相談できる場所や，出向いて行ける場所の必要性を感じていた保健婦，作業所職員，病院ケースワーカーらによって，作業所を会場にして週1回夕食会を開き，同時に憩いの場づくりが開始された．
f．精神障害者共同ホーム「サンライズ」の開設－1987（昭和62年）

退院が可能になっても住居の確保が困難であったり，1人での生活に不安を抱いている人たちが多くいた．業務連絡会でも，地域での生活の場を確保したいという願いを込めて，共同ホームについての検討がなされた．保健婦としてどのような形で側面からの支援ができるのかについて検討した．

g．「ポッポクラブ」の誕生－1988（昭和63）年

デイケア長期利用者について，次のステップをどうしていったらよいのか等の課題を検討した結果，デイケアOBも含めた自主的なグループの育成を始めることになった．デイケア実施日とは別の日の午後，月2回を設定し，プログラムや活動内容は集まったメンバーが自分たちで決めて行う，という形を取った．このグループの運営や保健婦の役割について，研究会で検討を重ねていった．

h．夜間精神保健クリニックの開設－1989（平成1）年4月

精神衛生クリニックは月2回実施されていたが，年々相談者が増加し，時間を延長することが多くなった．また，相談者の中には仕事を持っている人も多く，夜間の相談窓口の開設が求められていたが，夜間クリニックの開設については，保健婦間でも賛否両論あり，研究会で何度も話し合いを重ねた結果，所内の協力と予算配布が得られ，開設をするに至った．

B．「精神衛生看護研究会」の意義と学んだこと

① 個々の保健婦がケースとの対応に迷いや不安を感じた時に気軽に相談ができ，次への取り組みの方向を見出したり，継続的な働きかけへの勇気が持てた．

② 事例をまとめ，検討することによって，ケースの持つ健康な力を見出したり，保健婦自身の関わり方について，さまざまな側面から見直すことができた．

③ 事例を提供することで，レポーターだけでなく，お互いに事例についての理解を深め，必要な場合はだれもがその事例への対応ができる保健婦間の体制づくりの機会になった．

④ 研究会で多くの事例を共有することで，ケースへの関わりの見通しが持てたり，尻込みせずに取り組むことができた．また，いつでも一緒に考えたり，活動してもらえるという安心感があり，リラックスして活動できるようになった．

⑤ 精神衛生クリニックの活用についても話し合いを重ね，保健婦の地区活動の1つの相談の場として機能することを目指した．また，必要に応じて精神衛生クリニックの嘱託医を研究会に招いて，事例を通して嘱託医の役割や，クリニックの方針等について確かめ合う機会を持った．

⑥ 保健婦の精神衛生活動の取り組みについて検討を重ね，これまでの活動の振り返りや，検討したことなどをさまざまな学会に報告し，1982年には，まとめとして「小平地域における保健婦の精神衛生活動の記録」を発刊した．
（柏木由美子）

（4）看護研究会に参加した市保健婦の学び

私が小平市役所に就職したのは1978年で，本年勤務歴10年余りになる．当時，精神医療は入院中心から通院治療へと転換し始め，社会復帰活動は活発になりつつあり，患者の地域生活を支える共同作業所づくりに代表される種々の取り組みが，活発に進められている時期であった．そのような状況にあっても臨床看護婦であった私は，入院した精神障害者を見ると，日々なぜこんなに状態が悪化するまで受療できなかったのかと思ったものである．

その私が保健婦活動に参加するようになって大きなショックを受けたのは，精神看護研究会で提起されたTさんの事例であった．Tさん夫婦の生活は，うず高く積み込まれた段

ボールや新聞紙の山に囲まれ，水も，
「毒が入っている」
と被害妄想が強くて飲めないような状態で，これが「人間として住んでいる」と言えるのだろうか，
「なぜ，ここまで放置していたのか」
という，対応してきた側への疑問が私にはまず生じた．

　事例検討を通して，どんな状態であれ，そこに生活している人間の，残されている針の穴のような小さい健康な所を見出し，何とか生きていってほしいと対応していた保健婦諸姉の忍耐強い活動や，他職種らとの緊密な連携のとれた働きかけの内容が明らかにされて，そこに関わった保健婦の実践体験や，その時々の判断などを，私は共有していくことができた．

　病気の理解を深めるために主治医の参加を求めたり，共同支援者としてグループワーカーらの参加を得て検討会を持った．何よりもお互いが信頼関係を持って真摯に意見を交換し，障害者がよりよい生活の場を持てるように，ともに支援活動を創造していこうという気構えで，検討会に臨んでいたのが印象深かった．

　地域で援助する側が，障害者と「逃れられない関係性」を持った時，初めて新たな歩みを始めることができ，創造への取り組みが開始されるという先人の教えがあった．この教えを基に実践したことが私自身の血肉となり，また次の活動へのエネルギーを再生させてくれた．その根源となったのが精神看護研究会であった．

　一般的に精神障害者への関わりが少ないと言われる市役所の保健婦に，このような精神衛生活動ができたのは，歴史的に保健婦の地区分担制があったことが大きく，精神障害者への関わりも保健所保健婦と共同で検討し，取り組んできた実績があったからである．私自身市役所，保健所という行政枠にはまらず，保健婦間の信頼関係を大切にし，平等の立場で，真剣に意見を交換し，精神障害者の地域生活を支援する技術を高め，真摯に活動している先輩保健婦の実績から学ぼうと，検討会には主体的に参加してきた．だから，そこで新たな視点や実践結果を披瀝されると，それを自分の次の活動に生かそうという気持ちにもなれた．

　精神看護検討会の果たした役割を私なりに概括すると，次のようになるであろう．

　①　事例の情報を共有することによって，チームアプローチを可能にした．

　②　担当保健婦の精神衛生活動を評価し，次の計画を立てた．活動の質的な深まりと広がりを持たせることができた．

　③　上記のことによって，地域の精神障害者の生活を支えることに寄与した．

（荒木　啓子）

（5）保健婦の実践活動を振り返る

　第三者（特に近隣市民）からの精神保健相談はその対応が大変難しい．それは当事者である本人または家族が，近隣者が問題にしていることに気づいていない場合が多いからである．保健婦は近隣者が問題としていることをどのようにして確かめられるのか，また，そのことについて家族にどのように話を持ち出すか，アプローチについて苦慮することが多い．相談の内容は多様であるためスタッフミーティングを持ちながら働きかけを進めている．さらに，その働きかけがケースのケアに至ったか，また，保健婦の対応を近隣者はどのように受け止めたのか等について事例検討を行い，そこでケースおよび家族への支援と，相談者である近隣者の困り事に対して，同時に対応を迫られる保健婦はどのような支援を体験したのか，第三者による相談ケースへの援助とは何かを学び，支援の困難さを共有できることが重要だと思っている．

　以下に，相談事例を通して，対応した一端を述べる．

事例 某小学校PTAから問題が持ち上がった相談の対応を振り返る

1993（平成5）年6月，PTA役員3名（女性）が保健所に来所した．保健所側の対応者は保健サービス課長，精神保健事務担当者，精神保健業務担当H保健婦（地区担当保健婦は産休中）であった．

a．相談内容

生徒が下校中に本人宅の側を通りかかると，本人が子供たちの所に出て行って，
「悪口を言った，うるさい」
などと怒鳴ったり，時には靴で頭を殴られたりしたという苦情が入った．学校長に相談したが，生徒に下校中は静かに歩くように指導する，という返事であった．PTAとしては，
① 小学校の通学路の変更も検討したが，保険の問題があるのですぐに変更できない．迂回路についても交通量が多く，警察との協議が必要になる．② 取り敢えず事件についてビラを父兄に配布し，本人の件で注意するよう児童に注意を促す方法をとりたいがどうであろうか，というものであった．

b．H保健婦の判断

① 相談者の話から，当事者は通り魔的人物ではなく，地域の人であることを確かめている．もしかすると保健婦の相談ケースかもしれないということで，相談記録を探したところ，1980年から保健婦が関わりを持っていたことがわかった．しかし，
② プライバシーを守る立場から，保健婦の相談ケースであることを話題にせずに，保健所としての対応について話し合うほうがよいと判断した．

c．当面の方針

相談の結果，学区域に限らず，管内小学校のあちこちで変質者が出没しているという情報があり，母親たちの動揺，心配が深刻であることを受け止めた上で，当面，次のことを伝えた．

① 被害を受けた方は警察防犯課へ被害届を出す．できれば詳しい情報を，電話でもよいので，保健所へ教えてほしい．
② ビラを配布する件については，本人を追い詰めることになるので中止する．保健婦が訪問して，家族に会った上で保健所としての対応を考える．

その後，情報があればいつでも保健所に相談・連絡をする．

d．H保健婦とM福祉事務所ヘルパーとの話し合い

同日，PTA役員との面接の後，従来の相談記録を熟読し，さっそく福祉事務所Mヘルパーに連絡をとり，Mヘルパーが訪問していた時の本人の状況を聞いた．Mヘルパーは，
「気持ちの優しい一家だった．母親が通院する時，本人は車椅子を押して連れて行っていた．弟は都心で仕事をしているが，母親が亡くなった時，世帯分離して公的扶助を受けることもできる，と勧めたが，『兄（本人）の面倒は私が見ます』と言った」
と話してくれた．この話を聞いた上で保健婦は，
「本人と家族をよく知っているMヘルパーから弟への連絡をとってもらい（本人への訪問も含む），その結果を待って，Mヘルパーに同行してH保健婦が訪問する」
という行動計画を立てた．

e．看護研究会で培ったもの

① 相談者（PTA会員3人）との初回相談時，保健婦のほかに保健サービス課長と精神保健事務担当者の三者で対応したことで，保健婦はそれほど緊張せずに対応できた．
② 相談の途中，保健婦は相談票ボックスから相談記録を探し出し，以前に保健婦が関わりを持っていたことがわかったが，すぐ相談の場に持ち出さないように計らい，相談者が問題にしていることを重視し，それへの対応を行った．

③ 相談者が考えてきた近隣のビラ撒きは，不安な気持ちでいる人を刺激することになりかねないことを話して，その計画を止めてもらった．学童の他は被害に遭った人はなく，生徒への注意と通学路を変更することを促したのは，相談者の創意工夫を生かすという方法を取りたかったからである．

④ 保健婦は相談者に，当事者と家族に早急に相談する予定であることを伝え，少し時間をくださいと誠意をもって話したことが，相談者にとって相談の意図をわかってもらえたという思いと，通学路変更を進める上で納得することを助けたのではないか，と考えられる．
　　　　　　　　　　　　　　　　（秦　郁江）

参考文献

1）小平精神衛生看護研究会編：小平地域における保健婦の精神衛生活動の記録；昭和57年12月．
2）最上キクヱ他：保健所における精神衛生クリニックの機能とその位置づけ；東京都衛生局学会誌58回，1976．
3）柏木由美子他：地域保健活動における精神衛生相談の位置づけと保健婦の役割；日本看護学会集録第11回，1980．
4）柏木由美子他：デイケアの機能と保健婦の役割その1；東京都衛生局学会誌第69回，1982．
5）伊藤ひろ子・谷口啓子他：保健所におけるデイケアの位置づけと機能；日本看護学会集録13回，1982．
6）堀江節子：小平，東村山市の地域精神衛生活動；生活教育vol.1，no.2，p.27〜41，1979．
7）地域精神保健業務連絡会編集委員会：地域精神保健活動のあゆみ；1976・1988・1994年版．
8）最上キクヱ：地域精神衛生活動の実際A，p46〜66，公衆衛生実践シリーズno.9，医学書院，1986．

4）足立区足立保健所－生活相談室から公的作業所設立への動き－

（1）足立区における精神衛生活動の特徴

足立保健所は1972（昭和47）年に，厚生省精神衛生特別対策事業の指定を受け，精神衛生相談と講演会を開催した．これらの活動から精神障害者の社会復帰事業として「生活相談教室」，通称保健所デイケアを発足させた．

このように，国の精神衛生活動のパイロットスタディとして足立保健所が選ばれたために，保健所長を始め関係職員や保健婦らは，今まで保健所活動として体験したことのない精神衛生活動に取り組むことになった．

ややもすると行政指導型の事業は上すべりになりがちであるが，これらの事業を1つの契機として，精神衛生活動を充実させていったことが，足立区における精神衛生活動の特徴である．

また，家族の訴えのままに，
「必死で入院させてくれる病院を捜し，無事入院できると家族とともにほっとしていた」現場対応型の保健婦活動から，10年の歳月をかけた活動の中で，保健婦は，
「発病から社会復帰まで一貫した支援活動をする」
という，ライフサイクルを重視していく活動にその考えを転換していった．

（2）1966（昭和41）年当時，保健婦はどのように精神衛生活動を始めたか

A．専門医の援助を受けて保健所の精神衛生活動が始まった

当初，保健婦は精神衛生センターK医師，相談員らの技術援助を受けながら，精神衛生相談の進め方を学んだ．また，K医師は相談

者である家族に対して精神障害者家族の会を作ることを動機づけ，1969（昭和44）年に地域家族会である「あしなみ会」を発会させた．この家族会結成に関して保健婦の果たした役割は定かでないが，足立保健所の予防課長がこの発会式に参加している．その後，家族会の例会は各会員宅で開かれ，回を重ねていったが，中心であったK医師自身の問題によって一時休会となった．

保健婦の個別ケースの相談は，「流れをみつめて」[29]に次のように記されている．

自傷他害のある分裂病（妄想型）のAさん．医師とワーカーとの約束訪問も何回かすっぽかし，働きかけがうまくいかず苦労した．そんな時同僚保健婦に事例検討中心の自主的研究会に誘ってもらった．数人の保健婦，医師，ワーカーが，切羽詰まった事例について真剣な討議をしていた．聴くことのみの私であったが，参加を続けることで理解できるようになり，大きな力，勇気を得た．一緒に参加していた同僚保健婦には朝夕の訪問にも同行してもらうなどして，やっと治療に結びつけることができた．その後は真面目で，正しい通院，服薬の継続．好転して2年過ぎた頃世帯を持つことができ，訪問の足もしだいに遠のいたある日，偶然妻に会った時「ずっと薬は妻がもらいに行き，広告会社の勤めも続いている．先日2人して2泊で大阪万博に行って来た」という話を聞いた．落ち着いている様子を聞いてほっとした．（筆者が一部文章の添削を行った）

医療につなげるのに苦労したけれども，社会復帰していった1例である．しかし，当時の援助は，資料によると，

「暴れて悩む患者と疲れ果てた家族，困惑した近隣の苦情を目前にして，警察の力に頼ることを考えるばかりであった」
というのが実状であった．

当時保健婦にとっては，精神衛生相談にどう取り組むかが大きな課題であり，まだまだ自信を持てる状態ではなかった．1966（昭和41）年8月から1970（昭和45）年3月まで千住保健所に勤務した保健婦は，当時を振り返って，

「結核から精神衛生活動への転換期」
と述懐している．

B．保健婦に「やる気」を起こさせたものは

1969（昭和44）年に始まった保健婦講習会（精神衛生相談員資格取得講習会）を受講した保健婦や，その他の保健婦の自主的グループである地域精神衛生研究会，自治体に働く保健婦のつどい等において，保健婦は実践行動として「これならやれる」という具体的な活動の方法を見つけた．それまで，ややもすると逃げ腰であった保健婦に一条の光を与えたのが，生活指導技術としての生活臨床であった．1つの事例に一所懸命に対応し，うまくいった例があると，口コミで広がり，精神衛生相談が急激に増加していった．

C．1971（昭和46）年，精神衛生特別都市対策事業の指定を受ける

厚生省の指定を受けたことによって，次の保健所活動に予算がついた．

① 専門医による所内相談，訪問指導，各々月2回実施
② 家族を対象に所外講師による講演会を開催

保健婦はこれらの精神衛生活動を事務担当者とともに進めた．講演会は家族が対象で，家族の役割や社会復帰等をテーマに，年6～7回実施した．

1969（昭和44）年に結成された精神障害者の家族の会が，「家族責任論」の問題で組織的に一時壊滅状態となったが，この新たな活動によって家族会は再結成された．保健所を会場にして定例会が開催され，保健婦は会の育成・運営に関与した．

（3）デイケア発足から作業所づくりへ

Ａ．保健所デイケアの発足に保健婦の意見がまとまる

1971（昭和46）年に開始した精神衛生特別対策事業が，1975（昭和50）年には社会復帰を重点にした活動に変更することになり，保健婦は社会復帰事業，通称デイケア実施の可否について問いかけられた．

保健婦らが真剣に検討した結論は，
「とにかく手探りで始めよう」
ということであった．1975（昭和50）年当時，全都でデイケアを開設していたのは，唯一町田保健所であった．しかし，足立区では初めての試みであったため，保健婦はこの事業をやっていけるかどうか，不安や危惧にかられた．もっとも保健婦たちが精神衛生活動を始めて10年が経過しており，既に多くの精神障害者や家族と出会って，デイケアの必要性については十分にわかっていた，また，家族会も強く賛同していたということもあって決断するに至ったのである．

Ｂ．生活相談教室（デイケア）の発足

1976（昭和51）年4月，23区で初めて生活相談教室という名称でデイケアを開始した．週1回，午前中に5～6名の参加者で始めた．プログラムは絵画，粘土細工，スポーツ，料理等で，レクリエーション的な色合いが強かった．友達もなく，家で1人でいる人に保健所まで足を運ばせ，皆でうまくやっていけるかどうか心配であった．物品購入や予算要求も今までやったことがなかったので戸惑った．

手探りで始めた生活相談教室ではあったが徐々に定着していき，その効果も出てきた[2]．

ところで，生活相談教室を開設して15年が経過した今日，改めて振り返ってみると，生活相談教室の果たした役割はあまりにも大きいことに気づかされる．それらは，① 精神障害者がこの生活相談教室を1つの踏み台にして社会復帰をしている，② 保健所職員や一部の地域住民に障害者に対する理解が少しずつ得られるようになってきている，③ 作業所づくりや精神衛生対策連絡協議会の発足等精神衛生活動の発展につながってきている，ことなどを挙げることができる．保健婦にとっても保健婦活動を問い直すきっかけになった．

Ｃ．保健婦の精神衛生活動から保健所の精神衛生活動に

当初，家庭訪問や随時の精神衛生相談は，保健婦独自の活動であり，他職種との連携，協力は少なかったため，他職種には見えにくい活動であった．ところが，生活相談教室は保健所を会場としており，しかも週1回，定期的にグループ活動をするために，保健所職員の目に触れる機会が多かった．

当初，保健所職員は精神障害者が多数保健所に出入りするのを危険視していたが，そのうちに書道やダンスの教師になったり，施設の整備をしてくれたりというように，しだいに協力態勢が作られていった．文化祭の時には彼らの作品を見たり，模擬店を利用したりするなど，またクリスマス会やハイキングの時には参加したり，料理の時には試食をしたりして，精神障害者を励ましてくれた．このような日常的な触れ合いの中で，やがて職員から，
「みんないい人たちなんだね」
という声が聞かれるようになった．

担当者も，一般職員の精神障害者への理解を得るために，行事等に参加してもらうよう努力した．

このような中で，1986（昭和61）年に降って湧いた足立作業訓練所の民間委託化の問題については，保健婦やケースワーカー，担当事務職員だけでなく，保健所の他の職員も一致して委託反対に取り組むことができたのである．

Ｄ．関係機関との連携を深め，地域精神衛生活動の展開へ

1977（昭和52）年，生活相談教室を開催してから1年後，精神衛生対策連絡協議会が発足した．年1～2回足立保健所で開かれ，今日に至っているが，この会を実のあるものにするために，1981（昭和56）年から運営委員会が開催されるようになった．
　この会は，
　「足立区における精神衛生対策上の問題について，関係者の密接な連携のもとに調査及び検討を行なうとともに，精神障害の予防及び治療ならびに社会復帰に関わる諸施策の推進を図り，もって区民の精神的健康の保持及び増進に資する」
ことを目的として開かれている．
　会で話し合われた内容は，最初のうちは生活相談教室の状況報告が主であった．
　退院しても家庭で無為自閉に生活していたケースが，生活相談教室に通う日だけは朝起きられるようになったり，仕事への意欲がわいてきたり，危機場面に対して仲間とともに支え合い，それを乗り越えているなど，生活相談教室に通うことによる効果が提出されている．一方，開催回数が少ない，場所がない，担当人員が足りない，などという問題も指摘された．
　次に，生活相談教室の卒業生が出始めると，生活相談教室で就労の動機づけができても，その先の対策がないと彼らのモチベーションは長続きせず，元の生活に戻ってしまったり，中には入院に至る場合もあるなど，生活相談教室だけでは不十分で，作業所が必要であることが話し合われた．
　さらに，地域ケアの受け皿として，とりわけ単身者あるいはそれに準ずる人々が，入院することなく，地域で生活していくための対策として，「精神障害者社会福祉生活訓練所」（憩いの場づくり）の構想（案）が提起された．この構想では精神医療・福祉・保健対策の3つの側面から捉えた資料を基に，特に経済効率について，入院医療費と生活保護で在宅生活者との比較を試みて言及している．
　それは，精神病院の入院費が40歳の場合，1984（昭和59）年当時229,770円であったが，同じ患者の外来治療費と生活費を合わせてもその約半分の費用に止まることを根拠としていた．この構想は1995（平成7）年に生活支援センター（仮称）として実現の見込みである．
　なお，精神衛生対策連絡協議会では，就労や職親制度の活用等，一貫して精神障害者の社会復帰を進め，地域での生活を支援する視点から検討を重ねていた．

（4）酒害相談
　1982（昭和57）年7月から酒害相談事業が開始されたが，保健婦たちはそれまであまりアルコール依存症は手がけておらず，知識と経験の不足から，どう進めていったらいいのかわからず，苦慮しながらのスタートとなった．いろいろ検討した結果，保健婦集団としての学習活動と酒害相談事業が平行して進められた．
　1983（昭和58）年からグループワークによる酒害相談が本格的にスタートした．これはスーパーバイザーに頼っての開始であった．グループ運営における保健婦の役割は，メンバーの1人として自分の問題をグループの中に出していくことであり，保健婦としてより，人間としての生き方そのものと向き合う場面参加であった．司会者の保健婦は会の流れを変えるような発言はせず，言葉少なに流れに沿って進行する，地区担当保健婦は訪問をしてはいけない，などというスーパーバイザーの指示に，疑問や抵抗を感じながらの苦しいグループ参加であった．
　しかし，世話役タイプの仕事の仕方が，ケースとの依存関係を新たに作り上げる原因になることや，アルコール依存症が人間関係障害の一種であることなどの理解が進むにつれ，疑問や抵抗は解決していった．酒害相談事業

はスーパーバイザーの基でグループとして着実に歩みを進め，保健婦集団も少しずつ力をつけていった．

(5) 保健婦の精神衛生活動－そこで担ったものは何か－
A．保健婦活動の中で精神衛生業務をやる意味とその困難性

1975（昭和50）年，東京都から区移管になった保健所は，区民のニードに応えるために，除々に事業が増加していった．精神衛生業務もその1つであり，足立区おいては，1978（昭和53）年の基本構想の中に，精神衛生対策が重点施策として位置づけられた．

しかしながら，事業量に見合う人員増はなかなかされず，生活相談教室に人員がついたのは教室を開始して7年目であった．1979（昭和54）年，週3回の開催になった時点でも人員増はされなかった．1982（昭和57）年に東和保健相談所で生活相談教室を開始した時点で，やっと足立保健所にも保健婦が1名増員された．教室に2～3人充当しているにもかかわらず，1名しか増員されなかったのである．その後，江北保健相談所と中央本町保健相談所での生活相談教室開始に当たっても，保健婦は1名ずつしか増員されなかった．慢性的な欠員も重なって，保健婦たちは必死の思いで精神衛生活動をやってきたのであった．

1983（昭和58）年，老人保健法の施行に伴って成人病関係の事業が大幅に増えたが，人員抑制のもとで保健婦は増えず，
「保健婦は精神衛生の仕事をやり過ぎている．他とのバランスが悪い」
などと批判されさえした．

このような中で，保健婦が精神衛生業務をやってきた意味は何だったか．保健婦は受持地区の乳幼児や母親，結核患者，寝たきり老人，精神障害者等に家庭訪問をしたり，健康教育をしたりして，地域の健康問題の解決に向けて援助をしている．中でも精神障害者とその家族の生活実態を見，その思いを聞くと，少しでも健康な生活を取り戻すために何とかならないものかと，真剣にならざるを得なかった．

以下，事例を通して，保健婦が精神障害者支援の活動を続けた意味を記しておくことにする．

a．独り暮らしのAさん

51歳のAさんは掘っ建て小屋で単身生活をしていた．電気，水道，ガスはついておらず，トイレもない所に住んでいた．小屋の中には布団が敷きっ放しで，あちこちに豆腐やおにぎりの腐ったのが置いてあり，ゴミの中で生活していた．小屋の前にある棚にはタバコの吸い殻，丸めたちり紙，固くなった便，石ころがごちゃ混ぜにぎっしりと詰め込んであった．

Aさんの髪は長く伸び放題で，四季を通して雨靴にセーター，ズボン姿をしており，まるで仙人のようであった．頻回に訪問をして働きかけたが，関係づけがなかなかできず，援助をするのが難しかった．

b．Bさん一家

夫は精神分裂病で10年あまり入院中であった．長女は精神発達遅滞と精神分裂病，次女も精神分裂病，三女は登校拒否中であった．喘息であるBさんは苦労の連続で，50歳にもかかわらず歯は抜け落ちており，年齢よりずっと老けて見えた．唯一健康である長男は，家庭内のトラブルに巻き込まれて大変苦労していた．保健婦はBさん一家が多問題家族で，どこからどう援助すればいいのか困ってしまった．

病気になったら，だれでも医療が受けられ，治療しながら回復に向かう足がかりが必要である．そのために保健婦の個別の対応は基本的に大切である．しかし，上記の事例a，bのように，個別の対応では有効に支援ができない事例もある．そこで関係者が相談し合っ

たり，デイケアを開始したり，作業所づくり等を行うなど，多面的な取り組みも重要である．これらの条件づくりこそ，行政で働く保健婦に求められる役割である，と保健婦たちは考えたのであった．

c．生活相談教室と作業所を踏み台にして就職したCさん

20代のCさんは，生活相談教室に入る前に保健婦が訪問した時には，母の傍らで，ただにこにこして保健婦を眺めている，という感じの人であった．生活相談教室に入ってからは，生活相談教室に通って来る日だけは早く起きることができた．プログラムにもやっとついてきている状態であったが，やがてしだいに自分から参加するようになっていった．仲間とも話をするようになり，生活相談教室が終わった後，仲間と喫茶店に行ったり，遊びに行ったりし始めた．そのうち行事の実行委員を引き受けたりして，自信をつけていった．

しかし，生活相談教室で自信はついてきていたが，就職するには毎日通えて作業ができるかどうか不安があった．そこで作業能力も見たいということもあって，作業所へ入所することにした．作業所では欠席，遅刻はほとんどなく，作業にも自信をつけていった．9か月間作業訓練に通所した後，皮工場へ就職していった．

B．精神障害者とともに歩む保健婦活動

保健婦の担当地域には，① 生活行動に不安を抱き，発病かどうかを案じて相談に来る家族，② 何回か入退院をくり返した体験を持っているので，何とか再入院を避けたいという思いで相談に来る家族，③ 発病後10～20年を経過して，今のところ日常生活はやれているが，高齢になった自分たちの亡き後を心配して相談に来る家族，等々と多様な人たちがいる．

これらの精神障害者と家族に対して，保健婦は過去の生活や医療等について聞き，この事例にとっての社会復帰とは何かを考えながら，将来の展望について相談するようにしている．このような活動の中で保健婦は，精神障害者の社会的生活の自立を支援する方法として，生活相談教室や作業所が必要であることを認識して，その場づくりをしてきたのである．

また，生活相談教室や作業所に入ったことで保健婦の援助が終了したと考えるのではなく，社会復帰するまで，さらには長期的に社会生活を維持・発展できるように援助していくことが必要である．そのために地区担当保健婦の役割が大切であること，その役割を明確にする必要があること，などを足立区保健婦業務連絡会で保健婦は確認したのであった．地区担当保健婦は，精神障害者が生活している地域を足場にして，発病から社会復帰まで一貫して援助することにした．

地区担当保健婦の役割が定着した今日，生活相談教室は終了したが，作業所にも通えない精神障害者への援助をどうするか，という提起が地区担当保健婦からなされ，現在，その場づくりに家族と一緒に取り組んでいる．

一方，親亡き後の住宅の問題で，ケアつき住宅を作る運動が起こり，先輩保健婦が自宅の一部を提供している．単身者の住宅や食事等，生活全般に関わる問題は今後の課題である．

C．地域家族会の運動を支援する

保健婦は精神衛生活動を始めたころ，家族の強い訴えに戸惑いながらも，その困り事に共感していたので，家族会が積極的に生活相談教室を要請していることを見過ごすことはできなかった．しかし，保健婦の力量だけでは精神衛生活動はとうていやれないので，家族会の要望に沿い，その協力を受けながら生活相談教室を開始した．その後家族会は区立作業訓練所の要請，家族会運営の作業所づくりなど，主体的に営々と活動を続けている．

1986（昭和61）年に区立作業訓練所の民間委託案が出された時には，保健婦は家族会とともに民間委託反対の運動を行った．この

運動の中から「足立区精神保健活動をすすめる会（一歩の会）」が生まれ，2～3か月に1回，会を開いて交流をしている．

（6）保健婦の精神衛生活動の展開をどう見るか

A．保健婦の精神保健活動を端的に表わしているのは家庭訪問である

表10によると，1975（昭和50）年に生活相談教室が開設される前年には，保健婦1人当たり11.2件の家庭訪問をしている．それから10年という短い期間で家庭訪問件数は6.7倍なっている．その後老人保健法に伴う事業が増大する中で，訪問件数は増加していない．電話相談，随時所内相談，関係機関連絡もこの1～2年は家庭訪問と同様,増加していない．

これは全国的に共通した保健所業務増大によるものと考えられ，精神保健活動は足踏み状態と言えそうである．

B．関係機関との連携は相互援助になっていたか

精神衛生対策連絡協議会は1977（昭和52）年に発足しているが，保健所の精神衛生対策に比重が置かれ，その甲斐あって生活相談教室や作業所等が充実してきた．

ところが，関係機関それぞれの地域精神衛生活動について，その役割とそこで果たす機能については検討が不十分である．精神衛生対策連絡協議会の目的は保健所の精神衛生活動の発展のみに限定してはいけない．地域精神衛生活動を向上させるためには，この点を避けて通れない今後の課題である．

C．多くの人と連携・協力する中で精神衛生活動を担うことの大切さ

保健婦は精神障害者とその家族との個別相談を活動の基本に置きながら，多くの関係者とともに新たな活動を進めてきている．相互に共通点を見出し，相違点にはあまりこだわらずにチームを作ることに努力してきた．殊に区立作業所の民間委託案が出された時には，区政における精神衛生活動を守るために，家族会や関係職員，身体障害者関係の職員などで団結した行動をとった．その結果は公設公営でいくこととなり，多くの人と連携し，協働することのすばらしさを体験した．1989（平成元）年，「一歩の会」の忘年会の時に，精神保健活動は第3の時代に入ったという発言があった．第1の時代は家族が必死に努力した時代，第2の時代はそこに専門家が入った時代，第3の時代は一般市民と協働する時代である，というのである．

1990（平成2）年，区立作業訓練所ボランティア講座を開催したところ，定員をオーバーする応募者があった．この結果からも精神保健活動に対する一般市民の関心の高さを示していると言えるであろう．精神保健活動を進める輪を広げていくことが今後の課題である．

（多田久子・田中歌子）

足立区における精神衛生活動報告文献

1）香山充子：保健所の精神障害者社会復帰援助；生活教育，1976.
2）香山充子：保健所における精神障害者の社会復帰援助，援助活動について；60回東京都衛生局学会，1977.
3）足立における作業所づくり運動；つくし会総会，1979.
4）野中久江：保健所におけるデイケア；医学評論，1979.
5）足立保健所保健婦一同：精神障害者の社

表10 足立区における精神障害者家庭訪問の推移

	1970	1975	1980	1985	1988	1989
家庭訪問数	89	435	1363	2769	3168	2854
率		8.3	16.3	36.1	46.7	40.3
保健婦数	25	39	51	59	57	58
東京都 率	2.9	6.7	11.5	18.8	27.3	25.7

注意　家庭訪問数→精神障害者家庭訪問数
　　　率　　　→精神障害者家庭訪問数／全家庭訪問数

会復帰の援助活動；生活教育2巻2号，1979.

6）香山充子：足立区における精神衛生活動をよりよくしていくために（自治体に働く保健婦の集い）；保健婦雑誌，1980.

7）香山充子：足立における精神障害者の社会復帰を支える保健婦の働き；やどかりセミナー，1980.

8）檜山克子：保健所におけるデイケアの試み；生活教育，1981.

9）足立保健所における精神障害者社会復帰事業；衛生看学会，1981.

10）山本啓子：足立保健所における保健所のデイケア活動から；つくし会総会，1981.

11）檜山克子：足立保健所における精神障害者社会復帰事業をめぐって；臨床精神医学b10，1981.

12）永田素子：保健所のデイケアのありかたを考える；医学評論10，1982.

13）香山充子：在宅精神障害者の実情と保健所デイケアの効果；68回東京都衛生局学会，1982

14）香山充子：精神障害者作業所への保健婦の技術援助；74回東京都衛生局学会，1985.

15）足立作業訓練所：明日にむかって（足立作業訓練所5周年記念文集），1985.

16）宮内登美子他：デイケア活動から作業所づくりへ（公衆衛生実践シリーズ9・精神衛生と保健活動）；医学書院，1985.

17）香山充子：登校拒否の高校生の援助；75回東京都衛生局学会，1985.

18）香山充子：精神障害者へのかかわり苦悩から喜びへ；なかま　160号（ルーテル教会誌），1986.

19）多田久子：保健所デイケアの役割について；45回公衆衛生学会，1986.

20）小林るみ：保健所デイケアの意義について；45回公衆衛生学会，1986.

21）田中歌子：共同作業所への足がかりと保健婦活動；精神障害者の社会復帰と社会参加を維持する全国会議報告書，1986.

22）足立のケアつき住宅をつくる会：足立区精神障害者のケア付住宅づくりにご理解とご協力を；1986.

23）永田幸子：東和保健相談所デイケア報告～就労を中心とした社会復帰へのとりくみ；東京都衛生局学会b77，1986.

24）大曽根綾子：保健相談所デイケアの機能と役割～江北デイケア4年のまとめ；東京都衛生局学会b79，1987.

25）香山充子：精神障害者の人と共に共同生活を始める；なかま171号（ルーテル教会誌），1987.

26）香山充子：保健婦の地域ケア；81回東京都衛生局学会，1988.

27）沢口茂代：公立作業所における実績と役割の考察；東京都衛生局学会b84，1989.

28）横沢裕美他：デイケア3年のまとめ社会復帰を中心に：東京都衛生局学会b84，1990.

29）田中歌子：足立区の精神衛生活動と保健婦活動の流れをみつめて，p.114～141；朝日 出版サービス，1990.

30）中島一憲：デイケアにおける分裂病患者の回復の評価　回復スケールを用いた検討；86回日本精神神経学会，1990.

31）香山充子：共同住宅のこころみ；全家連2月号，1991.

32）多田久子：回復スケールによるデイケア効果の考察；東京都衛生局学会，1991.

3．第2期　活動の広がり・特色が出て来た時期

1）練馬区の保健所－障害児の地区組織活動から精神衛生活動へ－

（1）はじめに

　1965（昭和40）年6月の精神衛生法改正

以降，保健所が地域精神衛生活動の第一線機関としての取り組みを始めてから，間もなく30年近くになろうとしている．この間保健婦は，在宅の精神障害者の援助に，立ち止まることなく，精一杯取り組んできた．突然飛び込んで来る困難なケースに非力を感じ，悩んだりしながらも，単なるケースや家族の保健指導に止まらず，ケースがその地域で暮らしていけるために，社会復帰基盤の整備を行ったり，地域支援のネットワークを意図的に作り，多くの関係者や住民の方々とともに歩んできた．

特にこの10年間の地域での変化は，地域住民の精神障害に対する意識の変化と，それに伴う自主的活動の高まりや，作業所づくり等の活動への参加に劇的に表われている．保健婦は病院，福祉事務所，作業所の職員，地域のボランティア，家族会等，多くの関係者に支えられて活動を展開して来た．彼らの熱意や努力で，地域という漠然とした空間が，ケースや家族にとって，そこで生活していけるように少しずつ変化してきていることは確かである．

しかし，1人1人のケースや家族が安心して住める地域づくりという点からすると，まだまだ多くの解決しなければならない課題が残されている．

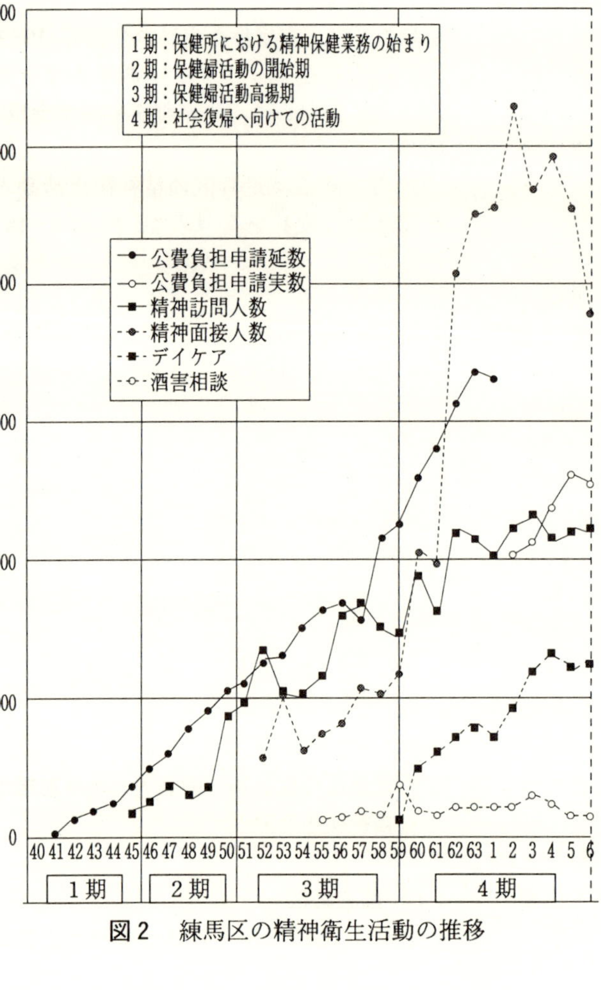

地域精神衛生活動において，行政という公的な場に働く保健婦の役割は何であろうか．時代は今，社会状況の急激な変化に新たな精神のニーズを作り出している．アルコール依存症，不登校，摂食障害などの思春期の問題，働き盛りのうつ病，自殺など，心の不健康は年々増えている．これら社会病理的とも言える新たな問題に，保健婦は直面せざるを得ない．

この30年弱の保健婦の活動の歴史を振り返り，我々の先輩が切り開いた精神衛生活動を踏み越え，さらに発展させていかなければならないことを痛切に感じている．

(2) 精神衛生活動の歴史（図2，表11）

A．第1期：保健所における精神衛生業務開始期［1965（昭和40）年〜1969（昭和44）年］

1965（昭和40）年6月の精神衛生法の一部改正によって，新たに保健所の業務として，「地域における精神障害者の相談および訪

図2　練馬区の精神衛生活動の推移

表11　練馬区における精神保健福祉活動

		行政・保健所活動		市民活動
1期	40.6 41.7 44	（精神衛生法改正） 保健所で精神保健事業始まる 練馬保健所精神衛生相談開始 　　精神衛生相談員配置－昭和45.2欠員 保健婦の精神相談員資格取得研修開始	40	精神障害者家族連絡会
2期	46.3 46.4 46.7 48	大泉相談所開所 北保健相談所開所 精神衛生相談員欠員のため，保健婦が精神衛生相談に従事 石神井保健所専門医相談開始	 47.3 47.7 47.7 47.11	陳情者提出 グランドハイツ跡地に総合病院設置 練馬障害児を持つ親の会発足（通称ちゃぼとひよこ） 東京つくし会練馬家族会発足 東京断酒新生会　練馬支部
3期	50.4 51 52.10 55.4 57.4 58.10 59.3	保健所が都から区へ移管 　　（夜間緊急鑑定方針打ち出される） 北保健所専門医相談開始 大泉保健相談所専門医相談 関保健相談所開設 専門医相談開始 北保健相談所　新築移転跡地は住民の要求により山 彦第二作業所、健康の会事務所、集会所として使用 （宇都宮病院事件）	 52.10 54.6 55.7 57.3 58.6 58.7 58.7 58.7 58.7 58.12 59.2	 山彦作業所開始 「練馬区に公的病院を作る会」発足 すずしろ共同作業所開設 田柄断酒会（北）発足 練馬老後の健康と生きがいを語る会発足（石） ねりま健康の会（会）発足 頑張ってこの道を歩く会（北）発足 四築会（北）発足 大泉健康と老を考える会（大泉） 練馬健康と生きがいを語る会（練）
4期	59.4 60.7 60.10 60.12 61.3 61.6 62.7 62.9 62.11 62.12 63.4 63.7 63.9 63.11 1.1 1.6 1.7 1.12 2.4 2.6 3.8 5.3 5.3 5.6 5.12 6.6 7.4 7.6 7.11	練馬保健所　石神井保健所デイケア （国連人権委員会にて「法改正」表明） 第1回　地域精神衛生関係者連絡会 第2回　　〃 第3回　　〃 第4回　　〃 第5回 （精神保健法）改正 第6回地域精神保健関係連絡会 連協で「精神保健」議題とする 第7回地域精神保健関係者連絡会 （精神保健法）施行 連協で精神保健討議 第8回地域精神保健関係者連絡会 大泉保健相談所デイケア開始 第9回地域精神保健関係者連絡会 光が丘保健相談所開設 第10回地域精神保健関係者連絡会 光が丘保健相談所デイケア開始 第11回地域精神保健関係者連絡会 第12回地域精神保健関係者連絡会 ねりま精神保健福祉関係者フォーラム 第13地域精神保健関係者連絡会 以降各福祉事務所ブロック毎に別れて連絡会を行う （精神保健法）一部改正 （障害者基本法）制定 （地域保健法）制定 北保健相談所デイケア開始 （精神保健福祉法） （精神障害者福祉手帳交付）	59.4 59.7 61.4 61.4 62.4 63.2 63.4 63.7 1.4 1.4 1.8 2.5 2.8 3.4 4.4 4.4 5.4 5.7 5.8 6.4 6.4 6.4 6.6 7.1 7.4 7.4 7.4 7.4 	山彦第二作業所開始 健康連絡会 やまびこ第二作業所バザー 第二大泉学園実習ホーム開所 保健所連絡会連協健康連絡会へ3名の代表委員を送る ワークショップ石神井開所 連協で「精神保健」を討議 「えごのみ」設立準備会発足 健康連絡会より連協へ4名の代表者 手作りの店えごのみ開店 ほっとすぺーす練馬開所 希望の会（北） イタリアのトリエステ視察（住民，作業所，PHN） 家族の集い（北） すのうべる開所 つくりっこの家クラブハウス開所 ほっとすぺーす関町開所 ホサナショップ開所 べるはうす（えごのみ）開所 93精神障害者日本カナダ交流発足（第1回） 和食の店「野杏」 ユニバースショップ開所 すずしろステェーションオフィス，ラウンジフォース開所 94精神障害者日本カナダ交流（第2回） 95精神障害者日本カナダ交流（第3回） with開所 ほっとjob（ほっとすぺーす第3）開所 「杏の家」開所 大泉保健相談所「かよう会」発足 精神障害者家族の会

問指導」が加わるとともに，保健所法の一部改正が行われ，保健所の業務として「精神衛生に関する事項」が明確に規定された．

これに伴って，保健所に精神衛生相談員が配置されることになり，練馬区にも1966（昭和41）年7月から1名の相談員が配置された．

保健所における精神衛生業務は，医療保護関係事務（届出，通報，公費負担関係）の他，精神衛生に関する相談，医療や社会適応に関する相談・助言，精神障害者家族に対する教育，一般住民への精神衛生知識の普及，というように広範囲にわたるものであった．

1966（昭和41）年当時，練馬区の人口は45万人であった．区内に練馬，石神井の2つの保健所があり，そこにただ1人の相談員が配置されていただけで，月1回精神衛生センターから派遣される医師，相談員による「精神衛生相談」が行われていた．このようにセンターからの技術援助を受けながら活動が進められていたが，届出と医療費助成時の情報把握で手一杯という状況であった．

当時の保健婦の地区担当制から見て，保健婦が担当地区内の精神のケースの相談，訪問の一端を担うのは当然という思いもあったが，1969（昭和44）年まで精神の業務は相談員に任せられていた．

1969（昭和44）年に衛生局主催で，始めて「精神衛生相談員資格取得講習会」が開かれ，地区担当の保健婦も受講できるようになった．以後保健婦は，精神のケースの相談を開始することになった．研修を受講した保健婦を中心に話題提供がなされ，保健婦の精神衛生活動が広がっていった．

精神医療は閉鎖病棟中心の医療状況の中で，精神医療全体がこれからの方向を模索している時期であった．

地域精神衛生活動は始まったばかりであり，学問的にも，技術的にも未熟であった．相談員と保健婦の役割も明確ではなく，活動の方法にも違いがあり，多くの議論があった時期であった．

B．第2期：保健婦活動開始期
［1970（昭和45）年〜1974（昭和49）年］
a．保健婦の地区活動の始まり

練馬保健所では，1970（昭和45）年2月から9月までの時期と，1971（昭和46）年7月以降の時期に，相談員は欠員となった．そのため，地区担当保健婦が，相談員に代わって訪問や相談に従事するようになった．

「暴れているからすぐ来てほしい」
「入院させてほしい」

という家族の緊急依頼に保健婦は戸惑った．精神衛生相談員資格取得講習会を受講したり，当時先進的に地域精神衛生活動を展開していた群馬県の活動を学んだりして，技術向上を図りながらこの業務に取り組んでいった．

当時練馬保健所で初めて精神のケースを担当した山本保健婦は，次のような支援活動の経験を述べてくれた．

「19歳の一人娘が風呂にも入らず，臭気がひどい．何やら訳のわからないことを言って家に閉じ籠もっている．医師に診てもらおうとしても家族の言い分を聞こうとしない」

と，娘との生活に疲れ果てた母親が，保健婦に泣きながら訴えて助けを求めてきた．保健婦は早速訪問し，

「あなたが一番辛い思いをしたんでしょうね」

と本人の気持ちを受け止めようとした．そして1970（昭和45）年5月から11月までの7か月間に，計46回の家庭訪問を行った．長い間入浴もできなかったため，ケースの顔，手足，首筋，腕の皮膚が変色していた．精神科医の同行訪問を依頼して，医師から入院の必要性を話してもらった．このような支援活動を続けた結果，数年間1度も外に出たことのなかったケースが，迎えの車に，自ら歩いて乗車し，入院した．

このケースの事例検討会に参与したスーパーバイザーの医師は，
「患者が自ら歩いて入院したのは素晴らしいことだ」
と絶賛した．保健婦の遅々とした働きかけではあったが，ケース自らが治療を受けようと歩み出したことの重要性を改めて考えさせられ，目の覚める思いがした．

今までに経験したことのないケースとの取り組みであるから，じっくりケースや家族の思い，あるいは実際の生活を見せてもらいつつ，保健婦として何を支援したらよいのか，という判断をするまでに少々時間がかかったが，ここから多くの示唆を得ることができた．相談ケースを地域で支える実践活動を，自主的事例検討会に出しながら，明日の活動に役立てていくことができた．

b．実践活動と自主的事例検討会で学んだこと

また，山本保健婦は活動を通して自ら学んだことを，次のように要約して伝えてくれた．

① なぜ保健婦が訪問しなければならないのか．つまり，何の目的で訪問という手段を考えたのか，保健婦は何をする人かを明らかにする．このことは精神保健活動に限られたことではないが……

② 保健婦は家庭を見て生活を見る．そして地域を見ていく業務を積み重ね，それを区の行政に返し，保健衛生行政を提案していく役割を持つ．

③ 泣きながら電話してくるケースには，すぐに訪問しなければ彼らの役に立たない．ケースの対応を急ぐ時，保健所内業務のクリニック等の交替をスムーズにできる，保健婦間のチームワークが大切である．

④ 大変なケースと関わりを持つと同時に，見通しのたつケースを支える活動にじっくり取り組み，保健婦自身の技術能力を高めることが大切である．

当時の練馬保健所の活動は，結核管理が軌道に乗り，特に結核専門病院医師の積極的な協力を得て進められていた．次に，母子保健活動も障害児のフォローとケアについて専門医師と連携をとり，具体的な支援活動を進め始めていた時である．

障害児の家庭訪問を通してケースの状況，保健所体制の不備が明らかになった．個々のケースの問題を解決するには保健婦の援助，保健所の機能，地域の条件を変えていかなければ，障害児を救うことはできないという思いがあった．こうした保健婦活動を背景にして，地域で最も苦しみを抱えている精神障害者と家族への援助も，徐々に取り組まなければならないという思いが，保健婦間に生まれていった．

c．精神障害者の家族会育成について

1972（昭和47）年，練馬区に精神障害者家族会が作られた．「障害児を持つ親の会（ちゃぼとひよこ）」もほとんど同時に発足した．

保健婦が家族の相談を受けるようになり，その家族の抱えている問題を直接見聞きすればするほど，解決の困難さを痛感した．1人1人の家族の抱えている問題の違いはあっても，何人かの家族の中には共通した悩み，問題があり，家族が相互に助け合い，協力していくことの必要性を感じた．また，家族の中には，家族の困っている問題（家に閉じ籠もりがち，就労の場がない，働く意欲が弱い等）について積極的な発言をし，家族会設立へ向けて，行政へ要請行動をしている家族が何人かいた．

「東京つくし会（全家連都支部）」は既に発足しており，全都，全地域に家族会を作ろう，というアピールが発表された後であっただけに，練馬区にも家族会発足の支援の手が差し出された．

家族会に向けての援助で配慮された点は，「家族は何と言ってもケースを24時間見守り

続け，辛さをケースと共有して苦労してきている．だからどのような家族に出会っても『あんな家族』という言葉を口に出してはいけない．保健婦は，家族が安心して自分の困りごとを話せる場づくりと，保健婦が可能な援助の役割を見出そう」
ということであった．

　家族会を作り，発展させていく目的として，
① 新しい家族を常に迎え入れ，その発病時の辛さを仲間として支えてもらえること，
② ケースも，家族も，練馬区の住民として住まい，成長し，老いていく過程に，常に福祉行政の光が当たるように運動をし続けること，を掲げた．

　個々の担当ケースの家族を家族会に紹介することから第一歩が始まるのだが，例会が日曜日のため，保健婦の参加が特定の者に限られていた．保健婦自身が家族会という集団との接触を持たないと，なかなか担当のケースの紹介をするには至らない．

　家族会発足20年の歴史の中で，保健婦は強力な支援者であったがその後出席は中断し，会は自主的に運営されることになった．役員の高齢化や組織力の弱さで，今１つ大きな力が発揮されていないのが実情である．

C．第3期：保健婦活動高揚期
［1975（昭和50）年〜1983（昭和58）年］

　1975（昭和50）年４月に，保健所が都から区に移管され，区内の練馬・石神井両保健所と，1971（昭和46）年，新たに開設した大泉保健相談所および北保健相談所の４所が集まりを持つようになった．

　都の保健所時代には，各保健所ごとにそれぞれのやり方で事業が行われていたが，互いに情報の交換をし合う，先進的な所に学ぶ，などということをしていく中で，区として精神保健行政の足並みをそろえようという動きが出て来た．

　母子保健の分野では障害児の早期発見，早期療育のために保健所の健診体制を確立しよ

うと，活発な意見交換や業務改革が行われ，保健婦活動のあり方が積極的に論議された時期であった．

　精神に関しては，増大するニーズに対応せざるを得ない状況もあって，訪問などの地区活動が積極的に行われるようになった．医療を中断し，病状が悪化しているケースを医療ルートへ乗せる働きかけや，退院後再発させないための日常生活援助が進められた．病状が激しくて，家族や地域社会を巻き込んだケースの場合でも，簡単に措置入院にすることだけは避けたい，できるだけ働きかけて同意入院に持っていこうという雰囲気が，保健婦の間に満ちていた．しかし，気概だけはあっても，一方では何とも恐ろしい，どうしたらいいかわからない，という不安と苦痛を持つ者もいて，互いの情報交換や事例検討会が持たれるようになった．

　群馬県の東村や境町など先進的な地域精神衛生活動を行っている地域の視察や，研究会への参加も増加した．しかし，保健婦が一番力を得たのは，自分の受持事例をレポートし，事例検討会に出すことからであった．当時，東京の病院に勤務することになった中沢正夫医師の生活臨床の検討会では，それまで及び腰であったり，責任ある働きかけをしてこなかった保健婦に，適切なアドバイスがなされ，その実践でケースがぐんぐん変わっていくことを実体験し，それまで変化しないと思っていたケースの可能性に目を見張らされた．ケースが変わっていくことのおもしろさ，手応えの確かさに，保健婦自身も変わってきた．精神のケースは生活から病気を見ること，生活に働きかけることが大切であること，また，緊急時の対応だけでなく，再発予防のためには日常生活の支援が，公衆衛生として必要なこと，などがわかってきた．

　さらに地域精神衛生活動で重要なポイントとして，連携できる地域の医療機関の存在があるが，練馬保健所管内に開業していた矢吹

先生は，保健所・相談所の嘱託医として保健婦の相談にのり，困難ケースは家庭訪問もして下さった．病院探しに苦労していた保健婦に，先生の勤務病院への入院受け入れは最大の安心であった．患者の訴えに耳を傾けたていねいな診察は，多くのケース・家族の支えであったが，1989（平成元）年に亡くなられた時に，練馬の地域精神医療の中心的存在だったと，その大きさを改めて思い知らされたのであった．

在宅患者の増加に伴って，保健所の精神業務の割合は年々増加していった．1975（昭和50）年から1983（昭和58）年の8年間で，32条の医療費負担の申請数は約2倍に増加，訪問数は約1.7倍に，面接は約2倍となった．精神の占める割合は全訪問の34％，全面接の56％に至った．

福祉事務所との連携も深まり，地域的に精神のケースが多かった北保健相談所では，日常の同伴訪問から，連絡会や事例検討会なども共同して行われるようになった．病院のケースワーカー等も参加し，緊密な連携の下で，それぞれの役割に基づいた働きかけが行われ，仕事がスムーズに行われるようになった．

また，区内各保健所・相談所の保健婦で構成される「精神委員会」が，母子・成人に続いて発足した．各所からのケースの実態や実践報告が他所への参考となったり，ケース・家族援助の問題点や行政上の課題なども論議された．この委員会の場で，1984（昭和59）年に開設されるデイケアの準備や，練馬区の精神保健業務の実態のまとめから青写真づくり，その他関係機関との連絡会等，区として統一した方向性を出すなど，委員会は貴重な役割を持つことになった．

また，1979（昭和54）年，1980（昭和55）年ごろから，アルコール問題で家族が保健所に相談に来るケースが増えてきた．ケースや家族と正面から向き合いながら，地域の断酒会やAAとのつながりが深まっていったのがこの時期である．1980（昭和55）年には，保健所において酒害相談が発足し，北町地域では保健婦，ケースワーカーの援助で断酒会が発足した．

D．第4期：社会復帰に向けて
［1984（昭和59）年〜］

a．デイケアの開設

個別的な援助が深まるとともに，年々保健所に来所するケースは増加の一途をたどり，精神障害者の社会復帰に関しては，個別的な援助では限界が出てきていた．

以前から，家族会より強い要請が出ていたデイケアが，1984（昭和59）年4月から練馬・石神井両保健所で開設されることになった．

デイケアの開始に当たっては，所内の各職種からなるプロジェクトチームを編成し，デイケアのあり方，方法について検討を重ねた．講演会や勉強会，他の保健所のデイケア見学，病院実習などを行っていく中で，保健所の職員の同意を得て実施するに至った．

わずか月2〜3回しか開催されないデイケアであったが，それまで自宅に籠もって孤立していた患者が集まり，仲間と交流していく中で，それまでとは違った生活の変化と連帯意識を生み出し，わずかずつではあっても社会復帰へとつながっていった．

場所も無く，予算も，回数も乏しい保健所でデイケアを実施する意味は何であろうか．まず，病院よりも生活の場に近い地域の中でのデイケアが求められていたこと，が挙げられる．次に，担当保健婦による訪問や面接と連動して行える場であったこと，ケースの家庭での状況の把握やデイケアへの誘いかけ，あるいは中断した時の対応等は，保健所でなければできないことである．そして，3つ目には，スタッフ側への大きな影響があったことを挙げることができよう．つまり，病状の悪化の時を中心として援助してきた訪問指導と異なり，ケースの普段の日常生活に触れ，

また，個別でなくグループとしての援助の方法を学ぶことで，他の保健所職員の教育の場になったのである．
　実際，デイケア開始前には偏見などがあったケースの見方が，開始後には変化した．訪問の苦手な保健婦にとっては，自然にケースと馴染める場となった．これはケースにとって有効であるのみならず，保健婦以外の職員にとっても意識の変革が図られることになった．
　デイケアはケースや家族にとって最も身近な社会復帰訓練の場であり，保健所の精神衛生業務の中でも，中核的な業務として位置づけられていくことになった．
　その後，デイケアは1989（平成元）年には大泉保健相談所で開始され，1990（平成2）年には新設の光が丘保健相談所でも開始された．

b．作業所づくり

　保健婦による地域活動が活性化したとは言え，その多くは緊急対応から始まり，医療ルートへ乗せるという，医療面での援助が主なものであった．精神医療のあり方が入院から在宅の方向へと進んでいきつつあるとは言え，地域での受皿がないまま日常生活の援助をせざるを得ない保健婦活動であった．
　そのころ，精神障害者の働く場所としては，家族会運営の「すずしろ作業所」だけであった．他は精神薄弱者や心身障害者の方々のための「山彦作業所」や，一般の方々のための授産所の協力で精神障害者を受け入れてもらっていたが，精神の作業所は圧倒的に少なかった．
　当時精神障害者の援助を進めていた北保健相談所では，個々のケースが毎日のように相談所を訪れていた．デイケアもないころのことである．行き場がない，友達がいない，働く場がない等々の訴えが彼らから寄せられていた．ちょうど北保健相談所が建て替えられ，1983（昭和58）年10月に移転することになり，旧建物の利用について，精神障害者や脳血管障害者が使える場所にしたい，と保健婦一同で話し合った．「四つ葉会」という精神障害者の会が発足し，自分たちの悩みや要求が出され，その方々の話を聞く中で，「働く場としての作業所」づくりが始まった．「四つ葉会」の人々は区へ陳情に行くことになり，ちょうど同じ時期に発足した「練馬健康の会」という住民の会が陳情に付き添ってくれるなど，地域ぐるみの運動が始まった．精神障害を持つ当事者が，自分たちのことを訴えに行ったのは練馬区では初めてのことで，画期的なことであった．運営主体は「山彦作業所」で，精神障害者だけの共同作業所「山彦第二作業所」として，都・区からの助成金を受け，1984（昭和59）年4月に開設の運びとなった．
　保健所や地域住民との協力の下に始まった「山彦第二作業所」は，運営資金を集めるためにバザーをすることになるが，これは後に「練馬健康の会」の住民の協力で，大イベントへと発展していった．作業所を中心に保健所，福祉事務所，ボランティア，住民の方々が集まって行われるバザーは，北町という地域に定着していった．バザーを通じて，近隣の地域住民への大きな啓蒙活動を担うことになっていったのである．
　その後1986（昭和61）年4月には「第二大泉実習ホーム」，1987（昭和62）年4月には「ワークショップ石神井」が開設され，1989（平成元）年3月に「えごのみ共同作業所」，同年4月に「ほっとすぺーす練馬」，1991（平成3）年以降は精神の作業所は毎年開設され，1993（平成5）年4月時点では，区内で民間作業所11か所という数も，公的補助金の額も，他区に比べて優れて多くなった．しかし，まだすべての障害者が十分に受け入れられる状況には至っていない．また，仕事の内容や種類，賃金，作業所へ寄せられるさまざまな生活上のニーズを満たすには程遠い実態にあると言えよう．

さて，その中でも既存の作業所とは異なる共同作業所として「手づくりの店えごのみ」が1989（平成元）年4月に開設した．この作業所は，地域でいろいろな住民活動をしている人たちが設立の主体となり，運営に当たっている点や，活動の目的が，単に精神の作業所を作ることだけでなく，だれでも住みよい街づくりを目指す住民運動の一貫として位置づけられているという点に特徴がある．

　作業内容も従来の作業所で行われていたものとは異なり，全国各地の作業所の手づくり製品の販売と商品管理，自主企画作品の制作を行っていて，対人的な業務は苦手とされていた精神障害者に，敢えて営業活動や商品の仕入等，人と接する中で多くの社会経験を積んでもらおうとすることを意図している．工賃も他の作業所より高いのも特徴である．

　そして，地域に向けて「えごのみフォーラム」や「パネルディスカッション」を開き，精神障害者が自らの体験を発表したり，運営委員会にも店員の立場から参加するなど，精神障害者の社会性を回復させ，自立を促す場を常に配慮している．

　障害者と住民が一緒になって作り上げていく場がある中で，むしろ専門家，あるいは健常者と言われる側に差別と偏見が根強くあったことを，突きつけられることになった．

　「えごのみ」は更に作業所を増設し，「すのーべる」「ベルハウス」と3か所を運営することになった．準備から開設，その後の運営等，今までのタイプとまったく異なる新しい住民参加方式の「ショップ」形式の作業所は，さまざまな紆余曲折を経て生み出されたが，参加している人々の意識の変革が求められる「えごのみ」の活動は，全国に大きな波紋を呼ぶことになった．

　「ノーマライゼーション－健常者も障害者も，ともに生きる－」という思想は，まさにともに働き，ともに生活することなしには理解されないだろう．練馬区ではこの10年間で10か所あまりの作業所が増えた．それぞれの作業所に，それぞれの人々が関わり，それぞれのドラマが生まれた．今や作業所は，障害者の働く場としての機能を持つと同時に，彼らが生きていく上でのあらゆる問題解決の場としての機能も求められている．

　精神障害者の生活の実態は深刻で，住宅，生活保障，仲間，食事，偏見等，地域生活を基本的に支える条件は，未だにあまりにも乏しい．

　練馬区の保健婦は作業所づくりに力を注いできた．そして，ケースを作業所に送ると，後は職員に任せることが多くなっている．日々障害者とともに働き，ともに生活している作業所の職員の肩に，重すぎる荷が課せられている．精神障害者の問題を，住民自らが自分たちの問題として捉え，ともに生きる街づくりの視点から捉え直すことで，今後の発展への期待が持てるようになるのではないか．

c．地域のネットワークづくり－地域精神保健関係者連絡会の開催から練馬精神保健・福祉関係者フォーラム開催まで－

　地域ケアを進めていく上で，関係者のネットワークは不可欠である．特に地域の中での支援システムが整っていない時には，現存する機関との有機的な連携の有無が，障害者の生活の仕方に大きく影響する．

　特に精神科の場合，保健所と医療機関との連携は重要である．病状の悪化で入院せざるを得ない場合，受け入れてくれる病院を見つけるのがまず大きな仕事になっている．日ごろから医師との連携が取れていて，相談の上で入院ができれば，本人，家族，保健婦もどんなによいかわからない．また，退院するに当たっては，家族や受皿の状況を考慮しつつ地域へもどることができれば，再発することも少なくてすむのである．

　練馬区では開業医の矢吹先生が勤務しておられた青葉病院との連絡会を持ち，担当の医師やナースを交じえて話し合いを持つことが

できた．1985（昭和60）年10月のことであった．

続いて1985（昭和60）年12月には，開所して8か月経った山彦第二作業所を中心に，山彦作業所，家族会運営の「すずしろ作業所」と，第2回目の連絡会を持った．

第3回目からは福祉事務所と作業所を交じえて，区内の精神病院を順番に回って会合を開くことにした．具体的なレベルでのネットワークづくりを目的にして，各機関の業務の紹介を中心にして話し合い，また，各機関へ望むことなども話し合った．そして，必ず病院見学をさせてもらった．病院側は大変好意的であった．なかなか訪れる機会のない病院の内部を見ることができ，また，入院中の患者の様子もわかった．

区内の病院の実態を把握しておきたいという気持ちもあり，すべての病院で連絡会を持つことにした．7回目からは近隣区の病院へも広げた．準備は管轄の保健所や相談所が行った．

一巡した辺りから，連絡会の目的や方向性について検討が始まった．他区の情報も把握して，持ち寄り，話し合う中で，小平の業務連絡会に学ぶところがあった．単に形式的な顔合わせに終わらず，ケースの具体的処遇や地域の問題を解決するような，ネットワークシステムが必要ではないかと考えた．

1991（平成3）年8月，第12回の連絡会を石神井保健所で行った際，参加者の中からフォーラムの提案があり，実行委員会が設けられ，何回も準備のための会合を重ねた末，1992（平成4）年3月19日，シンポジウムと講演会という形で，

「1992練馬精神保健・福祉関係者フォーラム　共に生きる地域社会をめざして」
が開催されたのである．

d．住民参加で変わった保健所運営協議会

保健所法に基づいて各保健所ごとに設置されていた保健所運営協議会が，1986（昭和61）年に1つの組織に統合された．その際，委員の中に住民代表が入ることになり，「練馬健康連絡会」から代表として3名が推薦されることになった．

「練馬健康連絡会」とは，保健所を中心として健康問題で活動する住民の代表者と各所の保健婦が参加している連絡会である．練馬区には幾つもの住民団体があるが，1983（昭和58）年ごろから急に多数のグループが生まれた．そのため，それぞれの団体の連絡交流を目的として，1984（昭和59）年7月に，石神井保健所で「健康連絡会」として発足した．当初，保健所・相談所合わせて30団体があり，住民の主体的な運営に基づいて，会の活動とその時々の問題提起などがなされた．住民と保健婦は対等な立場で参加し，共通の課題を話し合うことが「健康連絡会」の特徴である．会には責任者は置かず，月の当番は管内の団体が司会進行をする形をとっている．

さて，運営協議会に住民代表が入ることで，それまでの会の性格が一変した．そして，検討すべき課題を事前に集約する中で，画期的なことに，精神保健について取り上げることになったのである．1987（昭和62）年9月に精神衛生法が改正され，保健婦は健康連絡会に精神障害者の置かれている現状を報告するなど，問題提起を続けてきていた．

1987（昭和62）年12月10日，運営協議会で初めて精神障害者のことが取り上げられた．委員の多くは精神障害への認識がほとんどなく，

「退院後の患者を野放し状態しておいては住民が不安なので，管理してほしい」
などという発言や，

「アル中が多くて困る，教育できないものか」
とか，

「変質者の取り扱いは……」
などという発言が聞かれた．しかし，この後精神の問題が次々と話題になり，社会復帰の

映画の上映や，保健婦や作業所職員等の関係者の報告がなされるなどという学習が毎回が積み重ねられた．その結果，偏見に満ちた発言をしていた人たちは急速に認識を改めていった．保健所としても1965（昭和40）年以降の歴史をまとめ，問題点と課題を整理して提示するなどという努力をした．

「老人性痴呆はすべての老人にとっての関心事であり，アルコール依存や登校拒否は社会問題である．精神保健の問題は一般市民としての自分たちの問題である．そして，精神障害者も老人も，一緒に住める街づくりをしていかなければならない」
という認識に至るのである．

2年後の委員の交替では，住民代表の中に当時家族会会長であったIさんが選ばれ，精神障害者の抱えている問題がより鮮明になった．運営協議会の中で住民が問題提起者となり，問題解決に向けての牽引力になっていった．こうしたことが，その後，住民運営の作業所づくりという形で発展していくのである．

運営協議会では検討する時間が限られており，会議の中で突きつめた論議ができないので，「精神保健協議会」の設置を望む声が出てきている．

（3）今後の課題

保健婦が地域精神衛生活動に取り組み始めたころから比べると，精神障害者の状況はずいぶん変わったように思う．1987（昭和62）年の精神保健法の改正によって入院制度が改められ，人権擁護と社会復帰が明文化された．1991（平成3）年7月には，東京都地方精神保健審議会において具体的なサービスが提示された．

障害者や家族の悲痛な願いと関係者の願いは，少しは前進したかのように見えるが，地域全体や，1人1人の置かれている現状を見ると，精神障害者が安心して地域で暮らすには，まだまだ程遠い実態であると言わざるを得ない．

精神障害者の地域での生活を可能にするには，彼らが病気である以上，必要な医療が，必要に応じて受けられることが，地域での生活を可能にする基本的な条件（住宅，働く場，所得保障，その他さまざまな生活を支える機能－給食サービス，憩いの家等）が整わなければならない．そして，病気であり，かつ生活のしづらさというハンデイキャップを持った彼らに，いつでも，必要に応じて，そのニーズが満たされ，成長していけるような，総合的な，一貫した援助を行うことが関係者に求められている．さまざまな職種が，多様に援助できるようになってはきているが，ケースに責任を持ち，支援のイニシアチブをとることができるのはだれなのか，曖昧になってきているのではないだろうか．

今後の課題で重要と思われる点を挙げると，次のようになる．

① 保健所で働く保健婦の役割をもっと明確にする．起こってきた問題のケースや，相談ケースのアセスメントと援助が十分できる専門職であること，困難かつ緊急のケースにも対応できる態勢を作ること．

② 緊急医療システムを確立すること．入院や一時休養施設などが不可欠であり，夜間や休日にも援助できる態勢が必要である．

③ 病院や作業所，グループホーム，家族会，ボランティア等さまざまな職種が援助しているが，それらは各個それぞれで働いているのが現状である．これらのネットワークを統合するところが明確になっていない．

地道な保健婦活動の積み上げの過程で今の精神保健活動が行われている．住民の草の根運動の積み重ねで地域も変化してきている．しかし，今後はこれらの機関の働きが十分に把握された上で，全体としての精神保健政策の企画・立案と，運営面での活動が十分になされるような，包括的なシステム・態勢がぜひとも必要であろう．　　　　（立川雪子）

2）調布市・武蔵調布保健所－市町村との協働態勢による作業所づくり－

(1) 調布市の精神衛生活動
A．調布市の精神障害者の状況

　調布市は人口約19万人，新宿から電車で15分と交通の便がよいため，都内のベッドタウンとなっている．

　市内には精神科の病院が3か所，全体の病床数は879床，他に精神科診療所が2か所ある．精神障害者数は年々増加してきている．通院医療費公費負担を受けている人の数は1990（平成2）年度では1,022名であり，これ以外にも把握されていない患者，広い意味での心の病気を持った人たちが多く存在するものと思われる．

　このように，心の病が増えている原因として考えられることは，高度に複雑化した社会への不適応反応とともに，調布の場合，地価高騰の煽りを受けワンルームマンション化が進み，都心のアパートを追われた単身の患者が転入していることも一因である．

　通院医療費の公費負担を受けている人の内訳を見ると，分裂病が全体の52％で圧倒的に多く，次にてんかんが17％となっている．入院患者の状況［1988（昭和63）年5月現在］は，市内3病院の中で調布市在住者は31％を占めており，その6割が病院を住所としている．その理由は，①　単身者が多い，②　家族がいても引き取れない，③　家族自身が高齢である，④　住宅事情，などが挙げられ，また，退院しても地域の中の受け皿がまだ不十分であるため，結局入院が長期化してしまうということが考えられる．

B．社会復帰を支える相談活動と支持組織

　表12のように，保健所や市役所で行われている相談やデイケアの他に，地域で社会復帰を支えるための場として，自主的に運営されている受け皿がある．リハビリと就労の場を兼ねた印刷工場，料理づくりを通して一般の人と心の交流を図り，リハビリ活動を行う「クッキングハウス」，病院でのデイケア，そして3年前に第1号として開所した「くすのき作業所」がその主なものである．

　精神に障害を持つ人が治療を続けながら再発を食い止め，社会生活を営んでいくためには，個々人に合った受け皿，すなわち相談の場，仲間と集える場が数多くあることが望ましい．

　調布市の患者数から見れば現在存在しているものではまだまだ不足であり，運営面や建物・設備なども整えられていない．スタッフ等の個人的な熱意や努力に負うところが大きいのが現状である．

C．調布市の精神衛生活動
a．調布市の保健婦活動の経緯から

　調布市の保健婦活動は国民健康保険の保健施設事業として開始され，1955（昭和30）年に始まっている．当時の保健婦活動は保険税の被保険者への還元サービスとして設置され，母子保健，結核患者に対する保健サービスが主であった．このころはまだ精神障害者への関わりはなく，1966（昭和41）年ごろから胃がん検診，成人病対策が導入され，慢性疾患患者への関わりが出てきた．

　精神障害者に対する働きかけは1970（昭和45）年ごろになってからである．都の精神衛生センターの協力を得て市内の家族会の設置を支援したり，精神障害者への家庭訪問などを精力的に行ってきた．長年閉居状態であった患者が，保健婦の働きかけによって生活の仕方に変化が見られ，家族に非常に喜ばれ，また行政的にも大変注目されることになった．

　1975（昭和50）年，福祉事務所に保健婦のポストが設置された．生活保護受給者の多くが慢性的疾患を抱え，中でも精神疾患が多いことに着目し，生活の自立を支援するため

—78—

保健婦を採用することになったが，当時は画期的なことであった．1980（昭和55）年には高齢者在宅サービスの先駆けとして，巡回入浴サービスの導入を目的にさらに保健婦が増員された．ここで高齢者，障害者への関わりが拡大されていく．1981（昭和56）年，訪問看護事業がスタートし，老人福祉課に1名配属され，この事業は1983（昭和58）年，総合福祉センターに移管された．

1982（昭和57）年，老人保健法が制定され，保健事業が市町村の実施主体になると同時に，健康課の保健婦の主要な業務は健診となり，多くの時間が向けられることになった．

1985（昭和60）年，保健婦活動の効率化を図るため福祉事務所，総合福祉センターにそれぞれ配属されていた保健婦を，健康課に集中化することになった．健診とその事後フォローが中心となり，当然のことながら精神疾患への関わりも弱くなってしまった．この時期は老人保健法に基づいた訪問（看護）指導事業を精力的に行ってきた．その成果は保健婦の訪問活動が全業務の26.7%を占めていることにも表われている．

この訪問の割合が26.7%を確保できたのは1990（平成2）年ごろからであり，これには事務職の協力が大きく働いている．事業に付随する事務を極力保健婦からなくし，どの事業も事務職とペアで組むことによって事務量を少なくし，その時間を訪問に振り分けるように努力した．

市町村の場合，訪問指導は寝たきり老人への看護サービスが主となっている．しかし，この活動を通して多くの機関とも協力援助の関係ができ，多くの団体から連携の申し出を受けている．在宅ケアシステムの創世記である現在，どの機関からも保健婦への協力依頼があり，保健婦が在宅ケア，福祉のシステムづくりのパートナーとして評価されつつあることは，保健婦活動の冥利でもある．

訪問活動，つまり個別の事例を大切にしていくことによって，組織化の必要性が認識されたり，保健婦の役割が社会的に認められることにつながっていく，と思われる．（表12）

b．保健婦の精神保健活動

保健婦活動は「家庭」を単位とし，乳児，成人，老人を問わず必要な対象者への支援をすることにその特徴がある．例えば，同じ世帯に高齢者がいたり，精神疾患を持っている人がいたりする場合，精神は保健所が担当だから市町村の保健婦は関わらない，というようなことがあってはならない．最近は痴呆老人が多くなり，精神と一般疾病とを区別して援助することはできなくなってきている．家族を1つの単位として援助し，相談窓口においてもそれは同様である．

調布市では市の一般行政相談事業の中に「心の相談」窓口を設け，カウンセラーを置き，市民が気軽に相談できるように配慮しており，必要な時にはいつでも保健婦と連携がとれるようになっている．また，学齢期の子供の相談などは教育相談所が「心の相談」窓口となっている．生活保護担当のケースワーカーは，精神疾患のケースの対応に追われているが，必要な時に生活保護の担当者から保健婦に声がかかり，同行訪問を行うなど個別の対応・援助をしている．

このように，それぞれの窓口ができるだけ相談の間口を広く持つことによって，「精神病」という狭い捉え方ではなく，「悩みごと相談の一環」という考えのもとで対応し，保健婦は必要に応じて関わることになる．訪問活動においても，保健所保健婦と重複しないように調整・連絡を取り合いながら，ケースバイケースで対応している．

精神保健全体の業務のとりまとめは保健所が実施しているが，保健所の地域精神保健協議会の中などでそれぞれの事業の状況を話し合ったり，情報交換を行っている．市の保健婦も地域内の精神保健をめぐる情勢を正しく理解していく努力を，日常業務を通して行っ

ていく必要があると感じている．
　　　　　　　（小林ユキ子・前川節子）

（２）武蔵調布保健所の精神衛生活動
Ａ．地域精神衛生活動の推移
　以下に，1991（平成３）年度までの地域保健活動の推移を年代順に述べる．
　1969（昭和44）年：保健婦の相談・訪問始まる．
　1970（昭和45）年：精神衛生クリニック開設．地域の３病院の医師を嘱託医とする．
　1982（昭和57）年５月：デイケア開設．
　1986（昭和61）年：第２デイケア発足（新芽会）．デイケア卒業生を対象に自立を目指して作られた．
　1987（昭和62）年よりグループワーカーを予算化する．
　地域精神業務連絡会（事例の検討と情報交換）始まる．連携と実務者の研鑽の場として開く．地域の医師を助言者に呼んで連携をよ

表12　調布市の社会復帰を支える相談活動と支持組織

	対　象	実施者	昭和57-63／平成1-3
<相談関係>			
精神保健相談	本人・家族・市民	保健所	45→
老人精神保健相談		保健所	
酒害相談		保健所	62→
こころの相談		市	2→
その他			
訪問		保健所・市	→
面接・電話相談		保健所・市	→
<健康教育>			
家族講演会	家族・関係者	保健所	61→
一般市民講演会	市民	保健所	60→
<医療>			
精神医療費公費負担制度	本人	保健所（窓口）	48→
小児精神障害者医療費助成制度	本人	保健所（窓口）	46→
<社会復帰・地域自主運営組織>			
デイケア	本人	保健所	57→
デイケア家族会	家族	保健所	59→
回復者クラブ	デイケアのOB希望者	保健所	61→
精神障害者家族会	患者・家族	家族会	61→
思春期の子供を持つ親の会	家族	保健所	63→
患者会	本人	保健所	2→
断酒会	本人	保健所	
共同作業所	本人	保健所	63→
印刷工場	本人	授産施設	47→
病院のデイケア	本人	病院	3→
業務連絡会（事例検討会）		保健所	61→
共同作業所運営委員会		作業所	63→
地域精神保健連絡協議会		保健所	62→
地域精神保健専門委員会		保健所	62→

りいっそう強化させた．

1987（昭和62）年1月：酒害相談開設．

1987（昭和62）年9月：地域家族会再発足．

1965（昭和40）年後半に発足した家族会は運営が困難になり，解散に至る．地域精神保健連絡協議会の設置に伴い，当事者のいない委員会はありえないということで，設置に先駆けて発足させた．

1987（昭和62）年10月：地域精神保健連絡協議会専門委員会設置．作業所づくりを開始．

1988（昭和63）年5月：市内の精神病院を含めた患者の状況調査を実施．市内精神病院院長会議を開催．作業所の必要性について意見交換．

1988（昭和63）年11月：思春期親の会始まる．後に家族講座として発展．家族会の会員のほとんどは子供が発病して長い経過をたどっているので，親のニードは自立のための施策や，親亡き後の行く末に対する心配事が中心であった．しかし発病間もない子供の親にとっては，病気をどう理解し，どのように受け止めていくのか，対応はどうすればよいのか，などが問題意識の中心なので，別枠を設けて実施した．

1988（昭和63）年：共同作業所づくりの準備活動を始める．家族講座開設．思春期親の会が発展的解消をし，初期教育の講座を開設．

1989（平成元）年：老人精神保健事業開設．個別専門医に先駆けてワーカーを入れる．

表13　武蔵調布保健所・調布市役所保健婦の家庭訪問指導延人員および百分率

年度 保健所・市役所別 訪問延数 訪問種別	1970年 保健所	1970年 市役所	1975年 保健所	1975年 市役所	1980年 保健所	1980年 市役所	1985年 保健所	1985年 市役所	1988年 保健所	1988年 市役所
訪問延数	1,497	282	2,299	426	1,849	982	1,234	586	1,497	1,050
	(100%)	(100%)	(100%)	(100%)	(100%)	(100%)	(100%)	(100%)	(100%)	(100%)
感染症					—	1	1		4	
						0.1	0.1		0.3	
結核	431		375		200	8	73		38	1
	28.8		16.3		10.8	0.8	5.9		2.5	0.1
精神障害	54	112	216	154	230	391	300	41	621	136
	3.6	39.7	9.4	36.2	12.4	39.8	24.3	7.0	41.5	12.9
心身障害							65		77	45
							5.3		5.2	4.3
成人病（老人含む）	12	26	192	112	152	316	38	345	75	473
	0.8	9.2	8.4	26.3	8.2	32.2	3.1	58.9	5.0	45.1
その他の疾病（難病含む）	15		98		293	228	142		331	324
	1.0		4.2		15.8	23.2	11.5		22.1	30.9
妊産婦	320		303		126	—	209		86	
	21.4	70	13.2	110	6.8		16.9	50	5.7	71
乳児	301	24.8	449	25.8	414	5	300		122	6.7
	20.1		19.5		22.5	0.5	24.3	8.5	8.9	
幼児	177		347		318	8	68		62	
	11.8		15.1		17.2	0.8	5.5		4.1	
家族計画					9	5	4		3	
					0.5	0.5	0.3		0.2	
その他	187	74	319	50	108	20	34	150	78	
	12.5	26.3	13.9	11.7	5.8	2.1	2.8	25.6	5.2	
保健婦数	9	2	10	5	10	7	10	6	9	7

難病事業の一環として行っているリハビリ教室とドッキングさせて，痴呆も含め心の問題もケアすることにした．

1990（平成2）年：老人精神保健事業の個別専門医相談始まる．

1991（平成3）年：合同イベント，元気はつらつ運動会を開催．

B．保健所の精神衛生活動
a．活動の進め方の基本
a）個別ケースへの援助の強化
　① 業務検討会（事例検討会）の充実．
　② 精神業務担当との協力態勢の強化．
b）関連機関との連携
　① すべての事業に地域の関係機関と関連を持たせて行う．（例）講演の講師・クリニックの担当医・事例検討会の助言者など．
　② 各種事業を，地域精神衛生活動の推進の場として展開していく．（例）デイケア・酒害相談・精神保健クリニック・保健婦の個別ケアなど，援助処遇に関して関係機関のスタッフと共通理解を持ちながら協議・調整を行い，実施する．
c）地区組織活動の充実
　① 地域の中に必要な資源，受け皿を作る．
　② 保健所職員・関係機関・地域のキーパーソンなどの理解を得るために努力する．

以上，調布保健所の精神衛生活動の基本方針を述べたが，現在，活動の基本に挙げてきたことが実現し始めている段階である．

C．地域のネットワークづくりと保健所の役割

調布市にはさまざまなネットワークが存在しているが，その内容，方向性などを簡単に紹介したい．

a．地域精神衛生連絡協議会・専門委員会（年6回開催）

1987（昭和62）年10月設置とともに作業所を作った．その後管内の精神障害者の現状，精神科緊急の対応，調布市の社会復帰施設の現状，精神障害者の就労問題，生活支援センター，幼児・学童の精神保健，調布市地域福祉計画の基礎資料の作成など，具体的な課題を討議してきた．その他，地域のさまざまな問題を取り上げ，共有化・共通理解を図り，連携の強化，基盤固めを目的としてきた．

b．地域精神衛生業務連絡会（年6回開催）

協議会より早く，1986（昭和61）年度から始められている．地域の実務者たちによる情報交換と事例検討を主軸に置いた研鑽の場である．隔月に行っている．

c．痴呆老人に関わる実務者の集まり

昨年，痴呆老人に対してサービスを提供している関係機関の実務者が，地域のネットワークづくりを目指して集まった．市民向けに共催の講演会を持ち，各機関の機能と利用法などの理解を深めてもらった．今後も有効なネットワークづくりを模索していくことが確認された．

d．合同イベント「元気はつらつ運動会」

保健所が事務局になって地域の社会復帰施設，病院，その他の関係機関が集まって合同運動会を開いた．回復途上者の交流と親睦を図ることを目的としている．将来的には「自助グループ」を目指している回復者クラブを支援するという目的もある．

e．その他協力支援事業
a）地域家族会〔1986（昭和61）年発足〕

会員同士のつながりも強まり，毎年テーマ（例：自立に向けて，地域で生きる）を決めて勉強している．また，地域のいろいろな活動（合同運動会，回復者クラブほっとタイムなど）に協力しているが，まだまだ運動体としては力を出し切れていない．

b）回復者クラブほっとタイムと準備委員会〔1990（平成2）年発足〕

作業所が事務局になり，関係機関（保健所，福祉事務所，家族会，医療機関）によって準備委員会を持ち，運営について協議する．当日の運営は回復者自身も一緒に行う．将来的には自助グループを目指す．

c）作業所運営委員会

　作業所が開設すると同時に，各関係機関の実務者が作業所の運営に当たっている．

D．作業所設立までの経過

　作業所を作るきっかけになったのは，家族会の強い要望があったこと，また保健所のデイケアはメンバーが増える一方で，卒業生の行き場が問題となっていたこと，それに病院のケースワーカーや福祉関係者から，地域に受け皿ができたら直ぐにでも退院させたい人が大勢いるという声が強くなり，1988（昭和63）年に世話人会が発足した．そこで，調布市における精神障害者の生活状況調査を実施した．その結果，ぜひとも市内に障害者の共同作業所を作ろうという気運が盛り上がった．その後設立準備委員会，発起人会発足，資金集め，市への要望書提出などを経て，1989（平成元）年4月に正式にスタートした．

　場所の確保などいろいろな問題はあったが，比較的短期間で開所できたのは，地域の精神科医の強力なバックアップ，医師会の協力，また地域精神連絡協議会，同専門委員会の組織を通してのPR，地域の医療・福祉関係者の役割が大きかった．

　現在21名が通所し，さまざまな作業に取り組んでいる．共同作業所ができたことで，地域で行われている催し物にいろいろ参加することができ，通所者の生活圏が拡大してきたり，市民と触れ合う機会を多く持つことで，市民の中に障害者に対する理解が少しずつ広がってきている．通所者は増える見込みであり，1993（平成5）年には公設民営の作業所ができる予定である．　　　（東条敏子）

3）三鷹保健所－市民活動を基盤とした地域精神衛生活動の取り組み－

（1）はじめに

　1965（昭和40）年の精神衛生法の改正で，保健所は精神衛生活動の第一線機関として位置づけられた．これは，すでに欧米で実践され，定着しつつあった地域精神衛生活動を，日本にも根づかせるための方法として，保健所の機能を強化することを国が考えたものであった．他の公衆衛生の歴史と同様，日本における地域精神衛生活動の出発点は，市民の側からの意識の盛り上がりを待つのではなく，行政の仕組みづくりが始動となっていたのである．

　東京都では，保健婦が中心になって精神衛生業務を担当し，1988（昭和63）年の精神保健法施行に至るまでの20年あまりの間に，さまざまな活動を展開してきた．その活動の中心は，精神障害者およびその家族への直接的対人サービス，すなわち精神障害者および家族から持ち込まれた相談への対応・危機介入・生活支援などに置かれていた．精神障害者を軸にした疾病の早期発見→早期治療→社会復帰の流れを作る活動であった，とも言えよう．

　このような活動は，ある意味で，保健婦が精神障害者およびその家族に対する支援活動の中心的役割を担うことを結果としてもたらし，「精神保健のことなら保健所へ」という一般の人々の認識をもたらした．このことは行政が精神障害者およびその家族への対策に責任を持ち，継続した対人サービスを公的に保障するという点で，大いに評価されるべきことである．

　しかし，精神障害者の抱える問題の大きさは社会のスティグマの強さと同義であり，その問題は，周りの人たちの理解＝許容度を拡大することなしに，解決を望むことはできない．精神障害者のことを専門家だけが深く理解するということは，逆に周りの人たち（近隣－地域－社会の人々）の精神障害者に対する思いを「特別な人」「取り扱いに困る人」と印象づける方向に強化することかもしれない，ということを省みる必要があるのではな

いだろうか．

　地域精神保健活動が本来意味し，目指すところは一体何なのか．精神保健活動が地域に根づくとは，一体どういう状況を想定して言えるのであろうか．三鷹地域における精神保健活動の歴史を振り返ることにより，そのことを再考してみたい．

（2）三鷹地域の概況

　三鷹市は東京都のほぼ中央に位置し，都心から近距離にあるため，郊外住宅地としての立地条件に恵まれている．管内人口は，1990（平成2）年1月の時点で161,814人，世帯数70,167，1世帯当たりの人員は2.31人である．

　市民が自発的に行う活動が活発かつ多様に行われ，健康に関しても，問題意識を持つ市民がアクションを起こす．市政はそうした市民の行動や意識を行政施策に反映するため，市民参加を多くの領域で実現してきた．市民も市政も自治としての街づくりを大切にし，それを誇りにしている街，それが三鷹市である．

　精神医療状況に関して言えば，三鷹市は他地区と比べ資源に恵まれている．600床を越す民間の精神病院が2か所あり，地元の大学病院にも50床の専門病棟がある．隣接地域にも精神科専門病棟が点在している．このような恵まれた精神医療状況は，市民にとって心強いことであったことは想像に難くない．しかし，その反面，

　「おかしな人をそこに入れてしまえば，それで安心だ」

というある市民の言葉に込められた思いを，他の市民も持っているかもしれず，精神障害者の抱える問題に市民が日常的に直面すること，言い換えれば自分の内にある精神障害者に対する偏見や特別な感情に市民自身が直面することを，病院の壁が避けさせる側面もあったと言えるのではないだろうか．

　三鷹地域では，精神障害者の地域ケアはむしろ遅れた分野であった．当初，地域ケアと言えば難病・心身障害児・老人のそれを意味していた．精神障害者の地域ケアが地域的課題として取り上げられることは稀であり，保健所のデイケアを核としたネットワークができるまで，行政や病院その他の関係機関も含め，地域ケアへの取り組みは本格的になされていなかったのである．

（3）三鷹地域における地域精神保健活動の歴史と保健所の関わり

　三鷹の地域保健活動を語る際，保健所は市民や関係団体の要望や要請に突き動かされて活動することが，他の地域に比較して多かったという印象を持つ．地域のさまざまな機関や自主的な団体の動きと絡み合わせてこそ，保健所は公衆衛生の一端を担う機関としての性格を明確にできる．そのことが際立っていたという点で，三鷹という地域の特色があると言えるであろう．

　精神保健の分野においては，当初保健所を核とした行政や専門病院の関係者のネットワークづくりから地域ケアが始まったが，しだいに市民も地域精神保健活動を担う一員として参加するようになっていった．しかし，実は市民の主体的な取り組みは，三鷹地域における精神衛生活動の初期に，先駆的に行われていたのである．

A．三鷹保健所前史－三鷹市精神衛生協会
〔1968（昭和43）年～1971（昭和46）年〕

　三鷹保健所は1969（昭和44）年4月に開設された．それまで三市は武蔵野保健所の管轄下にあったが，市民・市当局の要望の高まりの中で三鷹市に保健所が新設されるに至った．三鷹保健所新設に先駆けて，1968（昭和43）年5月に「三鷹市精神衛生協会」が発足した．この会は三鷹市の市民である精神科医，市会議員，元学校教師，心身障害児施設の指導員などが中心メンバーとなって組織

され，市民の精神的健康の保持増進を目標に，その知識の啓蒙，研修，講演会，精神衛生相談，機関誌の発行などの活動を行うことを目的としていた．

会の発足に関わった人自身が，会の活動を市民活動として規定していた．この活動は公的な記録には留められていないが，活動に関わったメンバーが保管していた機関誌によって，その記録が残されるところとなったのである．

保健所は所長が寄稿文を寄せているが，日常的なコミットはなかったようである．市民の立場から市民に呼びかけてなされたこの会の活動は，地域精神衛生活動の先駆的モデルと言うべきものであったが，3年後に消滅してしまった．早すぎた実験であったのかもしれない．ともあれ，この会の活動の1つであった精神衛生相談は，現在，三鷹市社会福祉協議会における精神保健相談事業として引き継がれ，会の精神は後年の三鷹における精神保健ネットワークの中に蘇生した．

B．保健所の個別ケアへの取り組み－大学技術協力事業〔1969（昭和44）年～1978（昭和53）年〕

三鷹保健所の開設当初から約8年間，保健婦は通常の地区活動の中で精神衛生に関する訪問・相談活動を行っていた．このころは，家族の相談などから，未治療者を受診につなぐ医療相談対応や振り分けが中心であった．1977（昭和52）年に精神衛生クリニックが開設され，同時に大学技術協力事業を開始した．この事業は地元の杏林大学病院精神神経科医師，PSWなどの協力を得て，保健所が精神障害者への対応を学ぶことを目的としていた．当時は緊急時への対応について経験の蓄積が必要であり，保健婦は精神疾患の急性期の症状（妄想・興奮・混迷など）への対応を中心に学んだ様子が記録に残されている．病気と症状に目を向けた個別ケアの蓄積が着々となされていたが，そこには生活者としての精神障害者に出会う視点はまだ生まれていなかった．この事業は，保健婦が対応方法を習熟するという成果を見た2年後に終了した．

C．アルコール問題対応
〔1979（昭和54）年～1990（平成2）年〕
a．アルコール問題セミナーと三鷹市断酒会
〔1979（昭和54）年～1980（昭和55）年〕

三鷹地域におけるアルコール問題対応は，専ら精神科病院における一般処遇の中にまかされていた．1969（昭和44）年ごろから，井之頭病院で回復者のミーティングの場として井之頭セラピーが持たれていたことは特筆すべきことであるが，この資源は長い間関連機関に知られることがなく，保健所も資源として利用することはなかった．

1979（昭和54）年ごろから三鷹地域でアルコール問題がしだいに表面化し，保健所でも，三鷹警察署からの「泥酔者への対応」についての問い合わせを契機に，アルコール依存症者への対応の必要性を認識するようになった．一方，福祉事務所においても，生活保護受給中の単身アルコール依存症者の数が増え，ワーカーたちはセルフケアグループを核としたコミュニティケアの重要性を痛感するところとなった．こうした関係機関の問題意識の高まりを背景に，

「自分たちの住む街に，自分たちが夜集える例会を持ちたい」

という依存症者自身の強いニーズにより，地域断酒会発足に向けての動きが年の半ばごろから始まった．この準備活動は当事者および福祉事務所ワーカーを中心に，病院，保健所などの関係機関の協力の下に進められていった．

三鷹アルコール問題セミナーはこの準備過程で，アルコール依存症者，家族，関係者の学習の場として開催されたものである．当初はセミナー運営委員会が運営し，ワーカーや保健婦が司会・講師などの役割をとっていたが，運営の中心はしだいに当事者の手に委ね

られるようになった．1979（昭和54）年8月以来1度も休みなく続けられたセミナーは，1993（平成5）年4月現在第164回を数えている．いつのころからか保健所の後援は名ばかりとなり，現在はほとんど断酒会メンバーの力だけで会場設営，講師依頼，広報，当日の運営などが行われている．断酒会の人たちの不屈の努力がなければ，恐らくこのセミナーは自然消滅していたことであろう．保健婦は最初のころこそ積極的に関与していたが，しだいにフェイドアウトしていった．再びスピーカーとして関与するようになったのはここ3〜4年のことである．

1980（昭和55）年1月，半年間の準備期間を経て三鷹市断酒会が発足した．発足当初より地域に目を向けた活動を志向していた会の規約には，事業目的として次のように書かれている．

「地域社会での精神衛生運動と社会福祉運動の一翼を担い，地域断酒会として自主的活動を行いつつ，酒害者の社会復帰への手助けをしていく」

自助グループであると同時に市民運動として自らの活動を規定していた三鷹市断酒会は，まさに市民が地域を変えていく三鷹の街ならではの地域断酒会であったと言えよう．

断酒会活動は3年目から市の補助金を受けるようになり，行政的にも三鷹市断酒会事業として位置づけられるようになった．市民の活動を行政が追認し，財政的に保障する，という構図が成立したのである．

三鷹市断酒会の多岐にわたる活動の1つに，アルコール合同連絡会がある．断酒会メンバーを初め福祉事務所ワーカー，病院PSW，保健所保健婦などが集まり，断酒会発足当初から大体年に1回の頻度で開催されていた．後に保健所が事務局となって，アルコール関係機関連絡会と名称を変え，開催頻度，参加団体ともに豊富になっていった．保健所の地域精神連絡協議会設置以前から存在したアルコール合同連絡会は，その後の三鷹における精神保健・医療・福祉ネットワークの母体であったように思える．

b．アルコールクリニックと断酒会集団スリップ〔1980（昭和55）年〜1983（昭和58）年〕

断酒会発足後，保健婦はローテーションを組んで例会に参加していた．依存者との関わりが深まると入院相談が増え，専門医による相談の場が必要になってきた．地域のニーズにも押され，1980（昭和55）年5月に保健所でアルコールクリニックが開設されるようになった．都における酒害相談事業の事業化に先駆けること5年である．クリニックでは専門医による個別相談の他，福祉事務所ワーカーも交えた事例検討や地域の内科医との懇談会なども持たれた．

断酒会活動が2年目を終えようとするころ，保健所には泥酔して来所する依存症者の姿が多く見られるようになった．断酒会は，2人を除いた他のメンバー全員が再飲酒するという集団スリップの局面を迎えていた．この事件を契機に福祉事務所・保健所双方で今までの対応の見直しがなされ，行政は断酒会活動から手を離す方向に動いていったのである．保健所では危機への対応は病院の範疇とされ，予防活動を重視するべく検討されていた．保健婦の対応の対象は依存症者本人から家族へとシフトしていくべきことが，後に続く者への課題として残された．

私が三鷹保健所に赴任した1984（昭和59）年当初，保健所で泥酔者の姿を見ることは稀ではなかった．私にとってのアルコール依存症者との最初の出会いも泥酔者への対応であった．いつの間にか泥酔者の姿は見えなくなり，回復者だけが保健所を訪れ，今手助けの必要な人とのパイプは切れかけていた．

「手を離すことは突き放すことではない」その言葉の意味を再吟味する必要があるのではないか，そんな思いを私自身は拭いきれないでいる．ともあれ，人が変わり，つながり

が途絶え，依存症者の足がしだいに遠のいていった．この間に三鷹では2つの病院に計100床を越えるアルコール専門病棟が開設され，その後アルコール問題への危機介入の中心機関は，しだいに病院に移っている．

c．アルコール家族ミーティング〔1985（昭和60）年〜1990（平成2）年〕

三鷹保健所におけるアルコールクリニックの分析で，最初の相談来所者の3分の2が家族であったことから，アルコール問題の初期介入として，家族への支援を強化していくことが保健所の次の課題となった．家族支援は1年間の準備期間を経て，家族ミーティングとして1985（昭和60）年1月にスタートした．断酒会につながっていた家族を中核メンバーにした発足当初のミーティングは，医師の介入の度合いの多い，操作的なグループワークであった．

アルコール問題を抱えた家族が，感情表出をすることで回復していく場としてミーティングが機能してくるのは，エンカウンターミーティング方式を体験したメンバーが少しずつ増えてからのことであった．メンバーのほうからスタッフ自身が一個人としてミーティングで語るよう要請し，批判されず，意見されずに，1人1人が順番に自分の思いを語り合う，言いっ放し，聞きっ放しのミーティング方式にしだいに変わっていった．保健婦に自分の感情をありのままに表現することの大切さを伝え，保健婦自身もミーティングの場で回復していくことが必要であることを教えてくれたのは，他ならぬメンバー自身であった．

保健所の家族ミーティングは月1回しかなく，問題の渦中にあって，感情的に巻き込まれている家族の情緒的支えや，家族自身が対応方法を学ぶ教育の場としては限界があったが，断酒会，待とう会，出会いの会，AKK例会等の同時併用によって，家族は苦しい時期を持ちこたえていた．本来は地域担当保健婦の個別援助によって支えられるべきところを，家族は家族自身のネットワークの中で，自分を支え，回復に導いてくれるグループや先行く仲間を見つけていったように思う．保健所としても，家族の持つ幾つかのネットの1つとして場を提供する，というスタンスを取っていた．

アルコール問題対応については，家族をグループにつなげるというルートができてから，保健婦の地区活動は弱体化していった印象を持つ．三鷹保健所ではミーティングに参加するのが事業担当保健婦のみであったため，ミーティングへの動機づけや，ミーティングからの脱落を防ぐための個別フォローを，個々の保健婦が深めることができなかった．これが三鷹保健所の限界であったと痛感している．

その後の保健所のアルコール問題対応は，ミーティングによる家族支援と，アルコールネットワークの拡充に重点を置くようになった．アルコール合同連絡会を母体としたアルコールネットワークは，しだいに地域の民生委員や社会福祉協議会職員，病院の看護スタッフにも広がっていくようになっていった．

e．酒害問題への市民の取り組み〔1986（昭和61）年〜1988（昭和63）年〕

1988（昭和63）年，三鷹市市民のくらしを守る会議が「アルコール入り飲料の酒害から市民を守る具体的な方策」について市長に提言した．提言の内容は，① 小・中・高教育の一環として酒害教育を行うこと，② 学校教育，社会教育などを通して若い女性への教育を充実させること，③ 未成年者を取り巻く飲酒と関わる環境の改善，などであり，最後に酒害対策協議会の設置を要望している．④ 三鷹市市民のくらしを守る会議は1986（昭和61）年に三鷹市長の諮問を受けて，自動販売機の実態調査と，青少年および婦人を対象とした意識調査に取り組み，その後提言について検討を重ねた．会のメンバーは消費者や事業者を代表する市民が中心であったが，学識経験者として三鷹市民でもある国立久里

浜病院長河野裕明先生も加わっていた．保健所は行政の立場から所長が参加しており，アンケート項目作成やアンケートフィールド提供の局面で，保健婦も協力させていただいた．

　専門家や行政と協働しながら市民自身が意識調査を行い，三鷹の街の酒害対策を考えていったこの会の活動は，文字どおり市民参加を実現したものであったと言える．飲酒問題については，諮問に対する答申を以てこの会の活動は終了しているが，どこかで三鷹のアルコールネットワークとつながっていくのではないか，と思っている．この会が要望した酒害対策協議会は，その構成団体を医師会，保健所，三鷹市断酒会などの市民団体，教育委員会，市の担当部課としており，すでにあるアルコール関係機関のネットワークはその母体をなしているからだ．三鷹市の市民とアルコールネットワークをつなぐのは保健婦かもしれないし，断酒会のメンバー自身かもしれないし，あるいは生活保護のワーカーであったりするかもしれない．いろいろなつながりの中で，いろいろな人が接着剤になれる，それが三鷹地域のいいところだと思っている．

D．デイケアと精神保健ネットワーク
〔1984（昭和59）年〜1990（平成2）年〕
a．デイケア関連の活動〔1984（昭和59）年〜1986（昭和61）年〕

　1984（昭和59）年1月から三鷹保健所でもデイケアを手掛け始めた．どこの保健所でも同様であると思うが，デイケア活動がその後の保健婦の精神保健活動に与えたインパクトは，量・質ともに計り知れないものがある．三鷹保健所においても，デイケア開始以降，精神保健活動が保健婦活動全体に占める割合の急増を見，訪問件数，相談件数とも年々増加するばかりである．質的な面においては，デイケア活動によって援助の視点の転換がもたらされた．それまでの保健婦の援助は治療に結びつけることに力を注いでいたが，精神障害者の生活のしづらさに目を向けずにはすまなくなり，彼らが地域で安定して暮らすための援助に力を注ぐようになったのである．つまり，保健婦の対応は疾病の早期発見・早期治療という医学的モデルから，生活者としての精神障害者へのメンタル・ソーシャルサポート，即ち心理社会学的モデルへと転換していった．

　デイケアのメンバーは，1週間の生活の中で起こる出来事の影響をグループに持ち込んで来る．1人1人のメンバーを，関わる人たちがどう支え合っていくかを協議する必要が出て来て，デイケア事例検討会を年4回の頻度で定期的に持つようになった．この事例検討会は，メンバーの支え方についての検討が主たる目的であったが，同時に関係機関のネットワークづくりも目的としていた．福祉事務所ワーカー，病院PSWとの日常的なつながりがしだいに増えていったのは，事例検討会で顔馴染みになれたからではないだろうか．事例検討会では福祉事務所ワーカーが多数参加して下さっていた．これは希有のことであると，他所に行って初めて気づいたが，三鷹市においては，アルコール問題を始めとして，生活保護ワーカーの精神保健に対する問題意識が，地域断酒会育成や作業所づくりなどにおける地域の動きを，より活性化させていたと思っている．

　アルコール問題対応で生まれたネットワークはデイケア事例検討会に引き継がれ，そして，地域精神保健連絡協議会専門委員会として制度化されていった．

　単身でないデイケアメンバーのために，保健所では，家族懇談会も年2〜3回ぐらいの頻度で行った．最初は保護者会のような雰囲気にならざるを得なかったが，家族同士が顔見知りになる機会を提供することに意義があったと言える．この家族懇談会が，後の地域家族会の母体となったことは言うまでもない．

b．地域精神保健連絡協議会専門委員会
〔1986（昭和61）年〜1990（平成2）年〕

地域精神保健連絡協議会の事業化に伴い，三鷹保健所では1985（昭和60）年12月に上部組織である本委員会を開催，所長から三鷹保健所においては，下部組織として老人精神専門委員会と精神一般・アルコール専門委員会の2部の専門委員会を設置することを提案し，承認された．三鷹市においては市の高齢福祉課と弘済ケアセンターを中心にした老人のケアネットワークが確立されており，老人保健および老人福祉の一環として老人精神保健の問題を検討することが望ましいと所長が判断したことが，2部会を設置した根拠である．

精神一般・アルコール部会は半年以上の準備期間を置いて発足させた．ネットの要となる福祉事務所ワーカーと病院PSWの協力がどうしても必要であり，下準備としての協議を重ねていった．この過程で，福祉事務所サイドでは精神とアルコールの窓口担当ワーカーを決め，その人たちが専門委員として協力する態勢ができた．病院サイドでは，井之頭病院が地域に開かれ病院として，積極的に外への活動を展開し始めた時でもあり，PSWの派遣についても協力的であった．このことは長谷川病院でも同様であり，常にPSWが委員会に出席していた．

初年度の委員会のテーマは，地域の現状の中から地域的課題を検討することであった．その中で，① 精神医療機関が豊富なわりには，三鷹市には精神障害者を地域に迎える受け皿が少ないこと，② 家族や当事者の自助グループがアルコール関連分野以外にはないこと，が挙げられ，少なくとも精神障害者を支え，地域に対し真の要望を持っている家族会と，社会復帰施設の1つである共同作業所などの資源を整備することが，緊急の課題とされた．

後述する家族会育成支援や共同作業所づくりへの支援などの活動は，専門委員会で出された地域的要請に沿って保健所保健婦が行った活動，と言うことができる．その後三鷹の専門委員会ははっきりした年間テーマも決めず，メンバーもオープン化し，実務者のサポート組織としての性格を重視していたので，委員会活動の成果を冊子づくりなどの明瞭な形で表現することはできなかった．委員会の活動内容としては，各所の情報交換と外来者を招いてのセミナー形式のものが多かった．招いた人が次回から専門委員になったり，専門委員のニーズで民生委員が新たに加わるなど，しだいに出席する委員のバックグラウンドが広がっていった．ボランティアや住民協議会など，市民の立場の人の参加もあったことから見れば，タイトな構成メンバーを定める要綱から見れば，専門委員の本来的な性格からはかなり逸脱した会のあり方であったかもしれない．

三鷹の専門委員会は，直接的なインパクトを地域に対し何1つ与えることはできなかったが，専門委員会という場が地域の多様なネットワーク形成の取っかかりとなったことは否めない，と私自身は思っている．専門委員会での出会いから，実務者のインフォーマルな学習会が生まれたり，作業所の運営委員会でのつながりやイベントでの協力関係が生まれ，さらに，実務者と市民の自然なネットワークが作られていったからである．専門委員会が目に見える形として何も残せなくても，精神保健に関わる人が気楽に集える場であったとしたなら，それが実務者や関係者のサポートシステムとしての専門委員会の限定された存在意義であったと思う．

精神一般・アルコール部会では，アルコール問題に焦点を当てて協議する機会が少なかった．1989（平成元）年ごろからは病院のアルコール担当PSWらの要請で，アルコール合同連絡会の開催回数を増やしてアルコール関係機関連絡会とし，実質的にはアルコール部会独立の形となった．これは2つのアルコール専門病棟を控え，アルコール専門のPSW

や看護者の数の多い三鷹の特殊性によるものであるが，精神保健のすべての問題に対応しなければならない保健婦にとっては，会議を開催するだけでもエネルギーを割かれることであった．

三鷹の専門委員会は，要綱から見ればルーズであったと思うが，そうした柔軟な運営を許容してくれた上司がいたからこそ可能なあり方であったと，思い返している．

E．地域の中の資源づくり〔1987（昭和62）年～1990（平成2）年〕

a．市民の中から生まれた共同作業所づくり〔1987（昭和62）年～1989（平成元）年〕

専門委員会で，

「三鷹地域にどうしても共同作業所が必要だ，しかし，だれが立ち上がるべきか」などと話し合っていたころ，市民や労働者の心の相談に関わっていた市民の有志が，地域でできることとして共同作業所づくりを思い立ち，実務者にも呼びかけて具体的な動きに発展していった．保健所では，当時デイケア長期在籍者のステップアップという課題に直面し，保健婦は既存の知的障害者の共同作業所職員とコンタクトを取り，次の受け皿を模索していたところであった．その職員から市民の動きを伝えてもらい，その協議の場に保健婦が厚かましくも出かけて行ったというのが発端である．それほどデイケア担当の保健婦としては，メンバーの活路を開くための作業所が欲しかったのである．

作業づくりへの協力は保健所では当然のこととして受け止めていたが，所内での協議で作業所づくりの支援を精神保健活動の一環として位置づけることを確認し，保健婦は初期の段階から協力していった．協力の中身は，

①　オブザーバーとして準備会に毎回参加，
②　精神障害者や家族のニーズを伝えること，
③　三鷹市の精神保健医療情報の提供，④精神障害者への対応について経験の蓄積の伝達，などであった．1988（昭和63）年1月，作業所開所後2年間は，作業所ケア検討会を持ち，協力関係を持ちながら利用者を援助していった．その後は，専門委員会や作業所運営委員会の中で，関係機関としての連携活動を行っている．

作業所づくりの中核をなしていたのは，既に他の分野で市民活動を経験していた人たちであり，行政への要請，他の団体や市民への働きかけ方については，保健婦が教えてもらうことが多かった．作業所の賛助団体である「三鷹に精神障害者の共同作業所づくりを進める会」の活動を含め，市民の立場から発想された作業所のさまざまな試みで，精神障害者と市民の自然な交流の機会が増えている．市民は暮らしの中で自然な形で精神障害者と触れ，体験的に理解を深めている．共同作業所とそれを支える市民の着実な営みは，言葉の本来的な意味での地域精神保健活動と言えるのではないか．

街の中でごく当たり前の場所としてある共同作業所は，保健所と並ぶこれからの地域精神保健活動の拠点の1つとなっていくであろう．作業所については，準備会当初より福祉事務所の生活保護ワーカーが関わり，事務局的役割を担い続けている．市民にとっては，市行政の理解と支援を得る上で，極めて重要な存在となっていることは言うまでもない．

b．家族会育成支援活動〔1988（昭和63）年～1990（平成2）年〕

作業所ができたものの，作業所づくりの過程や運営委員会に家族の姿が見えないことは，不自然なことに思われた．保健婦は次の課題を家族会の育成とし，そのための活動を開始した．家族会の母体としてデイケア家族懇談会があったが，家族会発足を目的にした講演会を2回実施した後，講演会来所者と保健婦が関わっている家族に呼びかけて，1988（昭和63）年10月に第1回家族会を開催した．

早い時期から作業所にも協力をお願いし，両者のネットがスムースにつながるよう留意

してきた．作業所の方も快く応じて下さり，自然な顔馴染みができていったのではないかと思う．保健婦としては，地域家族会として地域の自主的な団体としての動きができるよう，方向づけて援助してきたつもりであるが，最初は保健婦が中心になって運営せざるを得なかった．少しずつ，世話役を決め，役員を決め，市や社会福祉協議会との関係づくりのサポートを進め，社会福祉協議会からの補助金が降りるようになったのは，家族会ができてから5年後のことであった．

　当事者のグループや自助グループの育成支援については，どこまで援助し，どこから独立した活動に任せていくのか，悩むところである．基本的には，当事者のワーカビリティに応じて，ガイダンスを強めたりフェイドアウトしていったりすることが望ましい．私自身は，家族会への援助は一定の距離を持ちながらも続けていくことが望ましいと考えている．家族もまたスティグマを背負った社会的弱者なのである．家族自身も，責められないで安らげる場を必要としている．家族自身も市民の中で安らぐことが必要であり，そのような機会と場に出会えるよう手助けしていくべきであろう．

c．精神保健講座〔1989（平成元）年～1990（平成2）年〕

　作業所が活動を開始していくと，その活動を街の中に広げたり維持していくために，市民ボランティアの必要性を痛感するようになった．地域精神保健活動のゴールは市民参加としてのそれである．保健婦の中では，精神保健ボランティアの養成を三鷹の街でも考えていく時期に来ている，という思いが膨らんでいった．

　神奈川県の保健所が社会教育との共催で，精神保健ボランティア講座を実践した事例を念頭に置き，1988（昭和63）年ごろより，保健婦は他市の精神保健に関する社会教育講座やボランティア講座の見学を重ねた．その次に三鷹市の社会教育との接点を持つべく下準備をしていたが，その時点では市関係者の側に時期早尚との判断があり，具体的な話し合いの場を持つまでに至らなかった．

　翌年，ボランティア講座の前段階として，精神保健について市民の理解を進めることを目的とした精神保健講座を保健所主催で実施することにした．それまで，精神保健に関する講演会は，ランダムなテーマで，単発的に実施していたが，それをライフサイクルに沿ったシリーズ化したものとした．子供から始まって思春期・壮年期・思秋期・老年期と，各ライフステージのメンタルヘルスを考える講座とし，講座終了後は作業所見学なども計画した．保健婦としては，ボランティア養成講座へと橋渡しできる過渡的な試みと考えており，半ば強引な形で社会福祉協議会の協力を求め，ボランティアセンターの職員に手助けしていただくことができた．精神保健講座であるので，ボランティアセンターの方にとっては，関わり方に戸惑いがあったことと思われる．

　この精神保健講座は2年間で終了した．事業担当者だけで企画・スケジュール調整・講師依頼・広報・当日運営などを担当することは，多様な業務を抱えている保健婦にとっては，かなり負担のかかることであったからである．今から思えば，所内プロジェクトを作って進めていく独自事業とするか，さもなくば，地域のさまざまな機関の協力関係の中で，企画・運営を進めていくべきであったと思う．この講座の過渡的な試みのあと，保健婦としては社会福祉協議会などによるボランティア養成講座に望みを託し，その企画段階から関わることで保健所としての役割を果たしていくことになった．

(4) 街に根づく精神保健活動

　三鷹の街では，現在，精神障害者共同作業所が4か所，アルコール依存症者共同作業所が1か所，共同住居が2か所できた．ごく最

近では，社会教育会館とボランティアセンターで精神保健ボランティア講座が開催されていた．家族会も社会福祉協議会やボランティアセンターとの接点を持つようになり，作業所は地域交流を着実に重ね，精神保健市民ネットワークの核になっている．

病院でもデイケアプログラム，イブニングケア，OT，SSTなど社会復帰メニューが豊富に組まれるようになってきた．アルコールに関して言えば2病院で家族教育プログラムとミーティングが実施され，セルフヘルプグループも断酒会，AA，アラノン，AKK例会，出会いの会と豊富である．社会復帰資源と言えば，わずかに保健所で週1回のデイケアと断酒会例会しかなかった1984（昭和59）年当初に比べると隔世の感がある．

三鷹における地域精神保健活動は，振り返って見れば「ネットワークまずありき」と言えるのではないか．

福祉事務所が動き，病院も動き，保健所保健婦も動いた．保健・医療・福祉の実務者がネットワークの中で共振しながら，活動を徐々に広げていった．ここでは触れる余裕はなかったが，三鷹の2精神科病院のPSW・ナースなどの地域への関心が，三鷹地域の状況を変えていく触媒役として大きな力を持っていた．

三鷹地域で，保健所が地域精神保健活動の第一線機関として中核的役割を果たし続けてきたのかどうか，少なくとも私が在籍し，主として精神保健業務を担当してきた1984（昭和59）年から1990（平成2）年までの7年間の状況については，疑問の残るところである．担当者としては，地域精神保健活動の本来的なあり方が市民主体のそれになることを到達目標として，ネットワークの拡大に主眼を置き，市民にもそのネットワークに参画していただける機会を設けるように努め，保健婦はネットワークのつなぎ目の役割を果たすことに力を注いでいた．しかし，そのことによって，精神保健活動に関する保健所としてのイニシアティブが拡散していったという側面が生じることを，否定できなかったからである．

私が他の地域へ転勤した後，三鷹市では精神保健に関わる人も機関も多様になっている．私自身は，すべての公衆衛生活動と同様，保健所は総合的なシステムやネットワークづくりの調整役である一方，システムの中のone of themであると思っているし．保健所だけで地域精神保健活動を推進できるものではないし，完結できるものではない．

むしろ，市民が主人公になってこそ本当の意味で状況は切り開かれていくものであり，専門家も行政も市民の伴走者以上の何者にもなるべきではないだろう．

地域精神保健活動の主要な担い手は，決して限られた数の専門家や実務者ではない．地域で暮らす当たり前の市民が，街の暮らしを成り立たせている多くの市民が，精神障害者の当たり前の暮らしを受け止めてくれることがなければ，コミュニティケアは成り立たない．市民こそが地域を動かす原動力であり，そうした市民自身の力を引き出したり，市民と共働していくことこそが，地域精神保健活動の推進となるのではないか．市民とのパートナーシップを具体的にどのように持つことができるのかが，実務者としての保健婦に問われていることではないのか．三鷹保健所に在籍した7年間，私が痛切に感じたのは，そのことであった．　　　　　　　（宮本ふみ）

4）大田区糀谷保健所－研究助成金によるデイケアの開設の取り組み

（1）はじめに

大田区は面積54.15km^2，人口655,028人，264,071世帯［1989（平成元）年10月現在］で，現在4つの保健所に59名の保健婦が働いている．その1つ糀谷保健所は1963（昭

和38）年に設立された．

糀谷保健所の管内には羽田空港があり，沿岸には大倉庫が立ち並び，その間に住居，会社，工場等が密接している地域である．

発足当初の保健所は，乳幼児の健診と相談に多数の母子が来所し，活発に活動がくり広げられた．

当初の精神衛生活動は相談者に入院先を紹介するのが中心であった．保健婦は業務係精神事務担当者とともに，病院名簿をめくって家族に教えたり，病院と連絡をとり，患者を迎えに来る車を頼むなどの活動をしていた．その後，保健所管内精神病院の医師を招いて保健所の精神衛生相談（精神クリニック）を開始し，保健婦は徐々に活動を広げていった．

1978（昭和53）年から，精神障害者の家族会が，保健所を会場にして毎月1回開かれるようになった．そこで保健婦は家族の生の声を聞き，保健婦活動について反省させられるとともに，家族から多くのことを学ぶことができた．

ちょうどそのころ，福祉事務所のケースワーカーらと業務連絡会を始めた．その後区内の精神科医も加わり，事例検討会として定例化していった．この会からは，保健所デイケアづくりの際に大きな支援を受けることになった．

このような背景のもと，大田区ではデイケアがどのように発足し，発展していったのか，そこで保健婦はどのような役割を担っていたのか等を，当時の報告や保健所事業概要等の資料や，直接活動に関わっていた小山，木津両保健婦からの聞き取りを基に述べていくことにする．

（2）保健所精神衛生活動の展開
A．デイケア発足の背景として考えられるもの

① 大田区では従来より区民の健康問題の解決のために保健婦の積極的な取り組みがなされていたが，糀谷保健所では精神障害者への家庭訪問や相談等の地区活動を特に重視して行っていた．（**表14**）個別事例との関わりを深めて行く中で，病気が悪化した時に病院を紹介するという対症療法的な支援だけでは解決しない場面に多くぶつかり，保健婦個人の相談活動の限界を感じ，さらなる支援方法を模索していた．

② 糀谷保健所管内の精神病院等の医療機関とは，保健所の日常活動の中で既に連携が取れており，地域精神衛生活動を協同し合うには格好の地区であった．また，区の中心からは東に寄っていて，保健所利用者もそれほど多くなく，相談室を利用してデイケアを始められる状況にあった．

B．糀谷保健所の保健婦はどのようなことからデイケアを始めようと考えたのか
a．保健所にデイケアを必要とした理由

1982（昭和57）年7月，大田区職員労働組合の主催で「大田区政を住民の手に」というスローガンを掲げ，大田区地方自治研究集会を開いた．その時，保健衛生分科会で，糀谷保健所保健婦から「糀谷保健所におけるデイケアの実践報告」がされた．その中で，なぜ保健婦はデイケアを開始したいという考えに至ったのかを示すため，A，B2つの事例が紹介されていた．（**表15**）

この2つの事例に見られるように，精神病院を退院して，自宅で服薬を続けながら仕事

表14 精神障害者訪問の推移

年	1971	1975	1980	1985	1988
精神訪問数（件）	23	280	199	385	399
全訪問数に対する精神の割合％	(1.7)	(4.7)	(9.0)	(19.1)	(25.9)
保健婦数	9	9	14	15	15
全都保健婦の精神訪問率	3.8	6.7	11.5	18.8	25.7

（東京都における保健婦活動状況：都・衛・医・看護課）

を探す場合，多くは働く意志があっても条件の合う所が見つからない．仕事があっても収入が少なかったり，たとえ就労したとしても，いきなり健常者と同じ生活に入ることはケース本人にとっては困難であり，就労し続けることができないことが多い．当時はこのように地域での受け皿がなく，保健婦は苦慮していた．保健婦はこうした障害者に出会うたびに，社会復帰対策としてのデイケアの必要性を痛感するようになった．

更に，大田区には精神障害者の社会復帰訓練施設が1か所もなく，ケースは遠くに通いきれないという事情もあって，保健婦としては身近な保健所にデイケアを開設したいという意志が強かった．

b．家族会からの要望

糀谷保健所の精神衛生相談事業として，障害者の家族の集まりを持ち，悩み，体験談，情報の交換などを行っていた．その中で出された家族の切実な声として，

「退院はしたけれど，仕事がなく家でごろごろしている」

「仕事が長続きできない」

「友達がいない」

表15　A，B 2事例

	Aさんの事例	Bさんの事例
生活歴・病歴	22歳，男性・精神分裂病 家族　父死亡，母53歳，義父，姉28歳，26歳 昭和53年，3月都立K高卒，国立大受験失敗，アルバイトをしながらの浪人，幻覚症状出現しS大病院受診 昭和54年，2月S大病院入院，同月末自己退院，職業訓練校3か月でやめる．その後就労し，10か月でやめる．再度職業訓練校（コンピュータ）入学もうまく行かず，2～3の会社に勤めるも長続きしない．昭和56年睡眠薬を多量に服薬し意識不明．その後専門病院に1か月入院	42歳，男性・精神分裂病 家族　妻36歳，長男14歳，次男9歳 印刷業から昭和47年都清掃局勤務昭和51年頃，自然気胸となり，健康管理のため軽作業することになった．Bさんは職場に居ずらく休みが多くなった．昭和52年徐々に閉じ込もり，時に乱暴な行動をする．精神病と診断されて入院．昭和56年9月退院，自宅でぶらぶら過ごしていたが，手足の震え，口渇感，腰痛症あった．
相談経過	昭和56年8月，保健婦は，S福祉事務所のワーカーより，Aさんについて連絡を受けた．その後，母親から「就職させたいが本人は自衛隊に行きたいと言っている．どうしたらよいか」と相談された．保健婦は母親に家族会の参加を勧める．9月4日，母親は家族会に参加．Aさんは「自衛隊に入るまでの間，ガードマンの仕事をしたい」といっている．9月5日，母親来所，保健婦相談の中で，就職を焦らないで服薬と日常生活を普通にできるように，病気を安定させることが先であることを話す．9月，S福祉ワーカーより電話があり「Aさんは自衛隊に行きたいといっているが本当か」と問い合わせがあり，その1か月後，母親より電話があり，「新聞配達は2ヵ月続いたが，現在，自殺未遂をおこし専門病院に入院した．」	昭和57年2月，本人が職親制度について相談に保健所に来所している．BさんはT工場の職親と面接したが，手のふるえのため断わられる．知人の紹介でS給食を面接し弁当のはらいさげ作業（9時～4時）を行う．3月，S給食社長より，保健婦に電話があり，「Bさん欠勤しがち本人より連絡なし．」保健婦はBさん宅を訪問．Bさんは『腰痛と下肢の倦怠感で2日間欠勤した．社長は自分のペースで仕事をしろというが，周囲の人が早いので気疲れする．』という． 保健婦からは社長に電話し，話合いの結果，隔日の勤務にしてもらった．3月，Bさんはずっと欠勤を続け，『やめたい，腰痛，手足のしびれがする．多忙の時，ゆっくりでよいといわれるが，じれてしまう．』3月下旬，再度勤務をはじめる．～その後欠勤が数日続く．

「1人ぽつんとテレビを見ている」というようなことがいつも出されていた．それらの声が，デイケアの開設に向けての強い要望の下地になった．

c．福祉事務所・医療機関からの要望

精神障害のために働くことができず，生活保護の受給となるケースが多く，社会復帰のための援助をどうするかは，避けて通れない状況になっていた．また，必要性はあっても，区内の医療機関においてデイケアを実施するのは困難であり，保健所デイケアへの協力・援助の方向が福祉事務所や医療機関から提起された．

C．保健所デイケア開設の準備

新しい事業を始める時に一番大変なのは，予算を新たに獲得していくことである．糀谷保健所ではデイケアを保健所事業としてすぐに始めることはせず，保健婦間で話し合いを重ね，1980（昭和55）年秋に保健所デイケアを次年度の医学振興研究のテーマにすることにした．そこで研究費としてデイケアの予算が確保できたほか，保健所長をはじめ他の職員からの関心や協力も得ることができた．年度末にかけて所内での話し合い，デイケアをすでに行っていた足立，杉並両保健所の見学，管内の精神科医療機関への周知，関係職種への協力の要請等を行い，デイケア開設の準備を整えていった．区内の他の保健所からも頑張れと応援され，精神的な支援となった．

開設の経過は次に述べるとおりである．

1980（昭和55）年8月，糀谷保健所の保健婦の中で，デイケアの必要性について検討した．

1980（昭和55）年9月，1981（昭和56）年度医学振興研究テーマに保健所デイケアを決め，手続きを取った．

1980（昭和55）年11月，デイケアを研究テーマとして発足することを決定した．

1980（昭和55）年12月，デイケア計画について保健婦，予防課職員，その他関係者との話し合いを行った．また，足立・杉並保健所のデイケアを見学し，実施要領をまとめた．

1981（昭和56）年1月，区衛生部にデイケア実施計画を提出．

1982（昭和57）年2月，管内の精神科病院，診療所を訪ね，保健所デイケア計画について協力，技術援助，ケース紹介を依頼した．

1981（昭和56）年3～4月，デイケア入所へのPR，入所者との面接，専門医，グループワーカー，創作専門講師との打ち合わせを行った．

D．デイケアの実際

① 目標：対人関係の改善，生活範囲の拡大，および社会復帰への意欲の喚起を図る．

② 対象：大田区在住の通院中の20～40歳ぐらいの精神障害者で，主治医の許可をとる．

③ 定員：10名．

④ 開催回数：月2回（年27回），毎木曜日午前9～12時．

⑤ 場所：保健所相談室，栄養室，講堂

⑥ 内容：話し合い（社会復帰，治療，日常生活），創作，料理，レクリエーション，行事．

⑦ 担当スタッフ：精神科医（雇い上げ），創作指導員（雇い上げ），栄養士（必要時雇い上げ），保健婦（2～3名）．

⑧ 保護者会：参加者の家族と年2回の話し合い．

⑨ 予算：232,000円（区独自の研究費）．

上記の計画で1981（昭和56）年5月からデイケアを10名で実施した．途中から参加希望者が増え，男子8名，女子9名の17名となった．それと平行して家族に対しても最初から意図的にデイケア家族会を開き，家族の役割を浸透させていった．また，1982（昭和57）年2，3月は研究をまとめる月とし，デイケアを予定していなかったが，参加者，保護者の要望が強く，打ち切れなくなって週1回のデイケアを実施した．

E．デイケア1年間の試みの考察
a．ケースについての考察
　デイケア参加前後のケース3例の変化の様子を示す．（表16）
b．保健婦の考察
　保健婦にとって初めての試みであり，試行錯誤の1年間であったが，「やってよかった」という実感を持てた．参加メンバーや家族にとってよかったと見られるところを，保健婦は以下のようにまとめた．
　①　各々のメンバーが自分の役割をつかんで行動するようになった．例えばグループをリードする人，それを補佐する人，歌の中心になる人，料理の時に力を発揮する人，グループの中で母親的な役割を取る人，外出の時写真を撮る人，など．
　②　グループ活動を通して感情の交流ができ，人とのつき合いが楽しくなった人が出てきた．
　③　自主性が出てきた．メンバーによって「希望の会」が作られ，デイケア終了後も月1回の集まりを持っている．
　④　家族の理解と協力が高まってきた．例えば，十数回の入・退院をくり返していたケースが，入院中に病院から保健所のデイケアに通い始め，退院後もデイケアに通って終了することができた．その後，家業の手伝いとして店の掃除をしながら「希望の会」に出席している．家族は，ケースが退院しては服薬を中断し，再入院をくり返していることを「しかたがない」と思い込んでいたが，保健婦の積極的な働きかけによってデイケア家族会に出席するようになり，家族としての役割を果たすようになった．
　⑤　保健婦はグループワークの中で，メンバーらが相互に学び合い，助け合いながら，特に指示をしなくても行動ができるグループに成長していったことを発見した．
　⑥　保健婦は多種多様な業務を抱え，多忙を極める中でも，常時3人がデイケアに取り組んだ．毎回，昼食を摂りながらスタッフ全員でカンファレンスを行った．しかし，記録や個別相談を行う人，午後の保健所業務につく人は活動に忙殺される日々を続けざるを得ず，デイケアの運営は困難であった．

表16　デイケア参加前後のケースの変化

事例	デイケア前	デイケア後（本人の利点）
A	・無口で外に出るのがおっくう． ・家庭内でイライラ多い．	・家業を続ける中で，デイケアが本人の張り合いになっている． ・レクリェーションの楽しさを知り，積極的に自ら地域の仲間とともにスキーに出かける．
B	・16歳で発病後現在（42歳）までで数10回の入退院をくり返し，病院での生活のほうが長い． ・朝起きるのが辛い．日中も眠くなる．	・入院中でデイケアに参加していたが途中で退院し，自宅で店の掃除をしながらデイケアに通所． ・デイケアで人と人との触れ合いに喜びを感じている．
C	・朝起きられず，内服もきちんとせず，デイケアも最初の1か月は参加できなかった．その後家族同伴で徐々に1人で参加． ・病院仲間より，おばけちゃんとニックネームつけられるほど暗いイメージ．	・就労への意欲あり，貼紙を見て考えたりしている． ・身だしなみがきちんとなり，メンバー同士への呼びかけが積極的に見られる． ・他のメンバーからも一番明るくなったと言われている．

デイケア17名の終了時の状況

　家業継続　　　　2名
　家庭内適応　　　3名
　就　労　　　　　2名
　作業所必要　　　9名
　デイケア継続　　1名－中途通所のため
　　　　　　　　 17名

F．周囲の人はどう見ていたか

「糀谷保健所の保健婦は人情味があり温かい．よくやってくれた．ありがとう」と家族から大きな声援が起こった．そして，これからも障害者のために頑張ってほしいと要望された．

家族にとって一番大切と思われる保健婦の仕事は，家族は患者にどのように対応するのか，という家族指導ではないか．このことをしっかりやってほしいという保健婦活動への期待が大きかった．

その他，クリニックの嘱託医（精神科医師）は，現在の医療態勢の中で，

「医師，看護婦以外の専門職員を入れてデイケアを開設するのは難しい．また，一定の広さも必要であり，地域生活に見合った機能を持てるようにするのは容易にできない．従って，公的機関の保健所でデイケアを精神衛生活動の重点事業として受け止めてもらえれば，精神医療に携わる側としては非常に嬉しい」と評価された．

G．試みのデイケアから新展開を見出す

最も大きな展開は，1982（昭和57）年2月，デイケア第1期生の終了を前にして，作業所づくりが始まったことである．（作業所づくりは後段で述べる）

研究としてのデイケアは1年の予定であったが，もう1年継続研究となった．

そして1983（昭和58）年4月からデイケアは正規事業となり，保健婦1人が増員され，グループワーカー1.5人の雇い上げが決まった．

デイケアの場所は車庫の上に部屋を作り，デイケアの回数も週2回となり，ますます活動が活発になった．

H．この活動から学んだもの

① 多忙な保健婦活動の中で新たにデイケアを試みようと判断するまで，苦心し，討論を重ねてきた努力を評価したい．

①-1．従来からの業務を中断することはできないから，その内容を吟味し，整理した．

①-2．個々の保健婦がケースとの関わりを通してデイケアの必要性を感じたことを，保健婦間で共有し合える職場環境を作った．

①-3．保健婦の精神衛生活動について，予防課，総務課，所長等，保健所組織全体の関心を高めることができ，積極的に取り組んでいくことができた．

①-4．保健婦の個別的な活動に止まっていた保健所の精神衛生活動は，デイケアを試みたことで，1つのグループ活動として職員，家族，近隣者の目に，見てわかる活動になった．

② 過密スケジュールの中でデイケアの運営に3人の保健婦を配置し，グループワークの持ち方に配慮した．保健婦はそこでメンバーの個々の力量を見出しており，自立していく過程に感動し，保健婦の役割を再確認することになった．

③ 保健婦の精神障害者訪問の比率は9％〔1980（昭和55）年〕，地区担当保健婦がデイケアに紹介できたケースは17例中5例と少なかったが，デイケアを開設していない区内の3保健所から紹介されたことや，精神病院・診療所にケースの紹介を依頼したこともあって，定数10名をはるかに超える参加者を迎えることができた．

保健所のデイケアが患者本人・家族に与えた影響は大きく，各保健所管内の家族会から，区内すべての保健所（4か所）において「デイケアを開設してほしい」という要望書ならびに請願書が，保健所ならびに区議会に出された．

（3）糀谷家族会活動への支援

保健所管内にあった精神病院の患者家族会は，病院という限られた場所から，地域という広い範囲を対象とする保健所に場を移したい，と要請してきた．この家族会「つたの会」

は当初から自主的に会を運営し，保健所や保健婦らの活動を積極的に進めてほしいと要請した．また，家族会は保健所の支援を受け入れようとしていた．

そこで1978（昭和53）年から保健所を会場として月1回家族会を開催し，毎回保健婦も参加することになった．

A．家族会活動の実際

a．司会・進行：家族．
　出席者：平均20名，担当保健婦2名．
　助言者：隔月で3名の医師が交替で参加．
　内容：家族相互の経験交流・学習・ミニ講演会
　会費：月200円

b．家族会における保健婦の役割
　① 家族会に参加し，講演会のセッティングを行ったり，必要な情報を提供する．精神障害者を抱える家族の苦渋を軽減させるための方法（規則正しい生活のことやデイケアの利用など）などを提供する．
　② 家族会だよりの発行に協力．
　③ 家族会の運動を支援する役割を持つ．支援内容について，保健婦は時間をかけて検討した．そして，家族だけでは困難である運営資金のカンパ，作業所のPR，人捜し，場所探しなどを支援するとともに，精神障害者の置かれている状況や家族の努力を，多くの市民に理解してもらうことを行った．
　④ 個別ケースの家族に関わり，困り事などについて支援する．「つたの会」は，デイケアをバックアップする家族会から，作業所づくりの中心的な活動を行う家族会に発展した．さらに大田区内全域の保健所にもデイケアや作業所を作ってほしいという，広い視野に立った提案も積極的に行った．このような家族会の姿勢を保健婦は支援し，あくまでも会の自主性を尊重し，家族の交流の場に積極的に参加していった．

（4）共同作業所づくりの支援活動
－保健婦の果たした役割－

A．「ああいう所（作業所）なら働いてみたい」というメンバーの意見に触発されて

デイケアが始まって7～8か月過ぎたころ，メンバーやスタッフの中に不安とも焦りともつかぬものが生まれてきていた．それはデイケア終了がいよいよ迫っているのに，メンバーたちはどこにも行き場がない，という問題から起きているものだった．

メンバー，家族，保健婦らは，何とかできないだろうかと討議を続け，その過程で既に区立の施設として「心身障害児（者）」の作業所が作られ，運営されていること，また，この作業所は障害者を持つ家族の長年にわたる運動によって作られたことを知った．

保健婦は精神障害者を抱える家族に関わっているうちに，彼らにもこのようなエネルギーがあるはずだと認識するようになり，そのエネルギーを引き出して支援しなければならない，と考えるようになった．

そして1982（昭和57）年1月，保健婦はメンバー，家族，区議会議員とともに，作業所設立に向けて動き出し，他区の精神障害者共同作業所を見学した．

「私も働いてみたい」というメンバーの言葉に強い共感を持った保健婦は，さっそく保健婦間で話し合いを持ち始めた．保健婦の中には作業所づくりに好意を寄せる人，消極的な人などいろいろであったが，話し合いを積み重ね，検討し，保健婦として意見をまとめる努力を重ねた．その当時，区の衛生部は，
「作業所づくりは保健所の仕事ではない」
という消極的な姿勢であった．

B．作業所づくりに保健婦はどのような支援をしたか

a．保健婦間でのコンセンサスを得る

作業所に関する問題について，保健婦の間では多少異論があったが，「作業所を作る」のはあくまでも家族であり，保健婦はその家

族の援助者である，という確認をした．その上で「作業所づくり」を支援する保健婦の担当者を決め，担当保健婦は家族らとともに他の作業所見学に同行し，見学報告会を開き，家族会，保健所職員，福祉事務所ワーカーらに参加を呼びかけ，周知を図った．

b．場所探し，仕事探し

次に，保健婦は家族とともに「作業所の場所探し，仕事探し」に当たった．その中で作業所職員をだれに依頼したらよいか，いろいろと考え，相談し合った．家族会が作る作業所であるから，家族の中で中心になって動けそうな人，Sさんがよいだろうということになり，家族と小山保健婦が説得し，承知してもらった．この時点では，作業所運営委員会はまだできておらず，お互いに情報を持ち寄り，受け入れてもらうように話し合った．

「作業所の仕事」は，家族の知人を通して内職を分けてもらったり，内職斡旋の貼り紙を見てその会社を訪ね，「作業所づくり」の趣旨を話して仕事をもらってきたり，という地道な活動を続けて，ようやくデイケア終了のメンバーを迎えることができた．

このように，すべて初めての試みに一喜一憂しながら，保健婦は家族，作業所指導員らと，お互いに助け合い，励まし合い，この活動に協力する人を広げていく役割を担った．

c．運営資金のカンパを募る

こうして1982（昭和57）年4月，区内に初めて精神障害者のための共同作業所が発足した．

開設1年目は運営補助は受けずに，職親制度の利用と，保健所や福祉事務所の職員，その他多くの人からカンパを受け，それを資金に当てるという方法を取った．糀谷保健所の保健婦はこの資金集めを積極的に受け止め，他の保健所職員にも保健婦から呼びかけるなど，強力な支援活動を行った．なお，翌1983（昭和58）年から1985（昭和60）年までは，職親制度と運営補助を併用する形をとった．

なお，1985（昭和60）年に職親は通リハへと名称変更され，作業所への新規採用は打ち切られた．

d．保健婦の作業所訪問による相談

作業所運営を支援する活動として，保健婦はメンバーや指導員（当初は家族が交代でつめていた）らと，相互に，率直にコミュニケーションがとれて相談ができるように，作業所担当保健婦だけでなく，すべての保健婦が順番を決めて1日1回は作業所に顔を出し，世話役としてつめている家族を励ましたり，メンバーの相談にのったりした．

その後軌道に乗ってきた時点で，「作業所担当保健婦」が月2単位ぐらい訪問するだけでよくなった．また，2人の保健婦が担当者となり，何か事があれば2人で訪問するシステムを作り，終始「心を病む」ケースへの温かい働きかけを続けてきた．

保健婦がその場で対応できないものについては，検討をする場所として「作業所運営委員会」や保健婦同士の研究会などを利用していた．

C．作業所創設－運営を振り返ってみて－

① 保健婦は従来から社会資源の活用を重視して保健活動を進めてきたが，作業所という社会資源を自ら作り出し，支援していくということは，今まで体験してこなかった．そういう意味で，糀谷保健所の保健婦らの活動は，大田区の保健婦集団に大きな波紋を起こしたと言える．

確かに，作業所という場所を探して仕事場を作る，というそれ自体は，従来の保健婦活動の枠には収まらない．しかし，その場（作業所）を得て初めて，障害者たちは健常者と同じように社会的生活を味わうことを体験できる，ということがわかると，

「障害者にとって心地よい職場を作ろうとする働きかけ＝共同作業所づくり」
だったと納得できた．

一方，「作業所づくり」について，保健婦

がそこまでやらなくてもよいのではないか，という声もぽつぽつと聞かれた．そうした中での「作業所づくり」の支援は，保健婦にとって厳しいものがあった．

②　この活動を前進させることができた要因を考えてみたい．

②－1．区内4つの保健所保健婦は必ずしも同一歩調はとっていなかったが，民主的に時間をかけて討議し，その活動を評価し，協力し続けてきた．

②－2．医療関係者，福祉関係者，市民の横の交流の場があった．例えば，大田区職員労働組合の自治研集会に市民の参加を呼びかけ，そこで精神障害者の問題を取り上げて話し合い，作業所への理解を深めてもらう場を持った．

②－3．障害者家族会の活動とともにデイケア，作業所メンバー，職員の交流も大きな原動力だった．また「あけぼのの会」の270名あまりの会員による精神障害者，家族，作業療法士の活動を支援する組織ができていることも要因として挙げられる．

以上－1, 2, 3に要約したような地域の活動が，1人1人の障害者を地域で支え合う基盤づくりになった．

③　作業所指導員への支援

保健所の精神衛生活動に精力を傾けてきた保健婦の小山さんは，「共同作業所」の指導員に対し，一貫して「大変だなー」という思いやりの気持ちを持ってきた．それは公務員である自分との対比で，「とても私たちにはできない」という想いからであった．

小山さんは，

「長時間の勤務，低賃金，そして『心を病む』人とのつき合いにじっと耐えている姿には，本当に頭が下がる．医療職でも福祉職でもない人が指導員となり，真剣に取り組んでいる．だから私は保健婦として，この指導員らの力となり，指導員らが働きやすいように支援することが必要だ」

と考えて運営委員会に出席し続けたと述べている．

運営委員会はたいてい夜の時間帯に開かれることが多いが，小山さんは必ず出席し，会が終了した後指導員らとの二次会にもつき合い，1日の活動の疲れを癒したり，困ったことを話し合う時間を持つことを大切にしてきた．

小山さんは，常に，社会資源として人材を，作業所を育てていこうという思いがあった．また，保健婦は「心を病む」人，その回復途上にある人との対応について，指導員らから「専門職」として相談を受けられるまでになってほしい，と同僚保健婦に期待している．「保健婦が手を出し過ぎないように」と常に消極的な姿勢に留まっていたり，管理的な目で作業所に関わるのは，すぐに指導員に見透かされてしまうので，誠実に保健婦の役割を捉え，技術を磨き，保健婦への期待を高めてほしいと期待している．

D．保健婦の果たした役割のまとめ

1982（昭和57）年4月，糀谷作業所開所以来1990（平成2）年4月までに6つの作業所が作られた．

1986（昭和61）年度の資料によると，作業所入所紹介者はデイケア59，地区担当保健婦44，その他18となっている．入所者の約半数はデイケアの終了者で，その他保健婦からの紹介者も多い．糀谷保健所で精神衛生活動の試みとして始めたデイケアが，区内保健婦の活動に大きく影響したと言える．

1987（昭和62）年，大田区の保健婦は保健婦の精神衛生活動全般について，これまでの各保健所の活動を振り返って検討した．その中で，

「作業所の現状を知り，保健所との連携を考える」

ことを検討した保健婦グループは，次のようなまとめをしている．その一部をここに引用しておく．

①　作業所は精神障害者の地域における受

け皿である．保健婦は作業所の発展・充実，よりよい運営のために援助する．
　②　作業所担当保健婦は，作業所の運営会議に参加して，作業所の運営に協力する．指導員に技術的な援助を継続する．
　③　地区担当保健婦はケースの作業所入所時から関わり，指導員と連携を密にしながらケースの支援を行っていく．
　④　指導員と保健婦，その他の関係職員との連絡会を定例化する．

（5）おわりに

　家族会の支援からデイケア開設，作業所づくりへと，糀谷保健所保健婦の精神衛生活動が大きく盛り上がった時期に焦点を当て，精神衛生活動での保健婦の担った役割を学ぶことができた．

　殊に，保健婦が，退院後行き場のない精神障害者のために取り組んだデイケアは，患者の社会復帰の足がかりとなった．また，それまで個別対応に止まっていた精神衛生活動を，1つのグループ集団として捉えることで，保健所職員や家族，地域の人々に，精神障害者の本来の姿を知ってもらう機会となった．そして，障害者の回復の変化が周りの人々にも見えるようになった．

　その後の作業所づくりの支援においても，中心となる家族の援助者として多くの人に働きかけ，協力が得られるように支援の役割を果たした．

　この地域には「あけぼの会」（大田区精神障害者問題協議会）が1983（昭和58）年6月に結成されていた．この会は保健婦を初めとする関係者や多くの区民が参与し，精神障害者とともに生きる社会を目指して，区内の精神障害者作業所へ財政援助や，憩いの家・共同住宅を作る活動など，患者会，家族会の活動に大いに支援・協力をしている．

　このように，保健婦は1つ1つ地域の精神衛生活動の拠点を増やすための援助を地道に行ってきた．精神障害者の生活に関わることから，新しい地域活動を生み出すことができたのである．

（小山廣子・木津初美）

参考資料

1）小山廣子他：麹谷保健所に於けるデイケアの実践報告；大田区 地方自治研究 集会，1982．
2）精神衛生業務検討保健婦連絡会：大田区に於ける精神衛生業務のまとめ；1988．
3）保健婦が中心となった作業所づくり；ゆうゆう2号，1988．
4）あけぼの会会報（1983年結成以来1988年までの資料）；大田区精神障害者問題協議会発行．

5）島しょ保健所八丈島出張所－島しょ地区の地域性を活かした精神衛生活動－

（1）八丈島の概要

　八丈島は伊豆諸島南部に位置し，東京都心から約290km，船で10時間，飛行機で1時間（ジェット機で45分）を要する．船は週6便あり，飛行機は1日6便が乗り入れているが，天候に左右されやすく，しばしば欠航となる．

　島は面積68.3km^2，周囲58.9kmのひょうたん型をしており，両端のふくらんだ部分には八丈富士と三原山がある．中央のくびれた部分には八丈島空港や港などの交通施設があり，町役場，保健所，町立病院などが集まっている．

　人口は年々減少傾向にあるが，1990（平成2年）の統計では9,927人と，伊豆諸島の中では大島に次いでいる．65歳以上の老年人口の割合は18.9％で，高齢化が著しく進んでいる．その背景には，島内の教育機関は高校まで整備されているが，卒業後はほとんどが島外へ流出していくという事情がある．

島の産業は農林水産業を基盤に，観光関連産業から成り立っている．特に農業は高温多湿の亜熱帯性気候を利用して，観葉植物・球根類栽培を主とした園芸農業が盛んである．

医療機関は町立病院（内科，外科，産婦人科，小児科，精神科）が1か所，開業医院3か所，歯科医院6か所である．伊豆諸島の中で病院があるのは八丈島のみであるが，精密検査や専門医療を必要とする場合，東京都区部の医療機関へ頼ることが多い．

八丈出張所の職員数は1970（昭和45）年には10名，1990（平成2）年には13名（内保健婦2名）であった．

（2）八丈島の精神衛生活動の歴史（表17）
A．精神衛生活動の幕開け

八丈島の精神医療の歴史は1940（昭和15）年2月，精神疾患の頻度，存在様式，経過，遺伝を明らかにするために，東京大学精神医学教室員によって，八丈島住民の精神医学的調査が行われたことに端を発している．この調査はわが国の社会精神医学的研究の先駆的なものと言われている．この調査以後島の精神医療がどのように進められたのかは不明であるが，家族の困ったケースは精神病院（ことに都立松沢病院）に入院・通院，あるいは薬のみ送付してもらうという治療の受け方が続いていた．

さらに1960（昭和35）年から1961（昭和36）年にかけて，八丈島役場，島内組織のすべてを動員して，東京大学精神医学教室員および東邦大学による2次調査が行われた．その結果，人口12,027人中，307名の患者が発見された．遺伝負荷については特に濃厚であるとは言えなかった．

B．東京都による精神衛生活動の開始

1950（昭和25）年の精神衛生法成立以来，島の精神衛生活動がどのように進められたのかを示す資料は，東京都衛生局年報，東京都中央保健所事業概要等には見当らなかった．

しかし，1960（昭和35）年当時，衛生局医務部優生課（のちに精神衛生課と改称）では，僻地対策として八丈・大島・三宅の三島と青梅・五日市保健所管内の精神衛生のケースに訪問相談を行っていた．この訪問相談は，精神衛生法第23条に基づく申請による精神衛生鑑定医の診察という形で，1955（昭和30）年ごろから始められていたものである．

訪問相談は年1回を限度とし，訪問チームは精神科医と精神衛生吏員からなっていた．訪問対象者は，すでに島しょ保健婦に相談しているケースや，町の福祉ワーカーが優生課に相談を申し込んだケース等で，訪問時の相談件数は約10件程度であった．〔当時，生活保護法による医療扶助の開始は，他法・他施策の活用という観点から，精神衛生法に基づく診察（鑑定）が前提となっていた〕

1966（昭和41）年7月，精神衛生センターが設置された．以来，年1回の「島の巡回相談」はセンター業務となり，八丈出張所において精神衛生活動を行うことになった．

そこで1967（昭和42）年，精神衛生センター職員は「精神科医を欠く離島の精神衛生対策」を考えるために，全島精神障害者への訪問指導を実施した．その報告によると，島の人口約11,200，3,100世帯に270例のケースが存在し，医師の直診者80名中56名が治療放置の状態にあり，適切な受療者はわずか6名にすぎないことが確認された．このような状況から，多くの精神障害者は未受診および病状悪化の恐れを持っていることが指摘された．

C．保健婦の精神衛生活動の始まり

1948（昭和23）年10月，八丈島出身の保健婦峰元みさを氏が初めて村役場に就業して保健婦活動を開始したが，一旦退職し，その後1956（昭和31）年に東京都中央保健所八丈出張所に再就職した．

僻地対策として行った精神衛生ケースへの訪問については，家族への呼びかけから道案

表17 島しょ保健所八丈出張所管内の精神保健

年度	人口	医療費公費負担					センター巡回相談			保健婦による相談			デイケア		
		合計	精神分裂	精神薄弱	てんかん	躁鬱病	その他	回数	訪問相談	所内相談	訪問(全訪問に占)	その他相談	実施回数	参加延長	
昭和40	11,667										34				(昭和40.6) 精神衛生法改正 (昭和41.5) 八丈町立病院開設
昭和45	10,996	15*1	10	0	2	1	2	1	19	52	92 (12.3%)	25	—	—	(昭和41.7) 精神衛生センター開設 昭和42〜 センター巡回相談開始（年1回） 昭和45〜 保健婦2名
昭和50	10,667	17*2	12	1	—	2	1	1	10	96 (19.2%)	32	—	—	昭和50.4 中央区から島しょ保健所へ移管
昭和55	10,437	54	38	2	4	2	7	1	16	12	63 (17.0%)	59	—	—	
昭和60	10,130	78	60	2	5	2	5	2	—	48	75 ( )	76	—	—	昭和60〜 センター巡回相談年2回へ増
昭和61	10,107	78	63	2	5	2	6	2	—	—	130 (47.8%)	184	—	—	昭和62.6 病院で東大研究班診療開始（月1回） (昭和62.9) 精神保健法公布
昭和62	10,034	95	61	3	13	6	12	2	—	43	323 (63.8%)	318	13	33	昭和62〜 保健所グループワーク開始 昭和63.4 町立病院精神科外来開始（月1回）
昭和63	9,888	117	81	4	12	7	13	2	—	24	318 (67.9%)	275	49	135	平成1.4 保健所デイケア開始（週1回）創設
平成1								2	1	24	244 (58.1%)	194	49	153	平成2.2 家族の集い保健所に創設 平成2.2 家族会「ロべの会」第1回総会 平成2.4 町立病院精神科外来月2回へ増

*1 昭和45年度の医療費公費負担は資料がないため、昭和44年度分を掲載。
*2 昭和55年度の医療費公費負担合計54人(より小児精神1件を含む。

内に至るまで家族の不安を気遣い，近隣者に知られないように保健婦が配慮していた．また，相談後のフォローについても，継続的に優生課職員と連携をとっていた．こうした活動は，当時の保健婦月報には精神衛生のケースとしては計上されておらず，「その他の疾病」か，あるいは「成人病」「妊産婦」等に上げられているものと思われる．

しかし，緊急に対処しなければならないケースとして保健所に相談が持ち込まれた場合には，その実情を衛生局に報告し，指導を受けながら対応していたが，事例により鑑定医の来島を促すものなど多様であった．

八丈島から東京区部の精神病院へ緊急入院になるケースの場合，それに要する費用の全額を家族が負担していた．当時で13万円というこの費用は，病院医師1名，看護者2名，家族と本人，計5名の人件費および交通費であった．交通機関は飛行機を利用していた．都の鑑定医の鑑定を受けて措置入院と決まったケースは，精神衛生課職員，看護婦（士）らと家族の同行を得て，都内の指定病院に入院したが，費用は家族の旅費等にとどまった．

1965（昭和40）年の精神衛生法改正以後，保健婦らは衛生局精神衛生課に直接電話をし，ケースの生活状態から鑑定医の来島を依頼した．しかし，ケースの周囲の人々の恐れや不安が強まっていることを話しても，鑑定医の来島はなかなか実現できなかった．また，暴力行為等による緊急措置として鑑定医を急いで呼んでも，鑑定医が八丈島に到着したころにはケースは平穏な状態に戻っており，措置入院の対象にならないこともあった．このような実情から，法改正後の措置入院は少なくなった．この背景には，医療保障として運用されていた措置入院について見直しが行われ，本来的な運用がなされるようになったこと，また，保健婦が関係者の助言でケースの状況を適切に判断し，緊急措置の要請の可否をタイムリーにできるようになったこと，なども挙げられるであろう．

1975（昭和50）年には中央保健所から島しょ保健所へ移管になった．島の精神衛生相談は，保健所が拠点であるとは言え，医療，相談態勢が不十分な状況下では，センターの診察機能に期待し，相談の中心的役割を果たしてもらうしかなかった．

1985（昭和60）年，センターの巡回相談が年2回となり，保健所や関係機関，および患者・家族，一般市民の永年の要望がやっと適えられた．このことによって島の人々は，医療を受けると同じように相談の意義も認識するようになった．

1987（昭和62）年には，保健婦の個別相談ケースに対して，週1回のグループワークの試みが開始された．

同年6月には東京大学精神医学研究班の医師が，町立病院で外来診療を月1回担当することになり，翌1988（昭和63）年4月からは，町立病院で月1回の精神科外来診療が開始され，1990（平成2）年4月からは月2回となった．島に精神科医の在島する期間が伸びたことで，「心を病む人とその家族」関係者らに，重い責任と不安は軽減されることになった．

保健所はその後もセンターの協力と技術援助を受けており，保健所本来の地域精神衛生活動（例えば共同作業所づくり等）に力を注げるようになった．

表17から実践活動の歩みを見てほしい．

(3) 保健婦活動の実際
A．八丈島の個別相談
a．保健婦の訪問ケース

保健婦が精神衛生相談を始めた1966（昭和41）年ごろのこと，夕食後保健婦が自宅で寛いでいると，

「娘が騒いでいる，早く訪問してもらえないか」

という電話が入った．保健婦はただならぬ様

相に驚き，庶務係長に連絡をとって同行してもらい，ケース宅を訪問した．緊迫した状況の中でケースは父親と口論しているうちに，突然鉈を振り上げて父親に向かったので，保健婦は靴を脱ぐ間もなくケースの持つ鉈を後方から奪い取って母親に渡した．ケースは鉈を取り戻そうとしたので，保健婦はすかさずケースの側に寄って「どうしたの」と声をかけた．ケースはその後徐々に落ち着きを取り戻して，和らいできた．

保健婦はこのような突発的な出来事にも対処しなければならず，怖さに震えながらも，その場の対応に必死であった．同行した係長は，保健婦が相談を終えるまで外で待っていてくれた．

こうしたケースが島に多発していたわけではないが，家族が我慢の限界を越えた時点で初めて相談に持ち込むために，非常に切羽詰まった状況になることがある．当時は，家族がトラブルを何とか解決してほしいと警察に持ち込み，警察から保健所に紹介される事例が多かった．

b．相談者は民宿の主人

観光地である八丈島には「心の病」に悩み，「死ぬつもり」で島に渡って来る客もいる．偶然にも民宿の主人がその観光客の不自然な行動に気づき，何か心配事がありそうだと感じて不安を覚え，保健所に相談して来たケースがあった．このような緊急な相談には保健所医師，保健婦らが面接を行い，ケースの家族に連絡をとって早急に迎えに来てもらうか，あるいは本人を飛行場に送って，家族が迎えに出るように助言をすることにしている．

精神衛生活動は，上記の事例にも見られるように，専門医や保健所のみではなく，多くの心ある市民の関心と，温かい協力とがどうしても必要であることを，私たちに教えてくれるものである．

c．ケースのプライバシーを守ることの困難さ

島の人たちは朝に夕に顔を合わせる限られた地域で，互いの行動を知り合い，一時も隠れる場所とてない中で生活している．

保健婦活動はこうした八丈島の生活や環境に根ざしたものとならざるを得ない．例えば，精神衛生のケースではあっても母子保健活動として捉えたり，成人病や老人の健康相談として扱って，周囲の人々に精神のケースだと気づかれないように配慮する，などということをしてきた．

巡回相談による家庭訪問には，保健所の公用車を使うことが多いが，運転手がいないためにハイヤーを利用することもある．その時に，保健婦とセンター職員の打ち合わせを行う時間が少ないため，車中でケース訪問の相談をせざるを得ないこともある．保健婦はケースの「秘密保持」を厳守しようとしても，訪れるケースの住所，世帯主を運転手に明かさなければならず，どうしてもケースのことは自ずと知られてしまうことになる．このような巡回相談は，短時日に業務を終らせなければならない日程の，予算枠に縛られた，無理な計画であった．

周囲の目を非常に気にする本人や家族は，こうした活動の盲点に異議を申し立てることもできない弱い立場にいる．これからの島の精神衛生活動は，本人や家族の心の負担を少しでも軽減していく方向に配慮しなければならない．

B．要入院ケースに関わる保健婦の役割

a．入院相談

1970（昭和45）年〜1975（昭和50）年当時は突発的な相談で即入院を懇請されることが多かったが，徐々に緊急に至る前に保健婦へ相談が来るようになってきた．保健婦は取り敢えず町立病院を紹介し，応急処置を受けることを勧めるようにしている．専門医の相談・診療ではなかったが，一定の落ち着きを取り戻すことが多かったからである．その間に保健婦は家族との話し合いを続け，本人の

不安状態を増幅させないように家族を支援した．

さらに精神衛生センター相談員に電話を入れて，本人の健康状態や生活上の問題，本人の入院に対する気持ちや，家族の治療への期待，医療費のことも相談にのってくれるように依頼している．また，センターとの相談を継続してきたケースの入院については，上京後にセンターの相談を受けてから入院するケースもあった．

都立松沢病院はケースの受入態勢を整えているとは言え，いつでもベッドがあるとは限らず，相談員は非常に緊張した真剣な面持ちで専門病院と連絡をとり，ケースが上京した後，直ちに専門病院で診療を受けられるように調整をして，保健婦にゴーサインを送ってくれていた．

b．海を渡るのは飛行機にするか，家族とともに考え，悩む

① ケースの健康状態がかなり不安定な場合，搭乗券を持って飛行場の改札口をさっと通れるかどうかと心配し，不安な気持ちで見守っているよりほかになかった．また，ケース本人は，

「専門病院に入れば島に帰れなくなる，入院はしたくない」

と辛い気持ちを話しているので，このようなケースの場合には，保健婦は家族に，本人の両脇にぴったり寄り添い，ケースを一時も1人にしないようにして，病院まで同行するように勧めるようにしていた．

保健婦はケースが羽田空港に着き，車で予約していた病院に駆けつけて診療を受けたという連絡を受けて，初めてほっと安堵する思いであったと言う．

② 船舶を使って上京する時は東海汽船(kk)に連絡をとり，4人ないし6人の部屋を予約した．ケースには町立病院の協力を受けて安定剤を服用させ，船の中で不安状態にならないように家族に注意を促した．ケースを見守り，船が竹芝桟橋に着くまで約10時間かかるので，それまで何事も起こらないように祈る気持ちであった，という．船の到着は夜の9時ごろで，そこから車で専門病院に直行し，当直医の診察を受けるようにしていた．また，保健婦は当直の医師に連絡をとっておくことを重視した．主治医と当直医とは別であるため，それぞれの医師に保健婦が直接連絡をとっておくほうが，診察から入院へと円滑に事が進むと思っていたからである．

③ 家族の経済的負担は大きい．海を渡る旅費と宿泊料で最低10万円の持ち金がないと，都立専門病院の治療を受けることはできない，と一般に言われてきた．また，家族が入院したケースを見舞うことも容易ではなかった．家族が病院に行く場合は，退院に向けての話し合いや治療上の相談で，主治医の要請があって上京する場合に限られることが多かった．

④ 保健婦の出張旅費は事務連絡や研修などに限られており，入院したケースを訪問したり，退院に向けての話し合いや，医療スタッフとのミーティングを行うための旅費はまったく計上されていなかった．従って，保健婦は行政上の出張（業務連絡・研修）の時に，合間を縫ってケースを見舞い，精神衛生センターや専門病院のスタッフとの話し合いを持っていた．このように，島の保健婦は，本来は一瞬ほっとするプライベートな時間を使って気になるケースを訪問し，話し合いを持っていたのであるが，これはまさに「綱渡り」的な活動であった．それは，ケースの社会復帰を支援する保健婦の業務には違いないが，この厳しい状況を行政関係者はどのように捉えていたのだろうか．

⑤ このほか医療保護入院の手続きなど，最終的な責任は保健所副所長にある業務でも，保健婦が中心となって実務に当たらなければならなかったので，張り詰めた気持ちで活動を行わざるを得なかった．持ち込まれる相談

が精神衛生のケースかどうか，保健婦の判断によって専門病院や専門医を探さなければならず，この点は精神衛生センターの協力と援助を受けながら活動を進めた．

⑥　これまでに述べた入院ケースへの対応は，ケースを安全に，早急に移送することが第1の目的であり，そのために保健所職員およびその関係者，家族とその周囲の人々は一致して協力することが必要で，そのことを説明し，納得させる調整役は保健婦が担っていた．入院中の諸経費は生活保護以外すべて家族の負担となった．それを支援する保健婦の業務は重く，配慮のいる役割であった．

c．退院の予定－主治医からの連絡

①　主治医からの電話連絡は，ケースの退院について，その経緯を含めて具体的な提案が出されることが多い．あるケースの場合，主治医としては退院させる状態に回復していないが，ケースが強く退院を希望していることや，家族の経済的理由などから退院を試みる，というものであった．主治医としては，服薬管理が危ぶまれるので，保健婦の協力なしにはとうてい退院させるわけにはいかない，という意向であった．保健婦としても，ケースや家族の要望であれば，医師の意見を受け入れざるを得なかった．

②　保健婦はケースを受け入れる準備として，まず家族との話し合いを行い，ケースをどう迎えられるのかについて相談した．ケースの服薬や身の回りのことは，病院生活の中で実際にやってきていると思われるので，家族はそれを見守ってほしい，本人のやる気を大切にすること，などということを話した．

d．まとめ

個別ケースへの関わりは，これまで述べて来たように，相談を持ち込まれてから自立した生活を始める過程まで，間断なく続けられている．その中で，生活の乱れや家族間のトラブルが病状再燃の前兆であることに家族が気づかない場合もあって，保健婦の訪問がそれを気づかせる機会になることが多い．そうした活動が病状悪化に陥らないようにしたり，再入院を防止することにつながっていると考えられる．このように保健婦の精神衛生活動によって地域で生活できるケースが増えてきている．こうした活動が少しずつ進んでいき，保健所のグループワークを生み出す基盤になった．

(4) 精神衛生センター巡回相談
－保健婦の役割－

A．年に1度の巡回相談に向けて

島に精神科医が年1回必ず訪れるということは，保健婦の常時張り詰めた気持ちを和ませてくれたが，その年1回の来訪を，どれだけ首を長くして，ケースと家族ともども待ったことだろう．保健婦は精神衛生センター（以下センターとする）の巡回相談時まで本人や家族との関わりを頻回に持ち，ケースを何とか持ちこたえさせるように配慮していた．

センターの医師が保健所に着くと，直ちにケースの家庭訪問に同行してもらい，本人との面接の場面を作った．巡回相談5日間の滞在の中で，保健婦の頻回な関わりによって得た情報を提供しながらケースカンファレンスを行い，再度本人との面接の場を提供した．とにかく，保健婦としては，巡回相談時に医師に方針（措置入院か同意入院か）を出してもらわなければならないケースを抱え，効率よく場面を設定できることに大きな努力を払った．

島のケースがどこで，どのような治療を受けるのかは，家族が決めることであるとは言え，医療を受けるための交通費，宿泊費などは彼らの生活に重くのしかかるので，保健婦としては家族の生活を重視する姿勢に自ずとなっていかざるを得なかった．

訪問を予定していた家族から，

「昼間訪問されると，近隣者に障害者であることがわかってしまうので，家庭訪問は夜

にしてほしい」
と言われて，街灯のない地区に，懐中電燈を片手に，こっそりとケース宅を訪問しなければならないこともたびたびであった．

B．保健婦側の準備と計画

1967（昭和42）年以来，巡回相談を年1回くり返していく中で，準備や計画がある程度ルーチン化されていった．

決められた日程の2～3か月前から相談ケースの名簿作りを始めた．主治医のいるケース，いないケースの中から，それぞれのニードによって選び出していった．

すでに主治医のいるケースについては，主治医との関係や服薬状況を考えながら，保健所で主治医以外の人との相談を希望するかどうかを聞き，無理のない来所を促している．

主治医のいないケース，特に保健婦の相談ケースで，専門医の相談を受けておらず，治療方針が立っていない場合や，病状変化の大きい場合については，最優先で相談に結びつけるように働きかけた．

センターと協力して行う事業としては，関係機関の連絡会議（町役場の保健婦，福祉ワーカー，診療所医師，民生委員，警察署など），地域の老人・婦人団体への講演などがある．

a．保健所の精神衛生相談の場で

相談を予定していたケースに対して，何が今一番問題になっていることなのかをセンターの職員に伝える．

ケースとの面接を終えると，医師，職員とのミーティングを持って，当面の方針を立てていく．すぐに訪問をすることになる場合もあれば，関係者（学校の先生，福祉ワーカーなど）を招いて，それぞれの場での対策を練ることもある．

服薬は続けているが主治医の相談を長期間受けていないような場合，センターの医師が面接をし，主治医に連絡箋や処方箋を郵送し，状況を伝えている．一連の相談は保健婦，精神衛生相談員，医師が行うが，保健婦はその面接の場で相談されたことを踏まえながら，今後のケースへの支援を具体的に進めていく役割を担っている．

b．巡回相談スタッフとの同行訪問

a）訪問の必要性

ミーティングに提出された事例は，本人からは何の訴えもないが，
「眠くて，眠くて」
と言って行動は緩慢，頭髪も乱れており，独語があって，約4か月前に訪問した時より病状がはっきり出ていた．

ケース本人は54歳の主婦で，病名は「精神分裂病」と言われており，約20年前に発病した．何回か入院したが，過去6年間は服薬を続けながら主婦業を行っていた．Kさんの家族を紹介すると，夫は島内に勤めを持ち，長男30歳は「心の病気」で未就労，母Kさんと一緒にいることからトラブルもある．

b）訪問しKさんに会う

本人が昼寝をしているところを訪問した．眠りから醒めきれない様子で，医師からの問いかけにも要領を得ない返事しかできないでいた．本人は，
「毎日薬を飲んでいる」
と言っているが，家にいる息子を指差して，
「あの子は家の子ではない．いつの間にか家に来ていたのでびっくりしている．早く出ていってほしい．私をぶつんだよ」
と訴えていた．息子の話では，半年ぐらい前から息子を他家の子と言うようになった，ということであった．

当日，本人の夫は遠くに働きに出ており，翌日早朝，夫に保健所に来てもらう計画を立てて，保健婦は夫への伝言を息子に頼んだ．医師の見解は「再燃」であった．

c）ケースカンファレンス

訪問の結果と内容について，当日午後4時からケースカンファレンスを行った．そこで保健婦は，明日夫を保健所に呼ぶよりも，朝早くこちらから訪問し，本人と家族がいる所

でこれからの治療計画について話し合うほうが，より理解してもらえるのではないか，と計画の変更を提案した．これをスタッフで検討した結果保健婦の提案が受け入れられ，その連絡を夫に伝えてくれるように息子に電話した．

d）翌日訪問

翌日午前9時に保健婦とセンター職員3人とで同行訪問した．さっそく夫から本人の健康状態と生活状況を聞いた．夫の話によると炊事，洗濯などの身の回りのことはできているが，3か月前ごろから，息子のことを自分の子供ではないと言うようになったと言う．服薬は本人自ら主治医のいるK病院に電話をして，薬の送料2,000円を送って続けてはきたが，実は眠気が強いので，1日に1回しか飲んでいなかった．これは保健婦が訪問した時に，送付された薬の残量を調べてみて，始めてわかった．

医師は，本人には1日3回服薬をしなければならないことを説明し，息子には母親の病気を治すのに協力してほしい，服薬するのを助け，暴力を止めるようにしてほしい，と注意を促した．本人は，

「眠くならない薬なら飲んでもよい」

と言っていたが，保健婦は眠い時には寝てもよいから，薬をきちんと飲むようにと話した．

この時の本人の健康状態についての医師の見解は，

「入院の恐れもある状態で，病状悪化の前兆と見ている．2週間から1，2か月の間夫の仕事を減らして，本人のケアを優先させることを提案する」

というもので，医師は主治医と電話連絡をとり，ケースの病状，処方箋などについて打ち合わせている．

e）その後のフォロー

保健婦が，このケースへの働きかけを優先しなければならない，と考えたのは，家族3人のうち2人が心の病であり，働き手は夫1人で生活が楽ではなく，しかもその労働量が早朝から長時間にわたっている，本人は服薬の自立性がなく，ケアの面でも夫への負担が大きいことなどから，保健婦が関わることで何とかこの危機を乗り越えさせたい，という思いがあったからである．

それから約1か月あまり，ほとんど毎日訪問や電話をしたりして働きかけ，Kさんは落ち着きを取り戻した．

f）相談活動の課題

① 巡回相談で受けたすべての事例についての記録を保健所の記録として引き継ぎ，保健婦は保健婦活動を行う際の留意点を聞くことにしていた．センター側はこの相談記録をコピーしてセンターに持ち帰った．この業務量は非常に大きいが，島しょ保健婦の相談にセンター職員が年間を通して随時相談に乗り，支援または助言できるように企図されたものであった．また，巡回相談時の相談記録はセンター職員の業務責任として従来から作られており，センターに直接相談するケースもあるので，このような仕事の流れができたのである．

② 危機状態にあるケースについては，センター職員から，保健婦の相談活動が円滑に進められるように公用車の使用が可能になるように，また，密度の高い関わりを続けられるように，副所長や職員に対して協力してほしい旨の要望があった．

③ 相談ケースの事後フォローについては，保健婦はセンター職員と連絡をとり，場合によっては専門病院探しや，入院相談にも協力してもらうように話し合った．

④ 巡回相談を通して島しょ保健婦の活動から学んだもの

島の保健婦活動は美しい自然の中で，しかも精神医療機関のまったくない島で，保健婦がすべての対象者に対応しなければならないというところが非常に厳しく，緊張する思いを改めて知らされた．

そういう状況の中での巡回相談は，島の人々にとって年1回の貴重な専門医療・保健相談に接することができる機会であり，より有効に住民にサービスとして提供しなければならない，という使命感・責任感を持って保健婦は活動している．保健所が把握しているすべてのケースをチェックするというわけにはいかなかったであろうが，年間を通して，常に巡回相談を念頭に置きながらケースと関わっていくのには大きなエネルギーが必要である．特に巡回の2～3か月前からは活動の大変さに拍車がかかる．この活動は島しょ保健所の保健婦でなければ得られない貴重な体験であり，かつ島の人たちの生活と健康を支える重要な役割を保健婦が担っていることを示すものでもある．

さらに，専門医療機関が遠隔地にあるケースがほとんどであるという実態は，服薬の管理が重要なポイントになっていることを如実に示している．ケースが自ら服薬できるかどうか，できなければ家族がそれを代替できるのか，あるいはできないのか，という生活実態によって，保健婦の働きかけ方を考えていかなければならないのである．

ほかにも，主治医名，何か月ごとに通院しているのか，医療機関にはだれ（本人，家族，まったく別の人）が責任を持って通院をさせたり，また連絡をとったりしているのか，その人は主治医に健康状態を話せる人であるかどうか，また，薬を送付してもらう時の費用が負担できるのかどうか，という辺りのこともよく調べた上で問題を共有することが，治療およびリハビリを進めるために必要なことである．

参考文献・資料

1) 秋元波留夫他：八丈島における精神障害の疫学的，遺伝的，および社会精神医学的研究；精神経誌，66，951，1964.
2) 佐々木雄司他：八丈島における精神医療の現状とその対策；衛生局学会誌，昭43. 9.
3) 大木幸子他：八丈島における精神障害者の社会復帰促進へのとりくみ；衛生局学会誌，平2.
4) なにもないところからの出発；ゆうゆう，1991. NO. 12.
5) 島しょ保健所事業概要，平3版；八丈出張所管内の精神保健，平2．12.
6) 東京都中央保健所事業概要，昭45版．

インタビュー及び見聞記

1) 林精神保健相談員：II 島の精神保健活動の歴史，1960年当時の活動．
2) 六反田精神保健相談員：II．III．V．社会復帰に向けて；1966～，85～88年.
3) 峰元保健婦：II．III．IV．島の保健婦活動；1948～83年.
4) 最上保健婦：精神衛生センター巡回相談体験記；1983．6.
5) 最上保健婦：本誌まとめのインタビューのため八丈島を訪ねる，1990年12月．

（井元浩平・本間勉代）

（5）社会復帰に向かって－新任保健婦の体験記録－

1987（昭和62）年4月から1990（平成2）年3月までの3年間が，私が八丈島に保健婦として赴任していた時期である．八丈出張所の保健婦の定員は2名であるが，1987（昭和62）年度からその後の5年間は非常勤保健婦が1名増員されていた．これはこれまで30年の間保健所に勤務し，前年度で定年退職された地元出身の保健婦が，再雇用職員として勤務されるようになったためである．正職員の保健婦は1987（昭和62）年度は赴任3年目になるベテラン保健婦と新採用の私，そして1988（昭和63）年度から1989（平成

元）年度までは新採用の保健婦と私というメンバーであった．これらの保健婦とともに体験した島の精神衛生活動は，非常に貴重な体験であった．

そしてこの時期は，八丈島の精神保健活動の1つの転換期とも重なっていた．本稿では長い歴史の中でのごく一部分ではあるが，私にとって貴重な体験となった活動を記す．

A．島の精神医療の歴史

1987（昭和62）年6月からは町立病院に月1回2日間，東京大学医学部付属病院から精神科医が来島し，外来診療が行われるようになった．初めのうちは，町立病院の内科から投薬を受けていた人たちがその外来に来るようになり，やがて島外の専門病院から薬だけ送ってもらっていた人たちや通院していた人たちが転院するようになった．

月1回とは言え，日常生活の場で定期的に医療を受けることができることは，とても大きなことである．定期的な医師への相談ができることで，わずかな調子の変化も月1回は相談できるようになり，外来での服薬の調整が行われるようになった．

しかし，この島での巡回診療は多くの困難な状況の中で始められたことも事実である．巡回診療は5人の医師と3人の相談員が1名ずつ，2人の組み合わせでローテーションを組み，担当していた．相談員は2〜3か月ごとに，医師は毎月交替して5か月で一巡するシステムをとっていた．そのため巡回診療を終えて帰島した後に，診療班全員によるカンファレンスが毎月行われていた．

また，月1回の巡回診療の間の患者の対応は，町立病院の内科に依頼されているが，内科医も東京の他大学病院から1か月のローテーションで派遣されており，町立病院だけでは対応が難しいことが多い．そのため，実際には保健婦が患者や家族，あるいは病院の相談を受け，必要な場合は東大の医師と内科医師の連絡調整に動く場面が多かった．

こうした医療態勢については，その後巡回診療の回数が増えるなどの充実が見られているが，常時専門医療が保障されない島においては，まだまだ保健所の活動が医療の側面を担わざるを得ない現状がある．

B．地域精神衛生活動の広がり

さまざまな問題を抱えてはいたが，医療が日常生活の中に入ってきたことから，保健婦の活動も日常生活での関わりを意識させられるようになった．とは言っても，私自身の関わりはまだ医療「管理」的な発想にあり，病気にばかり注目していたように思う．しかし，訪問をくり返す中で否応なしに暮らしそのものが迫ってくるのであった．

島の中での精神障害者の暮らしは一見落ち着いているように見えるが，とてもひっそりしたものに思えた．物理的にも，心理的にも狭い暮らしの場で，心を病んだことは周囲も知っているし，知られているだろうと本人も思っているのである．しかし，お互いに知らない振りをして，彼らは家の中でひっそり暮らしている．ふらっと出かける場所もない．病気を隠さないですむ仲間もいない．私には静かなようであるが，不自由で，窮屈な暮らしに感じられた．

また，親戚や周囲の目を気にしながら過ごす家族のしんどさも伝わってくる．今は落ち着いていても，「いつ，また」という不安が絶えずあり，現状維持だけ願っている家族，先の不安を持ちながら周囲に相談できず，孤立している家族等々……．

こうした心を病んだ人たちや家族との関わりの中で，保健婦が感じた思いを彼らと共有し合う，という作業が形になったのが，その後のグループ活動や，家族の集まりへの取り組みであったように思う．

a．グループワーク

a）初期の試み

以前から頻回に保健婦を訪ねて来所していた2人のケースがいた．それぞれ相談と言う

よりは，保健婦と話に来るという様子であったり，家にいることが落ち着かなかったりということで，来所していたようであった．この2人の合流を保健婦が勧めたのがきっかけとなり，家に閉じ籠もりがちな他のケースを誘って，自然発生的にグループワークが開始された．これは，いわゆるデイケア事業としての意図が保健婦にはっきりあったわけではない．島の生活の息苦しさは，私たち自身そこに住む生活者として感じていることであった．家にじっとしているケースや，頻回に来所するケースとの関わりから，心を病んだ彼らにとって，その息苦しさは，私たち以上に彼らを縛っているのだろうと思えた．

「気兼ねなく出かけて来れる場，仲間がいる場」
を求め続けていた彼らの思いに出会ったことで，私たち保健婦はその思いに動かされ，ともに居心地のいい場を作ろうと動いたのである．従って，とにかく場と出会いの機会の提供というイメージで，特に決まったプログラムもなく，彼らと保健婦がともに時間を過ごすというものであった．しかし，この，

「ともに時間を過ごす」
ということが，保健婦にとってはとても貴重な体験をする機会になった．つまり，彼らの生活者としての力と出会い，そのことに驚く保健婦自身の有り様に気づかざるを得なかった．彼らを「病者」としてのみ捉え，病気のための暮らしづらさを抱えた生活者であることを，どこかへすっとばしていた自分たちが，そこにいたことに気づかせられたのである．こうした気づきに助けられ，病気から暮らしへと関わりの視点を向けていくことができた．

b）保健所デイケアとしての活動

2年目の1988（昭和63）年4月から，正規事業「社会復帰促進事業」として開始した．1989（平成元）年1月からは他職員の協力的参加と，精神保健センターのスタッフによる定期的な技術支援が得られるようになり，徐々に事業として定着していった．

他職員の協力依頼に当たっては，数か月にわたって職員全員による所内会議を重ねた．その中でグループワークの目的やスタッフの役割，スタッフミーティングの持ち方やそのプログラム等について議論された．このような作業はグループワークについての理論的な押さえを求められ，担当保健婦にとっては重い作業であったが，保健所の精神保健活動を所全体で考える貴重な機会となった．

また，この時期には，地域精神保健活動にとってとても大きな事件が島で起きた．以前から保健婦が本人や家族と関わってきたあるケースが，家族に殺害されるというとても衝撃的な事件であった．保健所のグループワークが始まって8か月したころであった．巡回診療や保健所のグループを利用しているケースであった．この事件によって保健婦はその関わりを厳しく問い返されることになった．家庭内の葛藤が非常に高まっていた中で，保健婦は家族の思いをきちんと受け止めることができていなかったのである．家族の歴史の重みを大切にした，家族を支える関わりが持てなかったのである．

そして，個別の事例の問題に加え，島の精神医療の態勢や，保健所を中心とした地域精神保健活動のあり方，島しょ保健所の出張所への支援態勢などの問題が提起された．残念ながら当時そうした問題について十分な論議が持たれたとは言えない．これらの問題は，今も島全体の精神保健活動の課題として残されている．

c）グループワークの果たした役割－いくつかの事例を通して－

この時期のデイケアはグループワークとは言えないような小さな試みであったが，そのグループの果たした役割について，幾つかの事例を通してまとめてみることにする．

（a）家族が長期入院を希望していたTさん

Tさんが東京の病院から退院して6か月を

過ぎたころ，服薬の中断からふたたび状態が悪化した．Tさんの妄想の中からは，友人のいない生活の痛みが伝わってきた．巡回診療の精神科医師と連携を取りながら関わっているうちに，Tさんは薬を飲み始め，少しずつ状態が落ち着いてきた．そしてある日，以前から保健婦が勧めていたデイケアにTさんは突然現われ，以後，続けて参加するようになった．

しかし，家族はこれまでの入退院のくり返しから，
「同じことのくり返しなら」
と，長期入院のできる病院への入院相談を進めていた．Tさんには検査入院という説明しかされていなかった．巡回診療の医師と保健婦は何度か家族と話し合いを持った．家族はこれまでの入院時の大変さや島での医療の不安を訴え，長期入院の話を進めたいという気持ちであった．巡回診療が始まったとは言え，常時専門医がいるわけではなく，入院施設のない島の医療の実態に家族の不安は拭われないようであった．しかし数か月後，家族はグループの中で中心的な役割を担うようになったTさんの落ち着いた生活に，地域で暮らせるならそのほうがいいという考えに変わって，入院は中止となった．

Tさんにとって，週1回のデイケアは日常生活を支えていく要素であったし，家族にとっても1つの拠り所となったのではないかと思う．

（b）10年自宅にいたMさん

10年近く家に閉じ籠もったままのMさんは，福祉事務所のケースワーカーの関わりをきっかけに保健婦が訪問し，町立病院の精神科診療の往診を受けるようになった．保健婦は週1回訪問しながら関わり続けた．Mさんは，
「仕事をするようになりたい」
という希望を持っていたが，外に出ることができなかった．保健婦の定期的な訪問による関わりの中で，Mさんにとって保健所のデイケアに参加することが当面の目標になった．そして，家族に付き添われて町立病院の外来を受診したことがきっかけとなり，デイケアにも家族と一緒に数回参加した．そして，メンバーに励まされて，1人でバスに乗って来所するようになった．デイケアではクッキーづくりを提案し，パン工場で働いていたころの腕を披露してくれた．また，具体的なアルバイトの希望を話したり，他のメンバーの仕事を気遣ってアルバイトを勧めたりするという場面も見られた．

Mさんにとっては，デイケアが1つの具体的な目標となり，参加後は仲間とともに自信を回復していく場，となっているようであった．

（c）保健所で薬を取り分けるSさん

Sさんは常に妄想とつき合いながら暮らしている．Sさんは服薬がうまくできず，調子を崩すことがよくあった．月1回出るたくさんの薬を選り分けることがうまくできないのであった．Sさんの家族も心の病を抱えており，家族のサポートを受けるのは難しい状況にあった．そこでSさんは保健所に薬を置くことになった．毎週デイケア終了後1週間分を保健婦と一緒に取り分けて持って帰ることで，薬を欠かさずに服薬することができ，以前のように調子を崩すことがなくなった．そして，薬の取り分けもSさん1人でできるようになっていった．Sさんにとってデイケアに来ることは，仲間に会うことと同時に，服薬支援を受ける場でもあった．

このように島で始まったデイケアは小さな試みではあったが，危機状況を支える場づくりであったり，憩いの場であったり，具体的な目標設定であったりと，その人なりのそれぞれの役割を担っていた．

デイケアはそれ独自に展開される活動ではない．専門医療や関係機関スタッフの活動，

そして保健婦の個別の関わりとつながりながら、その役割を担っている．デイケアは長い間危機介入が中心的な役割であった島の精神保健活動が、日常活動のサポートへ、そしてネットワークへと活動を広げていく時の、要の活動であると言えるであろう．

C．家族会

島の精神保健活動の中で，「家族会」育成は早くから課題とされてきた．しかし，島の精神障害者やその家族には，家に精神障害者がいることを隣人に知られることへの根強い恐れがあった．その中で，精神障害者の家族であるということをオープンにしてよいのかという不安を，保健婦も持っていた．そのため，家族同士の話し合いが必要であると感じながらも，呼びかけることに躊躇していたのが，それまでの状況であった．

このような状況の中で，先にも述べた事件は，地域精神保健活動の中で家族の思いを受け止めるという支援のあり方を，もう1度考えさせられる大きな出来事となった．島の他の家族にとっても重い事件であった．自分たちも同じ思いを抱いていると一様に語っている．

そのころ島内では，心身障害者の通所訓練所を，親や関係者で作った会が開所して活動を始めていた．障害者の社会参加がまだまだ少ない島では，この活動は非常に先駆的なものである．もちろんその中に精神障害者は含まれていないが，活動を支えている人たちの中には，心を病んだ人たちのこともともに考えていきたいという声もあった．

彼らの活動が島の中に障害者問題を考える気運を作っていった．一方，日常生活の中で医療を受けられるようになったことから，家族には外来治療への期待感が出て来ていた．また，町立病院の外来で何人かの家族が出会い，言葉を交わすようになっていた．これらの変化から，家族の閉ざされた思いが，変わりつつある時期のように思えた．

このような動きを背景に，1989（平成元）年4月に精神保健センターの巡回相談時に，家族向けの講演会を企画した．保健婦の訪問活動を通して呼びかけたところ，予想以上の家族が集まった．集まった家族からは日常の中の不安や戸惑い，そして将来への不安や，親亡き後の対策をという願いが，それぞれの生活史を籠めて語られた．その後も保健婦は家族会育成を意識した家族向けの講演会を企画した．内容は表18のとおりで，講演会からしだいに家族会づくりへと話の中心が移っていった．家族たちは会の形式や名称，世話人を決め，家族会として活動していくことになり，1990（平成2）年2月に総会が持たれた．また，1990（平成2）年4月には，家族と本人がともに集う外出プログラムも家族の発案で持たれている．

家族会は精神障害者の暮らしを考える活動体であるとともに，閉鎖性の強い島でのセルフヘルプの場として，大きな役割を持っている．保健所主導の要素が強い形で始まった活動であり，また，保健所へ集まることや親戚に知れることへの抵抗感はまだまだ根強い．今後自主活動として活動が広がっていくこと

表18　家族会育成を目指した取り組み

		形態	内　容	参加者
1	平成1年4月	講演会	『心の病とは』 講師：精神保健センター医師	14人
2	6月	講演会	『薬物療法について』 講師：巡回診療医師	12人
3	9月	講演会	『家族会の働き1』－家族会とは－ 講師：精神保健センター相談員	10人
4	10月	講演会	『家族会の働き2』 －作業所つくりについて－ 講師：同センター医師	12人
5	12月	懇談会	『家族会つくりについて』 アドバイザー：同センター相談員	9人
6	平成2年	第1回総会	『家族会の運営について1』 アドバイザー：同センター相談員	15人
7	3月	定例会	『家族会の運営について2』	

には，多くの難しい要素を抱えていると思われる．しかし，家族が十分に力を発揮できるようになるための，地道な支援が保健所の重要な課題である．

D．活動のまとめ

島の精神保健活動は，島であることの特殊性から，長い間危機介入中心とならざるを得なかった．しかし，この数年，グループワーク活動や家族会育成活動へと広がってきた．島という特殊条件の下でこのような活動の広がりを支えた要因を整理すると，以下の点が考えられるであろう．

まず何より地元出身の保健婦が継続して，積極的に精神保健活動に携わってきたことが挙げられる．保健所に精神保健活動が位置づけられたころから，八丈島では彼女が精神保健相談を一手に引き受けてきた．島に暮らす精神障害者の多くが保健所との関わりを持っていた．もちろん，そうした状況には，メリットとデメリットがともにあるであろう．しかし，保健所が島の精神障害者と関わってきた蓄積が，その後の活動の基盤になっている．

そしてさらに，次の2つの地域状況の変化を指摘することができるであろう．

まず，巡回診療が始まったことで，心を病んだ人たちや家族にとって，医療が生活の連続性の中に取り戻せたことである．そのことによって，医療や保健が，病気とつき合いながら島で暮らすための資源となったと言えるであろう．

そしてもう1つの地域の変化は，他の障害者運動が当事者だけでなく，住民にも広がりつつ展開され始めたことである．

そうした保健所の蓄積と地域の変化が原動力となり，保健所の精神保健活動も転換されていったと考えることができる．そして，このような保健所の活動を支えた要因として，次の3点を挙げることができる．

① 島内で精神科診療が始まったことで，保健所の機能が医療的機能から生活支援という地域保健機能へと移行できた．

② 精神保健センターが保健所の需要に合わせて定期巡回相談にも来島し，技術援助態勢をとってくれた．

③ 保健所職員が13名と小規模であり，協力が得られやすいということがあった．

以上のような要因を背景に，保健所の精神保健活動は日常生活を支える活動へと動いてきた．くり返しになるが，その過程は保健婦がリーダーシップをとって作ってきたのではない．保健婦は心を病んだ人たちや家族との関わりの中で，彼らのエネルギーに出会い，そして島の中のさまざまな変化とともに動いてきたのである．そしてこれらの過程は，保健婦自身にとって，日常の関わりを持つということはどういうことかを，捉え直す過程であったと言えるであろう．

（大木　幸子）

第Ⅲ章　東京都衛生局学会誌から見た保健婦の精神保健活動

1. なぜ東京都衛生局学会誌に注目し、取り上げたのか

① 東京都衛生局学会は衛生局主催で1947（昭和22）年11月に第1回を開催し、以来、年2回開催されている．同学会は衛生局に所属するだれもが実践活動の中で得た成果を報告する場である．保健婦の精神衛生活動を掘り起こすことで、東京都の保健所における精神衛生活動の歴史的発展の実態を捉えることができ、保健婦の担えた役割を明示するのには適当な資料であると判断した．

② 東京都衛生局学会に報告された精神衛生活動は、当初（1967～1977）保健所または保健婦の活動モデルとなり、精神衛生活動の動機づけや保健所体制づくりに波及していった．

例えば、精神衛生活動が保健所の業務として位置づけられてからも、実際の活動をどう進めるのかわからなかった時期に、地域住民に啓蒙活動を試みた報告（**表22，No.7**）は、会場を埋める多くの人に強い印象を与え、保健所職員に精神衛生活動を動機づけることになった．

また、「精神衛生活動も保健所ぐるみの公衆衛生活動の一環である」（**表21-Ⅱ群**）との報告は、保健所業務に精神衛生活動の位置づけを明確にした．保健婦は精神科嘱託医、精神衛生相談員とともに精神衛生活動を担う糸口を見出した．

さらに、保健所管内の関係機関と連携し、「精神衛生業務連絡会」を作り、共働、協力して地域家族会の育成に取り組んだ報告（**表22，No.8**）や、保健所の精神衛生クリニックをどのように保健婦が主体的に活用していったのかを検討した（**表21，No.1**）報告もある．

このように衛生局学会には地域精神衛生活動についての新しい試みや、率先して取り組んだ精神衛生の課題についての報告があり、保健所の精神衛生活動の20年間の歩みから、保健所職員は多くのことを学び、次の活動に生かして来たと考える．そうした意味で衛生局学会での活動報告は、保健婦の精神衛生活動を幅広く捉え、活動の歴史を振り返るには適当な素材だと考えた．

2. 検討の方法

1）情報収集の方法

1965（昭和40）年から1987（昭和62）年までの東京都衛生局学会誌に記載された精神衛生に関するもので、保健所保健婦が報告（共同検討者）しているものを取り出し、これを**表19**にした．さらに、保健婦が関わっていた82の抄録内容を整理して、**表20**にまとめた．

2）検討の視点

本稿では保健事業に焦点を当てた報告でないもの、すなわち表19に示す内容のうち、「精神衛生活動全般」と「多職種との連携」に分類したものを検討材料とした．それらの

表19 精神衛生関係の発表の年次推移

年度(昭和)	発表数	精神保健関係(再掲)	保健婦が関わっているもの(再掲)
40～44	398	12	5
45～49	609	13	9
50～54	770	26	10
55～59	1,063	46	26
60～62	822	62	32

表20 精神衛生関係の発表の内容別分類

内　容	発表数
精神保健活動全般	19
ニード把握・実態調査	6
活動の取り組み方	10
共同作業所づくり	3
他職種との連携	3
社会復帰促進事業	
（デイケア）	26
精神保健相談	
（一般・酒害等）	14
個別援助事例	8
相談実績の評価	5
その他	7
総　数	82

報告から精神衛生活動の展開の方法や，その中での保健婦の役割について考えることにする．なお，表20の分類から題の報告を便宜上4つに分類した．すなわち，① 保健婦活動全般に関するもの，② 精神衛生相談に関するもの，③ 社会復帰促進事業（デイケア）に関するもの，④ 個別事例に関するもの，である．

以上，4つに分類した内容①～④について述べる．

3. 保健婦活動全般に関するもの〜公衆衛生看護としての精神衛生活動〜

1）はじめに

保健婦は公衆衛生活動の一環として精神衛生活動をどのように進めて来たのであろうか．保健婦が精神衛生活動を始めた当時〔1966（昭和41）年以降〕，精神衛生活動と取り組むきっかけは何であったか，何を拠り所に実践活動を進めてきたのかを検討し，表21にまとめた．それによるとⅠ群，Ⅱ群，Ⅲ群と3つのパターンで始まっていることがわかった．さらに精神衛生活動をどのように展開させることになったのか，また，地域への広がりはどのように進めることになったのかを表22に沿って述べることにする．

多岐にわたる保健婦の精神衛生活動は，業務量が増大してきたという量的な側面がある一方で，事例に取り組む中で精神衛生的視点を習得して来ているという質的な側面の両方から，精神衛生活動が公衆衛生看護に何をもたらしたのかを探るのも，本稿の目的の1つである．

そして，保健婦の精神衛生活動は，地域精神衛生活動の中でどのような役割を果たしたのかを明らかにしたいと思っている．

2）保健婦の精神衛生活動の取り組み

保健所の地域精神衛生活動は，従来の結核予防や母子保健の活動とは主に対象者を把握する時点で違いがあるため，どのようなことから活動を開始したのかという点に注目した．その結果，表21のとおり3つのパターンに分けることができた．

(1) Ⅰ群の概要

A．保健所に精神衛生クリニックを開始し，専門医と協同で地域活動を始めた

表21，No.1の保健所は精神衛生センター開設（1966年7月）後，間もなくセンターを活用し，技術援助を受けている．

No.2の保健所は1935（昭和10）年に中央保健館として設立され，翌年に精神衛生相談（専門医による）を開設している．すでにⅠ章，Ⅱ章にも述べているが，1965（昭和40）年の精神衛生法改正後，地域精神衛生活動を目標とした活動を目指した．

このようにNo.1，No.2ともに，保健所の対人保健サービスとして精神衛生活動を位置づけ，嘱託医として精神科医を迎え（No.1は精神衛生センターの精神科医），専門医と協同で地域活動を始めたのが特徴である．

表21 精神衛生活動をどのように始めたのか

分類	テーマ・報告者	目的または意義	活動の内容	その活動から明らかになった実態
I群	精神障害者に対する保健婦活動 昭和43.11 日本橋保健所 松坂好江他 No.1	個別ケースへの関わりから、保健婦の精神衛生活動をどのように進めることができたのか。	昭和41.9 精神衛生センターヘのケースの対応について相談。以来、センターの技術的援助を得て精神衛生相談を月1回、保健婦の持つケース（結核・慢性疾患）を含む事例検討会を継続。	保健婦の把握ケース38、主に日常業務の中で相談を受けたものが多く、その他機関関係者からの相談がある。事例検討を続ける中で、保健婦・医師・精神衛生事務担当者他予防課職員等、精神衛生活動に対する関心が高まった。
	中央保健所における地域精神衛生活動 昭和46.10 中央保健所 大曽根やよき子他 No.2	精神衛生クリニックの相談ケースを訪問し、保健婦の役割、看護のあり方を明らかにする。	昭和43.年精神障害者及び家族の実態調査を行う。把握ケース229例。主治医のいるケース10%、ケースへの理解、協力方について実情を聞く。	保健婦の活動に、家族・近隣住民の期待が大きい事が判った。把握ケースは、保健婦自身、住民の健康管理者としての役割を持っており、動きかかは長期的に捉えて、継続して行うことが重要である。
II群	東京都における保健所精神衛生活動の諸問題（その1）昭和44.10 東京都精神衛生センター 佐々木雄司他 No.3	保健所業務の中に精神衛生活動を実践したい人王子保健所の組織的活動から、その要因を明らかにする。	精神衛生活動の基本概念は疾病ではなく、精神健性におかれるべきである。「精神衛生管理カード」を作成し、精神衛生活動の管理・運営をはかる。	精神衛生活動は、保健所の公衆衛生活動の一環として位置づける。 保健所は啓蒙・普及教育を行うとともに、社会生活の不適当な改善にむけて援助する。総ての保健活動の中で、精神面への配慮を意識である。
	東京都における保健所精神衛生活動の諸問題（その3）昭和45.10 東京都精神衛生センター 佐々木雄司他 No.4	保健所ぐるみの活動を実践したい王子保健所の活動から。把握ケース1365の訪問を試みた。	昭和41.4～45.1の期間を6期に分け、保健所ぐるみの活動を一つつ作り上げた。把握ケース1365の訪問を試みた。	保健所ぐるみの活動ができた条件として・精神衛生相談員の有無にかかわらず①保健婦主査の柔軟な態度②事例検討会中心の定期的研究会の積極的姿勢②精神衛生相談員③精神衛生課長等・精神衛生相談員②精神衛生相談ケースワーカーとしての専門性・専門保健婦志向と不調和。
	管内精神衛生活動の縦断的考案（その5） 昭和45.10 八王子保健所 熊谷きく子他 No.5	公衆衛生看護の立場から、精神衛生ケースへの家庭訪問をどのように捉えるかを明らかにする。	保健婦の精神障害者訪問件数昭和43年37、昭和44年156、昭和45年は392件全訪問の11.4%を予測した。その対象は、精神衛生活動に通院・通院のケースとし、精神衛生活動を円滑に進めるため、専門病院で実習した。	「精神衛生管理カード」は相談員が中心になって運営する。医療放置ケースに、年間3回家庭訪問を計画、治療中のケースは、病院と連絡をとり治療中断を防止しようとした。
III群	東京都における保健所の精神衛生活動（第2報） 昭和46.11 練馬保健所 山本裕子他 No.6	昭和44年、精神衛生相談員認定講習会を受講した。受講した保健婦研究会に研究会をつくり、学習会を続けながら保健所の精神衛生活動を始めた。その活動について報告。	研究会メンバーの山本等は、全都の保健婦に呼びかけ事例検討を主にした学習会を行う。（月1回、15回継続、平均50名参加）措置入院患者の退院メモを見て訪問した事例の検討等をした。	保健婦の家庭訪問を危惧していた上司は、保健婦の活動に接していくなかで、それはどの不安をもった。ないよう、精神衛生への関心を高めていった。保健婦は緊急な相談に対応出来ないこともあるが、保健婦チームによる協力を先立やっている。

—121—

表22 精神衛生活動はどのように展開したか～地域精神衛生活動の広がり

分類	テーマ・報告者	目的または意義	活動の内容	その活動から明らかになった実態
保健婦活動の精神衛生活動の展開	地域社会との精神衛生に関する対話の試み 昭和43.11 高井戸保健所 NO.7 乙藤直子他	昭和42年度の保健所活動の目標として"地域精神衛生活動"重点目標とした。	保健所は、一般市民、精神障害をもつ本人、家族、保健所職員の三者間における"対話"として昭和42.8～43.7まで月1回講演会を開く。	精神病や精神衛生の知識を広めることになった。参加者数325名参加述べ数584名であった。参加者の三分の二が障害者家族で、講演会の過程で地域家族会が結成された。
	地域精神衛生活動の実際 昭和49.4 小平保健所 NO.8 最上キクヱ他	管内の精神病院の呼びかけで始まった業務連絡会は、事例検討を持ちながら、どのような協力関係がとられたのかを明らかにしたい。	関係機関との連携のなかで、どのような協力関係がとられたのかを明らかにしたい。	他職種の理解につながり、相互に協力しあえた。保健所の精神衛生クリニックを地の関係機関も利用することを検討した。障害者の歯科医療状況を明らかにし、その対策を提案した。
	東京都保健所保健婦の精神衛生業務の現状について 都区保健婦会 昭和53.5 渋谷たつみ他 NO.9	保健所及び保健相談所における保健婦の精神衛生業務の実態を明らかにし、今後の精神衛生業務のあり方を考える。	アンケート調査対象695名（昭和52.3.31現在の保健婦数）回収率90.4%保健婦は精神衛生業務の役割を担っているが、住民の要求に対応できない問題を抱えている主な点を次ぎた。	・保健婦業務の増加に伴いタイムリーに対応出来ない。時間外手当で管外出張の交通費を出さない保健所がある。精神衛生業務を進めていくのに相談又は助言を受けたいが悩む保健婦が32.3% ・精神衛生活動は地域の潜在ケースを掘り起こすのに困難しいと悩む保健婦が68.0%
	新設保健所における精神衛生活動の歩み 昭和58.10 福生保健所 NO.10 菅野より子他	昭和52.10保健所を始めた5年経過した。その活動をどのように展開させたのか。	精神衛生活動について検討した。①精神衛生クリニック ②家族懇談会 ③市・町の福祉関係者との連携 ④保健所デイケア ⑤近隣住民の相談 ⑥個別相談 ⑦職親の開拓	・家族懇談会の会員の意見や希望が具体的な形で明らかになった。保健所の体制の弱さや保健婦個人の力量に差がある。 ・保健所は相談のできる窓口唯一の窓口として期待されている。
地域精神衛生活動の広がり	家族会の保健所への要望事項 昭和57.5 都区保健婦会 NO.11 大山光子他	東京都及び特別区の家族会34団体にアンケートを実施（つくし会事務局に依頼）家族のニーズ把握のため 昭和56.6～8実施	アンケート集計結果 22家族会、要望総件数136件 保健所に対するもの32件 保健婦に対するもの25件	
	精神障害者共同作業所づくりへの技術的援助 昭和60.4 江北保健相談所 香山光子他 NO.12	昭和54年から7年間の作業所のかかわりを振り返って、保健婦の役割を考える。	・作業所づくりの運動を一緒に進める ・作業所メンバーの個別ケアとグループづくり ・家族のケアとグループづくり ・メンバーの健康管理	保健所のデイケア終了者の行き場づくりが始まった。担当者である保健婦が負担がかかった。作業所づくりの支援は保健婦の役割であるという位置づけが明確になっていないだけに困難を極めた。
	精神障害者共同作業所づくりへの援助―保健婦活動を通じて― 昭和63.4 国立保健相談所 NO.13 松沢ミミ子他	共同作業所ができる経緯に保健婦はどうかかわったか	・作業所運営についてのサポート ・作業所に対する啓発として民生委員や自治会長の話し合い作業所の必要性を補完した。保健婦は精神科派遣医と共に地域関係機関に呼びかけを行い、作業所づくりの準備会を発足させた。	昭和61.9第1回の作業所開設準備会をもち、周辺住民に対する啓発として、民生委員や自治会長の理解と協力を得るため説明会を行う。作業所は、保健婦が長年支援してきたケースの家族が資料作りに協力してくれることになり、補助金申請の資料作りに協力。

—122—

B．活動から明らかになったこと
a）No.1について
　精神衛生相談はケースの家族や近隣者から相談が持ち込まれることが多いということがわかった．従って，保健婦の日常活動の中で家族や住民との関係づくりを大切にし，深めていくことで，ケースを早期に把握し，相談に結びつけることができる，ということが確認できた．
b）No.2について
　受療状況を見ると管内に主治医のいる患者は10％，その他は都心より遠い医療施設を利用している．これは障害者にとって医療放置の原因となりやすく，患者の社会復帰を遅らせると考えられた．家庭訪問の受け入れは良好で，家族や近隣者も保健婦の援助を期待していることがわかった．保健婦は近隣住民との集会を持ち，精神障害者の理解を深める働きかけをしたが，迷惑行為に対する苦情が強く，3年を経過しても住民の理解は遠く，問題解決は容易でないことがわかった．

（2）II群の概要
A．パイロットスタディとしての保健所の精神衛生活動
　表21，No.3，八王子保健所には精神衛生相談員が配置され，精神衛生センターの医師が保健所に出向き，精神衛生相談（クリニック）を開設した．そこで，保健所長，センター医師を中心に衛生局医務部の他の7つの保健所医師，看護係（1960年代，保健婦の係を看護係と称していた）による共同研究が行われた．（表21－II群，No.3，4，5）その中で保健所の精神衛生活動の位置づけを明らかにし，把握ケースの訪問調査を行い，地区担当保健婦による家庭訪問を計画し，実践活動を始めた．
B．活動から明らかになったこと
　表21のNo.3，No.4は精神衛生活動の目的，意義について次のように述べている．ま ず，精神衛生活動の位置づけとして，「精神衛生活動は公衆衛生活動の一環である」ことを明確にしている．また，地域精神衛生活動の基本概念として，どういう病気かということよりも事例性「なぜ問題にされたのか」を重視して，そのことを第1義的に取り上げなければならないことを指摘した．保健所の精神衛生活動は単一職種や1つの係で受け持つのではなく，保健所ぐるみの活動であることを強調している．さらに，保健所ぐるみの精神衛生活動を押し進めるについて，把握ケース1,365の調査訪問を行い，個別の訪問を必要としている患者はどれだけいるのかについて算出し，医療放置患者を優先して家庭訪問を計画した．
　保健婦は地域に生活するすべての人を保健婦活動の対象としていることから，精神障害者への家庭訪問は地区担当保健婦として当然の業務と考えた．保健所全体で精神衛生活動を進める態勢づくりとして，保健婦は訪問基準を見直し，結核管理等の業務を事務担当者と分担するなど，業務計画を新たに作り，精神障害者への相談活動を始めた．

（3）III群の概要
A．精神衛生相談員の研修を受けた保健婦の活動
　表21，No.6の報告は，精神衛生センターの研修を受けた保健婦によって「地域精神衛生研究会」が組織され，毎月事例検討が行われた．多くの保健婦はその場を拠点にして精神衛生活動を開始した．
　I群との相違は，保健婦1人1人が保健所の枠を越えて横につながり，学習を重ねながらケースへの関わりを始めた，というところにある．このような保健婦の活動に対して，上司や一部の保健婦には批判もあったが，保健婦の実践活動を見守る中で徐々に見方が変わり，活動の輪を広げていくことができた．
B．活動から明らかになったこと

主な活動の内容は**表21**のとおりであるが，報告から保健婦活動を読み取ると，専門病院と保健所との関係がまだできておらず，相互にその機能を活用するに至っていない．したがって，ケースの支援を通して他の関係職種（医師，精神衛生相談員，ケースワーカー等）との連携を取りながら，保健婦の役割をわかってもらおうとした．そうした保健婦の地道な活動によって保健所職員，医療関係者との間に，徐々に信頼関係が育ち始めた．

　以上，保健婦の精神衛生活動はどのようなことから始動し始めたのか，それぞれについて述べると，Ⅰ群は精神衛生クリニック，家庭訪問，事例検討を行いながら，精神衛生活動を保健所の業務に位置づけた．Ⅱ群の保健所は精神衛生は公衆衛生活動の一環であるとし，保健所の組織，機能を有効に活用していく方法について提示した．Ⅲ群は1例の報告であるが，1966～1971年当時，保健婦は精神衛生活動への意欲を持っていても，同僚保健婦の意見が一致していなかったり，また，上司の慎重な態度等もあって，精神衛生活動に取り組めない状況であった．その中で報告者らの呼びかけは大きな反響をもたらした．当時，保健婦は個別相談の対応に悩み，困っていることもあって，事例検討に参加し，学習しながら精神衛生相談を進めている．このように三者三様の取り組みから始めたが，学習が進むにつれて相互に特徴を取り入れ，活動を展開させることになった．

3）精神衛生活動をどのように展開したか

（1）衛生教育をきっかけとした取り組み

　公衆衛生活動は衛生教育から始まる．精神衛生活動においても，同じく衛生教育の重要性を**表22No.7**の報告は語っている．当初（1967年）地域にどんな精神衛生上の問題が潜んでいるのか，精神障害者や家族はどんなことに困っているのか，まったくわからなかった．そこで「地域との対話」と称する講演会を，地域住民を対象に月1回，1年間継続した．

　この活動の意義は精神疾患や精神衛生についての知識を広めることだけではなく，精神衛生の相談窓口としての保健所の存在をPRすることにあった．そして，講演会に出席した家族らは，相談を続ける中で家族会を結成している．また，この衛生教育から1か月後の1967（昭和42）年9月に精神衛生クリニックを開設し，1968（昭和43）年12月までに50名の相談者を迎えている．保健婦に訪問相談を依頼する電話も多く，住民に相当浸透したと見られた．このように広く，啓蒙的な衛生教育を実施することによって，知識を伝えるだけでなく，援助対象となる人を掘り起こすきっかけになっている．また，参加者は保健所管外からの参加も多く，広範な地域で保健所の精神衛生活動を望んでいることがわかる．衛生教育のもたらす人々への動機づけは，今に通じる重要な活動である．

（2）地域精神衛生活動の実際～関係機関との連携から～

　表22，No.8の報告は保健所地域内の関係機関（精神病院および関連施設，市役所および福祉事務所等）との連携から「精神衛生業務連絡会」を組織し，相互に学び合いながら協力し，協同して，地域精神衛生活動を進めて来た実践報告である．この活動の原点は，保健所の精神衛生事務担当者と管内の精神衛生法指定病院の精神科医，病院ケースワーカー，福祉事務所のケースワーカー等によって始められたもので，地域精神衛生活動として「業務連絡会」を結成したのはM精神病院長の提案であった．

　「業務連絡会」の活動は事例検討，地域家族会の育成，保健所精神クリニックの社会資

源としてのあり方，障害者歯科医療の問題等についての検討を深めながら実践することであった．近隣住民から，障害者本人にとってよいケアとはどのようなことか，について提起された精神障害者の問題について，事例検討をくり返し行った．その体験から相互に学び，関係者間の連携の中で協同して地域精神衛生活動を進めることの重要さを述べている．

（3）保健所保健婦の活動の実際

東京都・23区保健所保健婦の会は，保健所が精神衛生活動を始めてから10年を経過し，23区内保健所となって1年を経た時点でアンケート調査を行った．

「東京都保健所保健婦による精神衛生業務の現状について」表22，No.9の報告は，精神衛生業務を進める上で問題となっていることと，その対策についての報告である．全都の保健婦は地区担当保健婦として活動しており，精神衛生相談は「やりがいのある仕事」と考えている．一方では，精神衛生相談の難しさに，帰宅後もケースのことで思い悩む保健婦が68％と多く，保健婦の活動を支援する態勢が未だに作られていないことがわかった．また，保健婦個人の努力ではどうしても解決できない問題として挙げているのは，① 保健婦の人員不足，② 予算的裏づけ不足，③ 活動態勢の不備，④ 精神衛生の持つ多面性から生ずる難しさ，等である．1例を挙げると，精神衛生の相談は緊急に持ち込まれることが多く，相談に時間がかかり，他に予定された業務に支障を来している．タイムリーな働きかけを必要とする場合，他の業務を切り捨てざるを得ない現実に立たされている．また，精神衛生活動の時間外勤務や，保健所管外の出張を認めない保健所もあって，専門病院への同行相談や訪問ができないという意見がある．こうした保健婦活動の現状を打開していく必要があると述べている．

4）地域精神衛生活動の広がり

保健婦の地域精神衛生活動の中で最も困難を極めたと言えることは，精神障害者の就労援助ではないかと保健婦は語っている．保健所のデイケアを終了した後，就労をサポートすることが極めて難しく，保健婦の相談のみではとうてい本人の就労を支えることはできない，と痛感したという．

表22，No.12の報告は，精神障害者自らが就労とダウンをくり返す中で，作業所づくりの必要性を感じて作業所を始めた．1979（昭和54）年の作業所発足から7年間の「精神障害者共同作業所づくりへの援助」を通して，保健婦の役割を明らかにした．保健婦の援助内容は，① 作業所づくり運動を一緒に進める，② 作業所に通所する本人のケア，③ 家族の個別相談・家族グループづくり，④ 財政の確保，⑤ 作業所の運営はだれのため，何のため，どんなあり方が望ましいか，⑥ 通所者の健康診断と保健指導，⑦ 事業主に協力を求める，等である．この報告で保健婦は，保健婦の業務量が増大し，労働強化になったことを挙げ，さらに作業所づくりの方法について，保健婦の役割の取り方に疑問を投げかけている．（表22の報告の中で次のNo.10,11,13の報告を紙面の都合で割愛する）

5）考察とまとめにかえて

保健婦の活動は，1948（昭和23）年の保健所法のもとで，感染症対策に始まった．1965（昭和40）年の精神衛生法改正で初めて精神衛生活動を行うことになったが，約20年にわたる保健所の活動とはその内容を大きく異にしたものであった．従って，どのように精神衛生活動を始められるか，暗中模索の状態であった．そうした歴史的経緯を踏まえて保健婦活動を振り返った．

表21の報告例をもとに，精神衛生活動の取り組み方をⅠ．Ⅱ．Ⅲ群に分けて検討した．Ⅰ群とⅡ群では精神衛生活動を進める上の相違点は地域の医療環境で，Ⅰ群は保健所管内に精神病院がなく，Ⅱ群は保健所管内には22の精神病院があった．そうした医療環境の中で，Ⅰ群は保健所嘱託医または精神衛生センター医師の活用を考えて，保健婦の精神衛生活動を始めている．Ⅲ群の保健婦の働きかけは，Ⅰ・Ⅱ群の保健所のような組織的活動に進まない保健所保健婦に，意欲を鼓舞し，勇気づけたものと思われる．精神衛生活動を始める時点でいろいろと憶測されたこともあったが，Ⅱ群の報告は保健所のすべての分野に精神衛生活動を組み込める素地を作り，そこから保健所活動は動き出したと言える．

A．地域精神衛生活動の展開について

1986（昭和61）年度の保健婦業務年報を見ると，衛生教育の対象別実施状況の中で，精神衛生に関する衛生教育は10.8％である．その内容を見ると，精神分裂病やアルコール依存症についての講演会が多かった．地域精神衛生活動は困っている人が問題を持ち込んで来るところから相談が始まる．つまり，住民の側から何らかの要請がなければ，問題は表面化することなく事態は過ぎてしまう．このような問題の表れ方の特徴から見ても，衛生教育という形で住民に呼びかけ，そこでの出会いが問題を持ち込んで来るきっかけになる．表22，No.7の報告からも，個別相談につなげて行ったり，地域で潜在している精神衛生上の問題を掘り起こして行かなければならないことを確認できた．

関係機関による「業務連絡会」は参加者の抱えている問題を共有化し，関係者がともに活動できる地域になったことの意義は大きい．橋本[2]は「保健所が精神病院と有機的に連携を持つことができるかどうかが，地域精神衛生活動の核心である」と述べているが，表22，No.8で報告した小平地域では，精神衛生活動が始まって間もない時期に専門病院等と連携を持つことができた．保健婦は「業務連絡会」の活動とともに，精神病院を積極的に活用する関係を持つようになった．その後，全都の保健所においても地域関係機関との連携は広まっていったが，すべての地域には至らなかった．1985（昭和60）年，東京都は「地域精神保健連絡協議会運営要綱」を作り，保健所と地域の連携を行政的に進めることにした．

保健所保健婦の精神障害者訪問数は，1967（昭和42）年760件，全訪問数の0.5％であったが，10年後の1977（昭和52）年の訪問数は11,158件，9.1％に増加している．保健婦業務が増大している中，保健所の保健婦数は増えてはいるが，増やす数が少ないという問題提起が表22，No.9の報告である．保健婦が地域精神衛生活動を担う場合，精神病院や関係機関との連携のための保障（交通費）もない保健所もあるという．このような現状を見ると，精神衛生活動の態勢は1977（昭和52）年当時，未だに整っていない中で，厳しい活動を続けて来たと言える．

表22，No.11，No.12，No.13は，作業所づくりに関わった保健婦の報告である．

保健婦は障害者本人，家族への支援を続ける一方で，家族会の育成，作業所づくりへの援助等の間接的支援を同時に進めなければならない．精神障害者のための作業所づくりは，精神障害者の地域生活を支える（就労の場，経済生活，仲間との交流）きわめて重要な活動であるが，保健婦は自ら社会資源を作ることはこれまでしてこなかった．従って，作業所づくりは保健所の業務でも保健婦の役割でもないという衛生局の方針に，地域を抱える保健婦は悩み，苦しみながら，地区担当保健婦の役割を担ったものと思われる．

保健婦の立場は，地区担当保健婦として個別ケースへの関わりと，地域のコミュニティーオーガナイザーとしての役割を担う立場で，地域の要請に応えることを限度としてきたが，

作業所づくりの実際は、いくらかオーバーな支援要請にも応えざるを得なかったと言える．

以上，述べたように，保健所における保健婦の精神衛生活動は，多くの課題に向かって1つ1つ乗り越えて来た歩みのように思われる．

この報告を検討した者として強く感じたことは，当初未知の精神衛生活動に対する不安と，それに立ち向かう気迫のような情熱であった．1事例からその年代における保健所活動の状況を察知し，このような形で読み取った．しかし，十分に読み取れなかった点については，ぜひご意見をいただきたい．
(検討グループ　平賀　春美・安田貴恵子・斉藤　泰子・最上キクエ)

参考文献および参考資料

1) 乙幡直子他：保健所における精神衛生相談－高井戸保健所における50例－；保健婦雑誌Vol.No.12., 1969.
2) 橋本正巳：公衆衛生の立場から（特集地域精神医学）；精神医学，1966年10月．
3) 東京都保健所保健婦部会：東京都および特別区保健所保健婦精神衛生業務アンケート調査報告書；1972年5月．
4) 柏木由美子他：地域保健活動における精神衛生相談の位置づけと保健婦の役割に関する研究（その1）；日本看護協会地域看護学会，1980年10月．
5) 外口玉子他：地域保健活動における精神衛生相談の位置づけと保健婦の役割に関する研究（その2）；日本看護協会地域看護学会，1980年10月．

4．精神衛生相談
（一般精神衛生クリニック・酒害相談事業・老人精神衛生相談事業）

1) はじめに

東京都の保健所における精神衛生相談は，1966（昭和41）～1967（昭和42）年に12か所の保健所に精神衛生相談員を配置して保健所内に精神衛生に関する相談窓口を設置するという形で開設された．しかし，その後精神衛生相談員の配置の見直しがなされ，精神科嘱託医と保健婦による精神衛生相談（通称精神衛生クリニック）として，現在に至っている．通称クリニックという言葉が示すように，当初の精神衛生相談には，保健所の中に精神科の外来機能，つまり診断の場を設置したという性格が強かった．当時は精神病に対する恐怖心や偏見がまだまだ根強く，身近に精神科診療所や精神科クリニック等の相談機関もごく少なかった．このような状況に対する行政施策として，保健所における「精神衛生相談」は開設された．

行政施策としては「診断の場」の設置であったが，一方で，保健所，つまり公衆衛生活動の場に「精神衛生相談」の場を設置したということは，潜在化していた精神衛生に関するニーズを顕在化させることにつながった．当事者や家族にとっては，早期に，気軽に相談できる場として，また，周囲の関係者にとっても相談できる場として位置づけられた．さらに，関係職種にとっても1人でケースを抱え込まず，当事者や家族の意向に添って望ましい援助を考えていくという，チームアプローチの端緒となった．このように保健所の精神衛生活動にとって精神衛生相談は，その開設から徐々に地域住民の精神衛生に関するニーズに応える方向に進められた．

一般精神衛生相談（精神衛生クリニック）は，1970（昭和45）年に3保健所，1973（昭和48）年には53保健所（全都の保健所の79％）に及んだ．酒害相談（酒害クリニック）は，1971（昭和46）年にすでに3か所の保健所で相談を始めており，その約10年後，精神衛生相談から酒害相談を別枠で実施するようになった．酒害相談は個別相談だけでなく，断酒会会員，医療・福祉関係者等とのミーティングの場になった．また，本人，家族を対象としたグループミーティングも実施するようになった．さらに，老人精神衛生相談（老人精神クリニック）は老人保健法の成立［1982（昭和57）年］後に開設し，在宅痴呆老人の早期発見，処遇相談，訪問指導を行うようになった．

　これらの精神衛生相談（酒害相談，老人精神衛生相談も含む）の実践活動について，衛生局学会に報告されたものから，保健所および保健婦の機能と役割について検討を行い，保健所の中核として活動している保健婦が関わり，公衆衛生的アプローチや機能が果たされているものについて取り上げた．

2）検討の対象

　東京都衛生局学会誌（No.40〜80）報告，表23に示した事例一覧表にある14件の報告について検討した．これらの他に，精神衛生相談員の心理職やソーシャルワーカーとの共同報告もあるが，ここでは保健婦が中心に発表している報告を取り上げて検討した．（表23に示した報告例の一部は編集の都合で割愛したものもある）

3）精神衛生相談（精神衛生クリニック）

　精神衛生相談（クリニック）については，表23，No.1，No.2の2報告から検討した．以下にそれぞれの報告例を提示した．

　表23，No.1，「精神衛生相談および事例経過について」は，1969（昭和44）年10月，中央保健所の保健婦による報告である．
　① 地域精神衛生活動を進めるために，医師，保健婦，医療相談員（MSW）は「精神障害者および家族の実態を把握」し，その活動の方法を見出そうとした．
　以下2つの事例で言えることとして，
　② 訪問では母親以外の家族に出会う機会がなく，また，母親を通して家族間の調整を図ることは困難である．従って，長期的な働きかけが必要である．
　③ 事例2は断酒への側面援助として，グループセラピー等が必要であると述べている．精神疾患の背景には多様で，複雑な問題があるので，「本人や親権者のみの健康問題として捉えるのではなく，近隣や地域社会の問題として捉えなければならない」と基本的態度を述べている．さらに，「精神衛生活動は，所内外の関係者と情報交換等の機会を作り，訪問指導には専門医の技術援助を受けられるように努力し，関係者によるチーム活動が重要だ」と述べている．

　次に表23，No.2，「保健所における精神衛生クリニックの機能と位置づけに関する検討」1976（昭和51）年10月の小平保健所の報告からは，以下のことが明らかにされた．
　① 保健所の精神衛生クリニックは，利用者にとってどのような相談の場であるのかを明確にした．つまり，本人が相談行動を起こせない場合，家族や周囲にいる者が相談できる場である．また，本人・家族にとっては，病気であるか否かについて病院ではなく，気軽に相談でき，確かめられる場である．
　② 保健婦にとってはケースを自分1人で抱え込まず，他の人々とともに相談できる場である．また，家族や近隣者が危機状態を緩和するために，合同面接や保健婦，医師との同行訪問を行うなど，多様な地域活動を進める上で必要な場である．

③ しかし，精神衛生クリニックは月1回に限られており，緊急な対応ができない状況が大きな課題である，と述べている．

保健所の精神衛生クリニックの機能とその位置づけを明確にするまで，1965（昭和40）年の法改正から10年を経ている．精神衛生クリニックの場は，法改正によって保健所が精神衛生活動の拠点と位置づけられ，公衆衛生看護活動を担う保健婦が，家庭訪問や相談活動の地区活動といかに連動させていったか，また，保健婦を初め福祉事務所等の精神衛生に関する関係機関の職員にとって，地域内社会資源としてどのように活用されたかによって，単にミニ外来「診断の場」のみでない多様な機能を発揮し得たと考える．

これらの精神衛生相談（クリニック）において，保健婦はどのような役割を担うことができるかについて，柏木，外口[4,5]らによって1980（昭和55）年に学会報告がなされている．ここでは，その報告で「利用者にとってクリニックの機能がより十分に発揮され，活用しやすい場となるための保健婦の役割のとり方」として6項目が挙げられているので，まとめに代えて次に掲げておきたい．

① 地区活動を通して援助の必要性とそれを求める動機づけ

② 相談申し込み時におけるオリエンテーション

③ 受理面接時における利用者の言い分や感情表現の支持

④ 専門医面接場面への保健婦の参加および利用者の表現の支持とその後の援助の方向づけ

⑤ 面接後のスタッフミーティング，ケースカンファレンスにおける相互学習と評価

⑥ クリニックにおける判断に基づいたその後の訪問活動，他の社会資源活用等によるケアの継続

以下に報告例を提示する．

(東京都衛生局学会誌より一部掲載)

(1) 表23，No.1，「精神衛生相談および事例経過について」
　　　　　　　　　　1969年10月　中央保健所

表23　各精神衛生相談に関する報告例

No	報告年	種別	テーマ	報告者
1	1969年	精神衛生相談	精神衛生相談及び事例経過について	中央保健所　畑山 他
2	76.10	精神衛生相談	保健所における精神衛生クリニックの機能と位置づけに関する検討	小平保健所　最上 他
3	81.10	酒害相談	三鷹保健所の酒害相談への取組について	三鷹保健所　村上 他
4	83.5	酒害相談	品川区におけるアルコール依存症家族看護勉強会について	品川保健所　大西 他
5	84.4	酒害相談	保健所クリニックとして酒害相談を実施して	世田谷保健所　小林 他
6	84.10	酒害相談	三鷹保健所における酒害相談について　特に保健婦のかかわり方を中心に	三鷹保健所　会田 他
7	85.4	酒害相談	酒害相談クリニックの経過　第2報　グループワークの実際と効果について	世田谷保健所　小林 他
8	86.4	酒害相談	酒害相談クリニックの経過　第3報　ネットワーク展開における保健婦の役割	世田谷保健所　徳永 他
9	87.10	酒害相談	保健所におけるアルコール家族ミーティングについての考察	三鷹保健所　宮本 他
10	88.4	酒害相談	村山保健相談所における酒害相談事業～開始までの経過～	村山保健相談所　日高 他
11	84.10	老人相談	老人精神衛生相談事業を始めて　昭和58年度事業報告から	八王子保健所　安木 他
12	85.4	老人相談	保健所における痴呆性老人相談事業　相談開始後1年の経過報告	梅丘保健所　隅山 他
13	86.4	老人相談	北区における老人性痴呆の介護について第1報	王子保健所　宮本 他
14	86.4	老人相談	老人精神衛生相談事業～ぼけ老人の実態調査～	福生保健所　田中 他

東京都衛生局学会誌No.40～80

昨年より地域精神衛生活動を目標に，まず発端として管内精神障害者を把握し，管理の徹底を図るため，医師，保健婦，医療相談員による所内面接指導，訪問指導を行っている．これらを通して問題と考えられることは，関係機関との連絡の必要性，関係職員との役割分担の問題，ケースの持つ種々の問題に対してどのように働きかけたらよいか等で，多くの難しい問題を含んでいる．このたびは2事例の相談過程についての分析，検討の結果も加えてここに報告する．
　次に事例を上げ，保健婦活動についての問題を提起し，参考意見を仰ぎたい．

　事例1．　精神分裂病，34歳の男，3人兄弟の2男．既往症は10年前にも幻聴，被害妄想あり，精神科に入院．これは強制入院と思われる．行動特徴は物音や人声で興奮し，大声でどなったり，暴れたりして独語がひどい．職場では真面目で優秀な社員とのことである．
訪問時最初は，
　「何の用事で来たのか」
と警戒的構えを見せたが，
　「身体のことでお母さんが心配していたので」
と話すと機嫌よく応じ，
　「身体はとても快調です．母はがあがあ余計な心配ばかりする」
と母親をひどくうるさがっていた．
　「けんかするんだったら独立したらどうですか」
と勧めると，とりとめのない理由のまま，
　「今はだめなんです」
と言う．専門医の助言は，
　「ただ入院させればよいと思っている家族の態度を正しい認識に変容させるため，気長にコミュニケーションをつけて観察するように」
とのことで，その後も家族に働きかけを行っているが，入院を希望しながらも躊躇している状態である．

　事例2．　アルコール嗜癖，41歳の男，既往症は糖尿病，梅毒を合併し，入退院を数回くり返している．行動特徴は酒が切れるといらいらして家族に当たり，ウイスキーのポケットびんを常に携帯している．福祉事務所のケースワーカーとの初回同伴訪問時，妻は，
　「これまでは幻覚や意識障害が出ないと入院しなかったが，今度は自主的に入院したのですっかり治せると思う」
と言っていたが，間もなく，
　「気違いと一緒では嫌だ」
と一般病院に転院，そこもすぐ退院してしまった．その後は当クリニックの面接指導と訪問指導を行った．面接態度は表面的にはよく指示も聞くが，
　「ウイスキーならよいと言われた」
と飲み続けるため，妻がノイローゼ状態となり，糖尿病も在宅治療では無理な状態なので再入院となった．ワンマン亭主であるためか，妻は夫が手に負えなくなるとすぐ電話で保健婦に指示を求めてくるなど，依存的である．

　事例1は，本人に病識がなく，家族にも病気に対する正しい認識がないため，家族間の調整不備や，入院に際し家族が責任の所在を他へ転化する等の問題があるが，訪問では母親以外の家族に会う機会が少なく，なかなか発展がない．これには長期的働きかけが必要である．
　事例2は，表面的には病識があるように見えるが，根本的には病識に欠ける．これは性格から来る要素もあるので，本人および家族の自主的断酒への側面的援助，断酒の会参加によるグループセラピー等が必要である．
　以上，述べて来たように，精神疾患の背景には幾多の複雑な問題があり，その指導は本人および限られた親権者のみの問題としてで

なく，近隣や社会の問題として捉え，① 多面的な折衝によって判断すること，② 地域社会に結びついた指導であること，③ 関係機関等の専門職員および所内の職員のチームワークが取られること，④ 技術面での専門医の助言が必要に応じて得られること，等が上げられる．当保健所では保健婦が単独行動にならないため，所内外の関係者の情報交換等の機会が持たれ，訪問指導にも常に専門医の技術提供が得られるよう努力している．なお，1963（昭和38）年の精神衛生の実態調査によると，人口千対の有病率は12.9であり，当保健所管内の推計患者はおよそ1,000名前後と見られ，半数以上が把握されない状態と思われる．従って，管理面でも現在の結核管理程度の系統だった把握システムが必要と考えられる．

（2）表23，No.2，「保健所における精神衛生クリニックの機能と位置づけに関する検討」
1976年10月小平保健所
A．目的と意義

当クリニック開設に当たって関係者の間で確認し合ったことは，「保健所における相談活動の特徴を十分に活かし得る場としたい」ということであった．すなわち，これまでの保健婦の精神衛生活動を，より充実させていくための，1つの糧となるような機能の仕方を実現していきたいと考えた．そのためには，クリニックに臨床専門医を迎えることによって，従来の病院の外来のあり方が持ち込まれないように，保健婦の主体的な参加の必要性を確認し合った．また，安易に施設紹介などの「振り分け作業」を助長する傾向に陥らないように，保健婦自身が個々のケースの持つ力を発揮できるように支え，それを取り巻く生活環境の整備に重点を置く方向への自覚を高め，臨床専門医の力を共同者として活用していくことのできる基盤を，具体的なケースとの関わりを通じて創り出していくことを目指したのである．

そこで，開設以来2年半を経過した現在，これら当初に確認し合ったことが，その後どのように具体的活動の中で活かされて来ているか，また，どのような困難に直面して来ているかについて明らかにし，今後の保健所の精神衛生クリニック活動の改善を図り，そのあり方について検討するための素材としたいと考えた．

B．当クリニックをめぐる諸条件

クリニックは単にそれ自体で機能するものではなく，地域精神衛生活動の一要素としてどのように活用され得るかによって，本領が問われて来るはずのものである．そうした観点からすれば，当地域においては，すでに5年前より地域業務連絡会を組織し，関係諸機関との連携が図られ，クリニックの設置についてもそこで検討されている．また，専門医の派遣を依頼している国立の精神療養所の他に，3つの私立精神病院や福祉関係施設があることや，都立研究所の精神科専門の看護婦が保健婦活動に参与し，事例検討会などを数年来継続して行って来ていることなども，当クリニックの機能やその運用上の特徴的な条件として挙げることができる．

C．利用者（当事者および家族，知人など）にとっての当クリニックの意味

「早い時期にそのままにしておいてよいものかどうかを気軽に相談できる場，本人が拒否した場合でも他の人がまず行って確かめてみることのできる場」「今の生活の場で何とか本人なりに見合った生活の仕方や過ごし方を相談できる場，周囲からの入院などへの圧力や就労への過大な期待などを押し退けるための支えや助言をしてくれる場」さらには「入院が必要となったにしても，納得するまでの期間や，本人や家族が努力してみる余裕を与えてくれる場」などとして受け止められている．

D．関係職員にとっての当クリニックの意味

「自分1人で抱え込まず，他の人々とも相談できる場をケースに提供することができる．また，各々のやり方や考え方を確かめ合い，補い合って，安定感を持って本人の力が発揮できる方向に援助することができるようになった」「家族や近所の人が支え切れなくなった時，その危機状態を緩和するために，合同面接や同行訪問，また，かかりつけの内科医への医師相互の話し合いなどの場づくりをすることによって，専門医の力を活用できるようになった」などが，その最も重要な点として挙げることができる．

4）酒害相談（酒害クリニック）

表23，No.3～No.10について検討した．報告は4か所の保健所からのものである．当初，それぞれの保健所はどのような理由で酒害相談（以下酒害クリニックと呼ぶ）を始めたのか，その始め方に注目し，下記のように分類した．さらに各群の報告例を提示し，明らかにしたことを記述する．

表23のNo.3，No.6，No.9，三鷹保健所：1群

表23のNo.4：品川保健所，No.10，村山保健相談所：2群

表23のNo.5，No.7，No.8，世田谷保健所：3群

（1）1群　三鷹保健所はどのように酒害クリニックを始めたのか

表23，No.3によると，住民の地域活動として医療，福祉への関心が高まり，1980（昭和55）年1月に断酒会が発足した．断酒会発足に至るまで保健所保健婦，福祉事務所ケースワーカーらは，積極的に本人・家族に対して働きかけを行った．断酒会が発足してからは，断酒会会員が地域活動の主役となって，

「酒害相談を開設して欲しい」
と保健所に要望した．また，福祉事務所ケースワーカーらも，

「地域ケアのためには，アルコール専門医の相談が必要である」と強調し，保健所の酒害クリニック開設を要望した．保健所としては，断酒会や福祉事務所の要請を検討し，同年9月に酒害クリニックを発足させている．

（東京都衛生局学会誌より一部転載）

A．表23，No.6の報告例「三鷹保健所における酒害相談について－特に保健所の関わり方を中心に」
　　　　　　　　1984年10月　三鷹保健所
a．（略）
b．アルコール症患者の三鷹での現状

保健所開設以来関わりのあった102名を，1980（昭和55）年以降と以前に分けて初回相談を見ると，1980（昭和55）年以降の4年間で72名，1979（昭和54）年以前の30名に比べ2.4倍の増加である．相談方法は面接，電話，クリニックが主である．1980（昭和55）年以降は福祉，警察などを含む関わり方が出て来た．

家族状況は102名中単身24，家族あり72，不明6である．

a）アルコールクリニック

1983（昭和58）年12月までの3年間で延37件，実数28名の利用があった．

初回相談者は本人10，本人と家族3，妻12，母2，友人1の順である．28名中単身者は1である．

指導・助言別では，①　専門外来への受診12，②　入院治療1，③　断酒会へ4，④　家族への助言5，⑤　経過観察4，⑥　訪問・医療機関での相談2である．

1987（昭和62）年12月での状況は死亡2，転出2，断酒中3，断酒会出席3，節酒・就

労4,ときどきスリップ4,通院・入院中2,フォローなし2等である.
b)転入者への関わり

　対象者の一部が他の一部を巻き込み,集団スリップする傾向に気づく.単身の転入者がその中心になっている.三鷹の断酒会は単身者を中心として発足し,自主的活動を進めてはいるが,中核となるメンバーがあまり育っていない.転入者は2～3年で転出するが,在住中は断酒会に出入りし,仲間を得ることで孤独から逃れ,集団の中で安定を見出す.しかし,一時的に断酒できても本質的な断酒の決意に至っていないので,簡単に仲間からの誘いや,ストレスから,酒に自ら近づいてしまう.

c.(略)
d.考察

　反省の中から,次のことを保健婦のこれからの姿勢としてまとめた.
a)保健婦間の情報交換を十分にする

　保健婦がアルコールゲームに巻き込まれないためには,客観的状況把握が必要である.そのためにはケース検討を重ね,情報交換を密にし,そのつどフィードバックする.
b)相談者の目的を明確にする

　相談者がどのような断酒への決断を持っているかを見極める.
c)対応できる部分とできない部分を明確にし,相談者にも伝える

　治すのは本人であり,相談者が決意・実行できるように側面的サポートをするのが保健婦の役割であることを示す.
d)飲酒時には原則として対応しない

　次回の非飲酒時の面接の約束をする.
e)家族もケースとする

　酒害問題は本人を含め家族全体の問題で,初回面接が特に大切である.

　今後の問題として,保健所独自の家族会や看護教室も実施の方向で考えるべきである.

　また,関係機関との連携も密に行い,できれば定期的な会を設け,情報交換を行い,対応技術のレベルアップを図りたい.このことは難治ケースの増加を押さえ,患者の早期発見にも役立つと考える.地域の内科医,アルコール専門医,ワーカーの協力も不可欠である.

---

(2) 2群　品川保健所のアルコール依存症家族看護勉強会はどのように始めたのか

　品川保健所,村山保健相談所の共通点は,両者とも保健婦の地区活動からアルコール依存症のケースと出会い,月1回グループ指導として継続する中で始められた.また,アルコール依存症の家族(妻)や近隣の住民との関わりから,主に家族を中心としたグループ指導を通して酒害相談の基盤を作ったと見られる.

(東京都衛生局学会誌より一部転載)

A.表23,No.4の報告例「品川区におけるアルコール依存症家族看護勉強会について」
　　　　　　　1983年5月　品川保健所
a.実施状況

　会のPRを公報に載せて月1回開催し,映画上映後,自己紹介がてら参加者全員で話し合っている.運営は保健婦2名と普及係1名で実施,また断酒会会員や白菊婦人会の協力を仰いでいる.

　参加者状況は漸増の傾向を示したが,1981(昭和56)年11月に断酒会品川支部が発足し,以後参加者数は横這いの状態である.
b.活動内容

①　会に参加した患者の妻たちは互いに類似の問題,悩みを持っていることを知り安心感を得るようだ.しだいに気持ちのゆとりが出て,夫のわがままではなく病気であることを認めることで,不安や焦りが消退していく.

批判ばかりしていた妻たちが夫と会話できたことを喜び，家族の中に「待つ姿勢」が出てくる．例えばAさんは最初自分の言い分ばかり話していたが，回を重ねるごとに他人の話に耳を傾けられるようになり，夫への理解が出てきた．その後病院や断酒会にも行き，夫を受診させることができた．今後の目標は断酒中の夫とともに断酒会に出席することである．

② 参加者は入院か離婚かと緊迫した状況で解決を求めて来ることが多い．解決策の1つとして医療機関をよりよく利用するための具体的な方法も話し合っている．

③ 断酒会入会を躊躇する人も健康相談の場である保健所だと気軽に参加しやすい．また夜間に開催の多い断酒会に比べ昼間の開催のため，主婦は参加しやすい面もある．

④ アルコール依存症の知識や断酒会の存在を知ることでさらに勉強の意欲が生じ，断酒会参加へのきっかけにもなっている．

⑤ 断酒を続けるために本人や家族の承諾を得て，電話や訪問等に会員の協力を得ることもある．また，夫の暴力から逃れる家族に避難場所を提供している人もいる．

⑥ 1981（昭和56）年11月には，これら参加者が中心になって断酒会品川支部が結成された．

A．No.4の報告例から明らかにしたこと

① 会に参加した家族はお互いに同じような問題や悩みを持っていることを知り，安心感を得た．その過程で病気であることを認め，治療への行動を起こし始めた．

② 発足した当初の参加者36名，3年後90名，1982（昭和57）年123名と参加延数が増加し，その間に断酒会品川支部の結成に至っている．

③ グループによる話し合いの中で，家族はアルコール依存症が病気であることを認めるようになり，家族の役割を持てるようになった．

（3） 3群　世田谷区保健所は断酒会クリニックをどのように始めたのか

世田谷区は「酒害相談窓口の開設」を検討するために，区長の諮問機関として管内専門病院・東京都世田谷リハビリセンター（のち中部総合精神保健福祉センター）の医師，福祉事務所関係施設の長または職員の構成で，精神衛生対策委員会を設立した．その諮問を受けて1983（昭和58）年4月，区内1保健所に酒害相談クリニックを開設した．

（東京都衛生局学会誌より一部転載）

A．表23，No.7の報告例「酒害相談クリニックの経過　第2報　グループワークの実際と効果について」

1985年4月　世田谷保健所

a．集団ミーティングの実際

この場には「必要性を感じた人々」が自由に参加できる．予約者の多くは，医師と相談者両者間で診察と治療を受ける場であるというイメージを持っている．このための簡単な説明をするようにしている．

来所者は会場に入り自由に席に着く．ミーティングの時間は90分〜120分である．患者，家族，医師，保健婦，ケースワーカーなどが集まり，お互いに今日ここで会えたことを確認することから始まる．司会者は始まりと終わり，その他連絡事項などを伝えるだけで，この場，この時間を使うのは参加している1人1人の口と耳と心である．

1回の平均参加人数は1983（昭和58）年8.7人，1984（昭和59）年20人である．

私たち保健所職員にとって集団ミーティングの実際は，理屈では理解しているようでも，体験していくことは大変なことであった．な

ぜなら，今までのアルコール依存症への介入方法は対個人であり，その上，回復のプロセスを体験している人はほとんどいなかったため，集団ミーティングの場の使い方，対個人の介入方法とのつながりなど，見通しが持てなかったのである．専門医師の指導と職員カンファレンス，自主研究会などで学び合いながら進めて来ている．

b．集団ミーティングの効果

参加している患者，家族を各段階に分けてみる．

a）不安と緊張と，医療従事者に対しての期待を持つ時期

初めて参加する人々は，「何か問題を感じ始めた」ところから行動している．各々病気の進行，受け止め方，不安，緊張，困っている状況など程度の差はあっても，最も不安と緊張が大きい時であり，それ故医療従事者に対して，

「何かやってもらえるのではないか」

という思いがある．集団の場に一定時間いることは緊張も高まるが，参加者の真剣な態度と話の中に，

「自分と同じような人が存在していること」

を知りほっと一息つけるようになり，この場の仲間として受け入れられていることを感じることで勇気づけられる．この気持ちは，もう1度この場に参加してみようとする足がかりになる．

b）病気であること，治療が必要であることを学習する時期

何回か参加するうちに，他人の話を自分のこととして聞けるようになり，今まで困った，どうしようもない酒飲み，意志の弱い人間としての認識から，病気であり，治療の方法がある，自分にも必要らしいということがわかってくる．

c）具体的な治療方法，家族内での対応方法を受け入れ，行動する時期

参加仲間からの治療体験の話と，回復のプロセスを見ることが大きな力になっている．

d）回復者としての生活を続けていく時期

社会復帰し，生活の向上を目指している回復者にとっては，「過去の自分の姿を今1度思い出し」，自分の生き方に何が必要かを真剣に考え続けていく場になっている．

各々の時期に必要な知識と力が身に着き，行動へとつながっていく集団ミーティングの場の特色は，集団を構成している1人1人の違いと共通性にあると思う．飲酒している人，受診し，治療を始めている人，自助グループに行っている人，数年の断酒生活を続けている人，社会復帰している人など，さまざまな生活をしている患者とその家族，そして，医療従事者，福祉関係者が，アルコール依存症からの回復を目指して輪を作り，自分の生き方を話すことで学び合っていこうとする．

私たちは指導する人，受ける人の関係ではなく，生き方をともに考えていく上で対等な立場である．従事者側にとっても，集団ミーティングは回復のプロセスを体験することができる場であり，専門職としての介入方法について提言し，助言を受けることのできる場になっている．2年前の見通しの持てなかった私たちが，今では，

「アルコール依存症は治る．専門職としての介入もできる」

という知識とエネルギーを持つことができるようになっている．職場でのミニカンファレンスは前向きで，地域での継続した介入が，お互いにスタッフ同士の助言とエネルギーの分け合いで進められるようになって来ている．

B．No.7の報告例から明らかにしたこと

① 集団ミーティングの効果として，4つの時期によるプロセスの中で，必要な力と知識を身につけ，行動化へとつながっている．

② このようなミーティングの過程で保健

婦は，患者の病み方を理解することを通して患者から信頼を得て，生活問題の支援ができた．
　③　ミーティングの場は指導する人，受ける人の関係ではなく，生き方をともに考える上で対等であり，そのような意味で専門職の介入が必要である．

(4) 酒害クリニックのまとめ

　この検討を通してアルコール依存症者へのケアの方法について，多くの示唆を得ることができた．また，家族ミーティングの中で，家族が抱えている問題を浮上させ，家族がアルコール依存症の理解と家族の役割について考える機会となった．
　2群の例は，保健婦の中で同じような家族の悩み，飲酒による家庭の不和等を，地域住民の健康問題として取り上げ，地域に出向いて相談できる場を作った．No.10の報告例は，アルコール依存症候群を地域から排除するのではなく，家族，隣人，福祉ワーカーらとともに，専門病院スタッフの援助を受け，地域生活の維持を目指した．地域の関係者が，活動の必要性をじっくり体得した上でクリニックを開設したことが，アルコール依存症に対する地域の関わりの課題を推進することができた．
　グループミーティングの場は保健婦自身の考え方や対応の仕方がわかり，お互いの理解が深まり，それが保健婦間のチームワークにもつながったと述べている．アルコール依存症者へのアプローチの方法について，酒害クリニックの中でさまざまな相談の持ち方，運営方法，事後のフォローアップなど，保健婦の従来の活動方法に新たな思考や技術を加えた活動を展開させたと言えると思う．

5) 老人精神衛生クリニックについて

(1) はじめに

　高齢者の精神衛生相談は，従来一般の精神衛生クリニックにおいて相談を行っていたが，高齢化が進み，老年人口が急速に増加する中で，痴呆性老人対策が重要な課題となった．1983（昭和58）年，老人保健法が施行されるとすぐに，八王子保健所は，パイロットスタディとして老人精神衛生事業を実施するようになった．また，老人保健事業の実施主体である23区内の保健所においても，老人精神衛生相談事業を発足させている．

(2) 八王子保健所の活動事例報告から

（東京都衛生局学会誌より一部転載）

A. 表23，No.11の報告「老人精神衛生相談事業を始めて－昭和58年度事業報告から－」
　　　　　　　　　　八王子保健所
a．b．c．（略）
d．事業の考察
　衛生教育については参加者の老人問題への関心は高く，特に痴呆の予防に非常な関心が示された．一方，実際の介護者は広報等でのアピールにもかかわらずごく少数の参加にとどまり，痴呆の知識への要求は高いものと推測されるものの，講演会形式での啓蒙は困難と考えられた．痴呆性老人についての啓蒙は知識普及のみならず，それによる地域住民の精神衛生への関心を高め，意識変革のためにも必要であり，さらに早期発見・予防の視点でも今後ますます重要性を増してくるものである．そのためにも幅広い視野に立った衛生教育，およびより有効な教育方法の検討が必要である．
　相談・訪問指導について相談件数が予想外に少ないことは，事業のアピールの問題や地

域の実情・特性，および痴呆性老人対策での相談窓口の不明確さ等の問題と考えられた．また，何よりも相談者への心理的援助，介護方法の助言，種々の情報提供等の直接サービスが重要とわかり，相談・訪問指導の充実が認識された．

関係諸機関との連携については痴呆性老人への精神衛生対策が，本来保健医療領域と福祉領域との密接な関連を要するものだけに，縦割行政上の問題は無視できない．しかし，地域レベルで当保健所でも関係機関と意見を交換できる機会と場を得，役割分担等を検討していく専門部会の発足に向けて，ネットワークづくりを進めていく必要がある．

その他，事業に当たっての職員研修は前提条件であり，事例検討をくり返す等の各人の力量向上のための工夫が必要である．また，自主組織活動の育成・援助については衛生教育との兼ね合いもあり，今後当保健所で推進される分野と考える．

A．この報告で明らかになったこと

① 「痴呆の予防はできないだろうか」という住民の差し迫った思いは，痴呆症に対する不安から来ており，老人保健に関心が高い理由と見られた．

② 痴呆についての啓蒙，知識の普及を図るための衛生教育には，実際に老人を介護している家族は参加できないことがわかった．

③ 精神衛生相談および訪問の要請が予測より少ないのはなぜか，PR不足もあるが検討しなければならない．保健所は痴呆性老人の実態把握もなく，地域のニーズもわからない中で事業を開始し，地域活動を始めた．しかし，保健所の活動に多くの住民は期待していることがわかった．

(3) 北区の活動事例報告から

(東京都衛生局学会誌より一部転載)

A．表23，No.13の報告 「北区における老人性痴呆の介護について 第1報」
　　　　　　　　王子保健所
a．（省略）
b．老人精神衛生相談事業の現状［1985（昭和60）年6月～1986（昭和61）年1月］

① 相談状況の総数は47件，相談日を利用したケース30件，訪問26件，電話相談80件，保健婦の面接11件，相談日平均件数は3.75件であった．

② 初回相談日の主訴は多様で，被害妄想，徘徊，失禁，昼夜の区別不能などの相談が多く見られ，入院させてほしいというだけの相談は1件だった．

③ 助言指示は介護に関するものが50％を占め，次に治療や社会的資源活用についてであった．

c．介護者の現状

① 呆け老人の男女比は男28％，女72％と圧倒的に女性に多いが，その介護者も女性が75％を占め，娘，嫁，妻の順であった．相談者は老人と同居が84％とめだった．

② 介護時間は24時間が75％であり，残りは夜のみである．

③ 介護者の健康状態を見ると，症状のない人は18％で，残りは体の不調を訴えている．

④ 介護者の日常生活に及ぼす影響は，50％が外出できない，28％が夜眠れないという状況である．

d．考察

呆け老人は核家族が進行している都会では，寝たきり老人と同様に，同居よりは入院の傾向が強いと考えられるが，入院は必ずしも老人にとっては好ましい条件とは言えず，多く

は状態を悪化させ，長期の臨床を作り出している．老人はできるだけ環境を変えず，家族の中で役割を持ち，体を動かすことが大切である．入院（入所）は必要最低限短期間にとどめ，在宅介護をできるだけ継続していくことが望ましいと，本事業を通じて感じた．

呆け老人の介護はできるだけ在宅で行うことを勧めてきたが，介護者を対象とした「介護実態アンケート」で見ると，家族は相当な苦労を強いられていることがわかり，これを軽減させるには以下のことが考えられた．

まず，保健所の役割として，
a）呆けの予防と呆け老人の対応のPR
衛生教育を延204人に実施したが，まだ手始めであり，内容と対象者の検討が必要と考える．
b）呆け相談
相談日利用者を対象としたアンケートで見ると，相談を受けて役立ったという回答が全員に見られ，今後も努力していきたい．
c）家族会の育成
相談来所者を中心に家族懇談会を持ったところ，家族会に発展させたいという希望が全員にあった．この懇談会が自主的に運営され，家族会に発展していくよう，側面から援助していきたい．

その他，実施が必要とされる点として，
a）呆け老人のデイケア
1日中呆け老人の介護をする人にとっては，わずかな時間でも取れれば，老人に余裕を持って接しられるし，老人にも社会的刺激が必要である．
b）特別養護老人ホーム（呆けの入所可能なもの）
c）呆け老人の入所先の態勢づくり

A．この報告で明らかになったこと
① 保健婦は相談者の「介護の実態」についてアンケート調査を行った．それによると，家族は介護の仕方に苦慮しており，そのために精神的に不安定となり，外出等もできないという苦悩を抱えていることがわかった．
② 保健婦は家族の相談を続けながら，介護者の体験を話し合うことを提案している．そうした働きかけが家族の意欲を鼓舞し，介護に疲れている家族をケアすることになっていることがわかった．

（4）老人クリニックのまとめ

老人精神衛生クリニックの利用者は少ないが，家族は老人の介護に相当悩まされ，苦労していることがわかった．保健婦の支援は，家族の負担を軽減する方法として家族会の育成，老人のデイケア等について活動を進めようとした．

5）おわりに

保健所の精神衛生クリニックが地域精神衛生活動の中でどのような事由から発足し，どのように位置づけ，機能して来たのか．そして，クリニックを活用しながら展開した保健婦活動を振り返り，そこにおける保健婦の役割を明確にした．

当初，持ち込まれた相談に不安を抱きながら対応していた保健婦の個別相談から，専門医を迎えてクリニックに移行した過程で，改めて保健所の機能を見なおした意味は大きい．保健所の健康相談は，主に疾病の早期発見と早期治療を第一義的に考えてきたが，精神衛生クリニックはその相談内容に重点を置き，専門医の見解や診断を前面に出さない方法で運営に当たることを特徴としている．また，精神障害者の早期発見，早期治療を目指すのではなく，相談の場としての活用と，また，相談者の迷いや困惑した気持ちを関わりの糸口にし，相談活動を展開するという位置づけである．

酒害相談クリニックは地域ニーズの高いところから発足し，1985（昭和60）年には，23区内40保健所（保健相談所を含む），多摩地区16保健所で実施している．私たちがこの検討を通してわかったことは，アルコール依存症による健康問題に取り組み，保健婦自身がアルコール依存症者，その家族に対する明るい展望を持つ活動ができたことである．精神衛生相談の中で「保健婦の役割は何か」というのはよく話題にされる言葉であるが，精神衛生クリニックの中にその役割を明記できたことについて，精神衛生活動20年の歩みを痛感するものである．
（検討グループ　伊藤　民子・西山　直美・最上キクエ）

参考文献

1）中央保健所：中央保健所25周年記念誌；中央保健所，昭和35年．
2）小平看護研究会：小平地域における保健婦の精神衛生活動の記録；昭和57年．
3）小宮敬子：アルコール問題への地域ケア；保健婦雑誌45(8)，1989．
4）柏木由美子他：地域保健活動における精神衛生相談の位置づけと保健婦の役割に関する研究（その1）；地域看護分科会，1980．
5）外口玉子他：地域保健活動における精神衛生相談の位置づけと保健婦の役割に関する研究（その2）；地域看護分科会，1980．
6）外口玉子・星イマ・染谷睦子他：専門医受診に至るまでのダイナミックスとその過程に対する看護援助の可能性（その2）；第8回日本看護学会地域看護分科会集録，1977．
7）外口玉子・田中重子他：「精神衛生相談」前後の家族ダイナミックスと地域保健婦の働きかけ（その1）；第9回日本看護学会地域看護分科会集録，1978．
8）外口玉子・柏木由美子・横田雅子他：「精神衛生相談」前後の家族ダイナミックスと地域保健婦の働きかけ（その2）；第10回日本看護学会地域看護分科会集録，1979．
9）外口玉子・中田皆布・染谷睦子他：地域保健活動における精神衛生相談の位置づけと保健婦の役割に関する研究（その2）；第11回日本看護学会地域看護分科会集録，1980．
10）下村佳子：アルコール依存症への援助を考える；保健婦雑誌45(8)，1989．
11）鈴木陽子：酒害相談ミーティングの果たす役割を考える；保健婦雑誌45(8)，1989．
12）世良守行：アルコール依存症と家族に対する地域看護；保健婦雑誌45(8)，1989．
13）土居健郎・南裕子編集：地域精神保健指導論13巻；メヂカルフレンド社，1992．

5．保健所デイケア
　　（社会復帰促進事業）

1）はじめに

　都内の保健所で初めてデイケアを開設［1973（昭和48）年5月］したのは町田保健所であった．当時の町田保健所には精神衛生相談員がおり，市立病院を始め管内精神病院との連携が進み，厚生省のテストケースを受け入れる素地ができていたためと思われる．以来足立・板橋・杉並保健所等にデイケアが開設された．1980（昭和55）年，東京都が「精神障害者回復途上者社会復帰促進事業実施要綱」を作り，それを契機として保健所デイケア開設に拍車がかかった．
　精神保健活動の1つの事業として発足したデイケアは，保健婦がその運営全般を担当し，グループワーカーとしてPSW，心理，看護婦（士）等が採用（主に非常勤）された．また，予算等は精神衛生事務担当者が担うことになった．保健婦はこれまでの衛生教育とは手法を異にしたグループワークの運営に取り

組み，新たな体験をすることになった．
　ここではデイケアを中心とした活動を通して，私たち保健婦が果たした役割は何であるか，それが保健婦活動にとってどのような意味があるのかを衛生局学会での保健婦の報告の中から明らかにすることを目指している．

2）研究方法

　①　前項と同じく，研究の対象は1987（昭和62）年までの衛生局学会誌（主に保健婦）からデイケアに関する23例について検討した．
　②　全報告を5つの視点から分析する．
　1980（昭和55）年前半は，デイケア開始のための準備や，目標を設定した実践活動の報告が多く，後半の内容はデイケアを通し，メンバーやスタッフ相互の学び合い，メンバーの自主的な動きと家族および家族会の活動など，地域作業所づくりや，地域での生活を目指したデイケアの有り様についての報告に変わって来ている．従って，デイケア開設から運営に至る過程を，次の①～⑤の視点に置き，さらに地域の社会資源としての機能と保健婦の役割について検討する．
　①　デイケア実施前の地域の動きとその準備
　②　デイケアの目的，目標
　③　デイケアの方法，活動内容
　④　デイケアから地域への広がり
　⑤　課題

3）検討内容

（1）地域の状況
　保健所のデイケア開設については，表24，No.1，足立保健所は厚生省精神衛生活動のパイロットスタディとして積極的に地域活動を行った保健所で，自ずと社会復帰に重点を置く活動が進んでいた．その他，No.2は，精神障害者家族会，精神障害者を守る会から出された要請書並びに陳情書（精神障害者の社会復帰を図るためにデイケアを開設してほしい）が区議会で採択されていた．そうした地域住民の動きの中で保健所はデイケアの準備を始めている．
　最も多くの精神病院を抱えるNo.8は，デイケア開設の準備として，約1年間保健所職員が精神病院を訪問するなど，精神障害者の実態を知ることに努め，病院との連携，病院関係者の協力を得ようとした．その中で保健所と病院関係者は，デイケア検討会を持つことになり，保健婦はデイケア開設に臨んでの不安な気持ちに，心ある支援を受けることができたと述べている．
　もう1つの動きとしては，No.3は，全都の保健所の中で早い時期にデイケア開設を試みた保健所で，管内に精神病院が1か所もなく，社会復帰への糸口を見出すのが遅れ，病状の悪化するケースもあったという．そうした医療状況を踏まえて，早急にデイケア開設を進め，専門病院との連携を強化しながら社会復帰の糸口を見出そうとした．

（2）保健所デイケアの準備
　保健所デイケアは保健婦が主体で運営に当たる初めての体験で，No.1の保健所では何をどう準備すべきか等々，運営について不安があったという．「生活相談教室」というグループの名称から推測すると，衛生教育として捉えるグループ指導の印象が感じられる．当初，グループ運営に苦慮したことが強く感じられる．それはデイケアメンバーとスタッフとが横一線に並び，輪になるその形態，運営をどう位置づけるのかが，保健婦にとって大変難しい課題であった．
　その他，対象者を保健婦の担当ケースの他に地域家族会に呼びかけ，デイケアの希望者に常時面接を行うなどの気配りをしている．

表24 デイケア関係発表一覧

No	発表年月	テーマ	発表者	
1	昭和52.10	保健所における精神障害者の社会復帰援助活動について	足立保健所	大山
2	55.10	保健所における精神衛生生活指導（デイケア）を実施して－1年間のまとめを通して－	板橋保健所	中野
3	56.5	保健所における精神障害者社会復帰訓練作業とその問題点	杉並区西保健所	丸山
4	56.5	足立保健所における精神障害者社会復帰事業の現状－生活相談教室・足立訓練作業所－	足立保健所	檜山
5	56.10	立川保健所における精神障害者のデイケアにかかわってみて－保健婦の立場から－	立川保健所	根岸
6	57.10	デイケアの機能と保健婦の役割（その1）－保健所のデイケア活動を通して保健婦がめざしたことを振返って－	小平保健所	柏木
7	58.10	デイケア開設へのとりくみにおいてめざしたこと－把握ケースの見直しから継続ケアへ－	田無保健所	飯沼
8	59.4	精神障害者社会復帰促進事業3年のあゆみをふりかえって	八王子保健所	川村
9	59.10	滝野川保健所における精神障害者社会復帰促進事業（デイケア）について	滝野川保健所	保健婦
10	59.10	立川保健所における精神障害者のデイケア－5年間のあゆみの中で実感するもの－	立川保健所	山口
11	60.4	板橋区保健所におけるグループアプローチ（その3）－デイケアを通して－	板橋保健所	柿原
12	60.4	福生保健所デイケア活動	福生保健所	小川
13	60.10	精神障害者社会復帰促進事業（デイケア）の家族会について	滝野川保健所	菅原
14	60.10	練馬区におけるデイケア1年のまとめ	練馬保健所	塚越
15	60.10	医療機関にかかることなく長期間自宅閉居していたケースの保健所，デイケア利用とその意義	板橋保健所	松宮
16	61.4	デイケアの位置づけと機能　グループ活動における利用者とスタッフの関係をみる	府中保健所	柏木
17	61.10	地域に根ざしたデイケアをめざして，3年間の足跡	玉川保健所	藤村
18	61.10	東和保健相談所デイケアの報告　就労を中心とした社会復帰へのとりくみ	東和保健相談所	永田
19	61.10	精神障害者への社会復帰支援活動（第一報）－デイケアとりくみの経過－	葛飾保健所	保健婦
20	62.4	小岩保健所におけるデイケア実践報告－仲間づくり・安心していられる場を目指して－	小岩保健所	田崎
21	62.4	精神障害者を対象としたグループワークについて	江戸川保健所	保健婦
22	62.10	保健相談所デイケアの機能と役割－江北デイケア4年間のまとめ－	江北保健相談所	保健婦
23	62.10	府中保健所デイケアにおける家族参加の試み	府中保健所	柏木

また，多くの対象者（精神衛生法32条の申請者）150名にデイケア開設を知らせ，自主参加を促している．
　この後にデイケア開設を計画した保健所の保健婦は，足立保健所の活動を見学し，そこで得たことを基に，地域特性を盛り込んだデイケアを準備している．
　この他，1980（昭和55）年前半のデイケア開設準備について，保健婦の特徴的な活動を挙げてみよう．
　報告No.7は，デイケア開設が決まった時点で，保健婦は担当ケースの中からデイケアを紹介するケースが少なく，保健婦の継続的な関わりの弱さに気づかされた．そこで，過去5年間のケース記録（精神保健クリニック，保健婦の相談）を読み直し，新たな働きかけの糸口を見出し，保健婦事例検討会，家庭訪問等を経てデイケアを発足させている．
　また，No.6は，「精神衛生看護研究会」でデイケア開設に向けての検討を重ね，予算要請を行ったが，3年経過しても予算化されず，ついに1980（昭和55）年1月，予算なしにやれるところからやっていくという強い意気込みでグループワークを始めた．当時保健婦は積極的にデイケアを推進させようと試みたが，予算化は容易ではなかった．
　保健所のデイケアを進めるについて共通してやれたことは，職員による検討会，後にプロジェクトチームを作る等，保健所の組織的活動として行った．また，保健所職員へのPR，地域関係者との連携，協力依頼などについて一様に行われている．

(3) デイケアの目的・目標
A．目的，その狙いとするものは
　デイケアの目的および目標についての報告は9例であった．デイケアは保健所の精神保健活動の1つとして，精神障害者に対する日常生活の指導および訓練を通し，生活の範囲を広げる，友達を得る，仲間を支えることを知る，人間関係の体験を通じて自分の不得手なところを改善する，という内容の報告が前半に見られた．後半になってその内容が広がり，デイケアの場が安心できる所，楽しい場である，生活のリズムを身につける，自由さの中で意欲を育みメンバーの個性を大事にする，職員の研修の場としてメンバーと一緒に学び，楽しむ，というデイケアを目指している．
　No.18は「就労等社会復帰のための援助」を目的として，当初からデイケア運営上の原則を作り，実践した報告である．詳しい報告は省くが，ケースの生活課題を実現できるようにタイムリーに働きかけ，社会復帰への可能性を拡大し，効果を上げていると述べている．

B．デイケアの目標
　デイケアを社会復帰のステップとして捉え，そのために対人関係の改善の場と位置づけて再発を防ぎ，病状悪化を乗り越える場にする．さらに，メンバーが地域で生活していくことができるように，就労の場を得られるようにしたいという自立への踏み石になることを挙げている．

(4) デイケアの方法，活動内容
A．対象者の受け入れ方
　都の保健所は「社会復帰促進事業実施要綱」に沿って，分裂病圏を中心にした対象者を挙げている所が多いが，区内の保健所は通院治療中の精神障害者というように，対象者を緩やかに捉えている．No.12はこの対象者の捉え方，その受け入れ方について象徴的な事例を挙げ，対象者のニーズに取り組むことで，スタッフもグループもともに学び，成長し，グループ活動の目標に近づくことができたと述べている．（てんかん発作をくり返すケース）
　また，当初デイケアスタッフも保健所職員も，慣れないために不安な気持ちが強く，要

綱に沿って分裂病圏を中心に対象を絞っていたが，その後実際の体験を通して「社会適応能力を欠き，社会的に異常とも言える生活を長年にわたって送っていた」ケースを受け入れている．デイケアに参加したケースは，その8か月後に生活の変化が見られ，社会性を自覚し，行動するようになった，とNo.15は報告している．

こうした体験を通して，デイケアの対象幅を広く捉える意味を確認し，活動を発展させて来た．デイケアに紹介するケースは主に保健婦の受持ケースで始まり，徐々に主治医，病院PSW，家族，福祉事務所ケースワーカーと広がっていった．さらに，地域によってはNo.6のように，入院中ではあるが，近く退院になるケースをデイケアに受け入れている．これは特に単身者の場合，ケースが地域の生活に馴染み，地域で相談できる関係を持ち，地域での生活を円滑にできるように配慮してのことである．

B．デイケアの実施回数

デイケア開設当初は週1回から始まり，3年後には2～3回と回数を増やした．都の保健所は2週に1回，1年後週1回になった．報告ではこの実施回数に触れていないが，要綱に基づいて週1回になった．週1のデイケアはメンバーが家族との生活から離れ，集団の中に入るトレーニングとして適当であったと思われる．また，保健所活動の全体のバランスから見ても，限度ではないかと考えられる．

C．デイケアプログラム

報告例No.1，2，3，6，9によると，プログラムはメンバーの自主性を尊重し，希望を入れて楽しめる場づくりに気配りをしたと述べている．その内容はスポーツ，料理，自由プログラムとしてレクレーション，話し合い，見学，創作活動，軽作業等多様な内容が盛られている．このプログラムによって対人関係の改善や自己表現，自主性を体験する方法を修得できることを目的としている．

D．デイケアの期限および参加状況

デイケア終了の期限は6か月または1年で，必要に応じて短縮・延期できるようにしていた．これはデイケアの実施回数との関係があるようにも考えられるが，報告を見る限り期限と回数の関係は述べていない．デイケア開設の時点で終了期限をどこに置くのかを検討しているが，確かな理由については述べていない．したがって，デイケアを運営していく中で参加者の状況，または転帰として述べているのを上げると，No.1参加者24名中，就労2，継続10，中断12，No.2参加者19名中，6か月で就労3，延期になった者6，中断6，デイケア終了した者7となっている．さらに，No.19はNo.1より10年後の状況を報告したものであるが，参加者25名中，終了7，継続10，中断8と，6月～1年の生活状況を見る限りほとんどその差異はなく，メンバー個々のデイケア利用目的や状況に合わせて，デイケアの期限を緩やかに運営するスタッフ側の考え方が大切であると述べている．デイケア参加者は当初から定員を15名と決めた所と，4名の参加者から徐々に15～20名のグループに進んだ所など，保健所デイケアの対象人口によって多少の違いが出ている．No.10は4市，36万の管内人口を抱え，多摩地区の中心地で交通の便もよく，自由参加をも受け入れており，実数50名の大人数に至っている．

E．デイケアのスタッフ

保健所職員は保健婦1～3名，精神衛生事務担当者1名，精神衛生相談員（No.1，2のみ）1名の他，デイケアグループワーカーとして嘱託，非常勤1～2名がスタッフとして関わっている．No.6においては市役所保健婦1名，研究所職員1名，その他ボランティアの参加を得るなど，多彩なスタッフの導入が見られる．また，デイケアの行事に保健所内の他の職員の協力を得ることで，職員の関

心が高まり，デイケア運営が円滑に進んだ．
F．デイケア運営の実際
a．運営について特に配慮したこと
　No.5, 6, 19から下記のことを述べている．
　① メンバーにとって参加しやすい場にしたい．これまでに閉じ籠もっていた人，退院して行き場のない人，就職できずに家庭の隅に追いやられている人たちが，いつでも参加できる場，気楽に立ち寄り，ほっとできる場にしたいという思いが込められていた．
　② スタッフの配慮として，メンバーや家族について気になった問題，変化などをグループワークに生かしてもらうために，事前にスタッフに伝える．
　③ デイケアに参加できないメンバーについて，参加しない理由を早く把握し，地区担当保健婦と相談の上働きかける．グループワークの中で，必要に応じて個別的働きかけができるよう，スタッフ間の連絡調整を密にする．
　④ グループメンバーの自主性，自立性を尊重したプログラムに留意し，メンバー間の交流を見守り，困った時に相談できる態勢を作る等に配慮する．
　⑤ この他，ケースにデイケア参加を勧めてもなかなか来所できない場合，また，継続できないケースについて，デイケア担当スタッフと地区担当保健婦との合同カンファレンスを持ち，働きかけ方を検討する機会を持つなどということに留意している．
b．活動状況－プログラムの中から拾ってみると－
　No.2によると創作活動，話し合い，スポーツ，料理，劇，ロールプレイング，その他かなり広範囲な内容である．また，No.9は基本プログラムと希望プログラムに分け，さらにその狙いと内容について項目を上げて表示している．
　基本プログラムの狙いは親睦を図る，楽しむ，自己表現できる，季節感を盛り込む，社会感覚を養う等である．

内容は図工，ゲーム，創作，バスハイク，散歩，送別会等である．
　この他の報告例もほとんどスポーツ，料理，自由プログラム，美術といった内容であるが，プログラムをこなすと言うより，グループワークを中心とした運営が考えられている．
c．グループワークの一端を報告から引用すると
　No.10は，デイケア開始から2～3年はメンバー，職員とも緊張し，ぎこちない雰囲気であった．しかし，徐々にデイケアに対するメンバーの期待が高まり，交流も深まって来たが，その中でメンバー同士のトラブルが起きた．それはメンバー間で和を乱す人を排除したいという動きが出て，職員もそのメンバーに引きずられ，対応に苦慮した．デイケア4年目にメンバー同士で支え合うゆとりが出て，5年目にようやくグループ独自の力を持ち始めた．このような動きとスタッフの問題について振り返り，そこにおけるスタッフの役割を見出している．
d．地区担当保健婦の位置づけとその役割
　地区担当保健婦の役割についていくつか述べてある中からNo.16の報告を取り上げてみたい．
　デイケア開設に当たり，地区担当保健婦は担当ケースに積極的に働きかけて，デイケアへの参加を試みた．その後，デイケアが地区に浸透するにつれて，地区担当保健婦の相談を経ずに家族，福祉ワーカー，医療関係者からの紹介で参加するケースが多くなった．そこで問題となったことは，メンバーがデイケアを中断した場合や，その後の継続ケアを必要とした場合，地区担当保健婦との関係が十分にできていないことが多く，ケースへの支援に困難を来たした．そこで，担当保健婦とデイケアスタッフが検討を行い，メンバーへの支援態勢を円滑に行うために7項目の具体的な活動の方法を考え，実践した．そして，デイケア活動を十分機能できるようにするに

は，地区担当保健婦は日常的に，ケースとの個別的な関わりを重視しなければならないことを確認している．

さらに，地区担当保健婦はケースを紹介するにとどまらず，デイケアに参加する意味や期待を提示し，ケースのデイケアの場での変化や問題，また，デイケアに受け入れ当初から終了の時期に合わせた課題について，デイケアスタッフと一緒に検討し，そのことをデイケアの場で生かされるようにした．この中でデイケアスタッフは地区担当保健婦との連絡調整の役割を担っていたと述べている．

e．デイケアに家族の参加を試みて

保健所デイケアの開設により，最も早い動きをしたのはメンバーの家族と家族会であった．その中で意図的に家族の協力・参加を促し，メンバーとその家族，スタッフの三者が一体となってグループワークを行った報告No.23等について述べてみたい．

メンバーとその家族を含めたデイケアという捉え方もあるが，そうした単一的なものではなく，家族を精神保健活動の担い手として，相互に学び合う場を持った意味は大きい．

その利点として，家族にとっては，① 具体的な話し合いの中から共感を得る機会となる，② メンバーや病気を理解し，家族としての対応を具体的に考える場となる，③ デイケアを通してメンバーのいい面，健康な側面を知る機会となる，④ プログラムや行事に参加して，家族自身も楽しみながら，メンバーとの距離の取り方を実感できる契機となる．

また，スタッフにとっては，① 地区担当保健婦も同席することで，家族と保健婦との関係を深める機会となり，そのつながりをデイケアおよび地区活動に反映することができる．② メンバーの家庭での様子を知る機会となる，③ デイケア活動の見直しの機会となる．

さらに，メンバーにとっては，① 家族参加による緊張感がある反面，家族の不安や期待を知る機会となる，② 家族が自分の問題を考えてくれるという実感を持つことができる，などを上げている．

筆者らは1981（昭和56）年当時，デイケア開設に当たり，メンバーを家族から一時離すことに意味を感じていたが，この報告に述べていることから考えると，メンバーと最も近く，深い関係にある家族をもグループワークに受け入れ，その中で家族の役割を学んでもらうという新たな試みを評価したい．

f．保健婦の役割－デイケアの運営とメンバーのフォローアップ－

保健婦の役割についてこれまで述べて来たことを大まかにまとめて言えば，まずデイケアの発足に当たり2つの役割に分けられる．

① 保健所の「社会復帰－実施要綱」に基づき，デイケア運営について検討した．プログラムの実施について関係者に連絡，予算的措置を取る．スタッフミーティングの運営，地区担当保健婦，他関係者との連携保持．デイケアの場がメンバーにとって居心地のよい場所となる配慮をする．運営の課題検討および事例検討等．

② グループワークに馴染めないメンバーの参加にはそのフォローアップに留意し，地区担当保健婦らの協力を得る．グループワーカーは嘱託または非常勤のため，メンバーや保健所の小さなことでも連絡を取り，スタッフのチームワークを図った．

この他に，メンバーが不安なく，または希望を持ってデイケアに参加できるように，保健婦の個別的な働きかけが必要である．また，保健所等の広報でデイケアをPRする．

（5）デイケアから地域への広がり

ここではグループの活動の場が保健所内にとどまらず，近くの施設を利用し，市民との触れ合いを大切にした．また，公的機関や商店街に出向くことも，デイケアの活動を通してメンバーの地域生活を豊かに保持するこ

とに期待した．こうした活動から，デイケアの存在を知って参加したメンバーも多くなり，その中で力を得て終了しようとする人も出て来た．デイケアを拠点に新たな1歩を試みた報告（10例）を6項目に分けて述べる．

A．インフォーマルなつき合い

デイケアの参加動機が「友達づくり」であっても，実際に友達を作っていくことは「人間関係の障害」とも言われるメンバーにとって，容易なことではない．しかし，デイケアに参加し続けることで仲間を意識し始め，デイケアを心待ちし，仲間と楽しむことを体験した結果，デイケア以外の場でのつき合いに進んでいる．

B．デイケア終了者の集まり

デイケアOB会の発足は4例あった．No.17のOB会は，作業所ができるまで5～6人集まり，自主運営の形をとり，実費負担，材料購入，製造，販売の流れを体験できるよう支援を受け，かなり積極的な動きをしている．また，No.22のOB会はデイケア終了者のオアシス的存在になっていると述べており，OB会活動の様式がそれぞれ違っているのが興味深い．

C．作業所づくり

デイケア設置から1～2年後，グループメンバーが成長していく中で，仕事をしたいという意欲を持つメンバーが次々に出て，作業所づくりに拍車がかかった．

No.4はデイケア開設から4年後，1980（昭和55）年4月，区立の作業所を作った．生活相談教室終了者を受け入れ，15名の通所者の中から9名が就労したと報告されている．

この他にも，デイケア終了者を抱えるスタッフは，地域の受け皿として共同作業所づくりに家族会，福祉ワーカーらと連携していくことを述べている．

D．職親開拓の実践

No.12は職親開拓に努力して来たことを述べている．保健所管内6か所の職親に短期間の利用者5名，1年以上就業している人2名，他3名は一般の企業に移れている．保健婦は職親と連携を密にして，職親の不安とケースの不満をよく聞き，両者の関係を円滑に保持できるよう，職親への支援と理解を深めることに努力している．

E．デイケアの家族から地域家族会へ

No.8によると，デイケア発足当時，家族の協力なしには効果的な活動は望めないと考え，3～4か月ごとに家族との懇談会を開いた．その中で家族同士のコミュニケーションが深まり，デイケアスタッフとともに役割意識を持つようになった．このデイケアの家族懇談会が地域家族会を結成するについての推進役を担っている．その他，報告の多くは，デイケアに既成の家族会会員，メンバーの家族が参加することにより，地域家族会が活性化したと述べている．また，このような家族の動きがデイケアをも発展させることにつながったと言えるようだ．

F．他機関との関わりの充実

デイケアの開設に伴い気づかされたことは，関係機関との連携の持ち方であった．それは相互にケースを共有していないとネットワークにならないことがわかり，改めて専門病院の医師，看護婦，ケースワーカーらと関係を持つようにしていった．

(6) 課題

A．デイケア運営上の課題

保健所が従来から行ってきた保健事業に「精神障害者社会復帰促進事業」が加えられて発足したが，当初は「試みの案」ということもあってか，グループワーカー（非常勤）は採用されたが，都保健所の職員増はまったくなかった．デイケア運営の中で最も保健婦らしい活動というのは，対象者を掘り起こしてデイケアに迎え入れることと，デイケア終了に至る過程のフォローであると思う．この

ことを着実に進めていくには，業務量の増大は必須である．保健婦活動は家庭訪問時間の減少と訪問対象の変化[6]という形で現われている．緊急度の高い精神・難病ケースに優先的に対応しなければならないとは言え，母子・成人病・結核等の対象が減少しているわけではなかったから，結果として保健婦の相談活動は偏ったものとなった．これは，私たちとしては予測していたこととは言え，公衆衛生看護をひたすら堅持して来た私たちとしては，やはり気になる課題である．今後これらの課題にどのように取り組めるのか，これまた大きな課題を抱えたことになる．

B．対象者の拡大

　保健所デイケアの体験を通して述べているのは，分裂病圏以外の精神保健対象者で，社会適応能力に欠けているケースについて，本人および家族の要請があればデイケアに受け入れていく，それが保健所として地域ケアの役割を果たすことにもなると述べている．

　デイケア対象者の幅をどこまで広げられるのかは未だわからないにしても，ケースの生活の仕方を十分把握し，自分たちのデイケアがどういう特徴を持っていて，どういう点でケースにとってデイケアに参加する意味があるのかを検討することが必要である．

C．地域に受け皿を

　デイケア終了者を受け入れる場がないことを問題とし，7つの報告は早急に精神障害者を受け入れる作業所，職親の開拓等の必要があるという提起をしている．メンバーの多くはデイケアの中で，

「働いてみよう，働きたい」

と就労の場を求めているが，職員・スタッフらはそれに応えられないもどかしさを感じている．デイケア開設から1〜2年後に作った作業所はすぐに満杯になるという状況で，メンバーの就労意欲にどのように応えればいいのか，その対応策に迫られている．

D．関係機関との連携について

　保健所のデイケア発足に伴い，関係職員との連携が必要になってくる．しかし，相互に理解し合うには時間がかかり，デイケアスタッフレベルだけではなく，保健所組織として地域関係機関に働きかける必要性を述べており，それが地域精神保健協議会を作る基盤になったと思われる．

E．偏見に対する精神保健活動

　No.17でメンバーのプライバシーの問題として述べているのは，メンバーの自宅近くの施設を利用する時，メンバーはその活動に参加しなかったことについてである．それはメンバーが自分の知り合いの人（近隣者）に出会い，精神障害を持つ自分を知られることに恐れを抱いたものと思われる．

　心の病に「不安や恐れ」を持つのはむしろその本人または家族ではないかと思う．そういう意味で，メンバーの社会復帰という側面だけに捉われることなく，精神保健活動の予防的側面の活動や，障害者とともに地域生活を目指す活動をおろそかにしてはならないという提起ではないかと思われる．

4）考察

（1）保健婦の役割

　保健婦は保健所デイケアを地域内支援の一環として位置づけ，その活動の担い方について模索していることがうかがえた．

　谷口ら[4]はデイケア通過者の約半数のメンバーは共同作業所・職親・一般企業・家事手伝い等に就労していることを述べている．保健婦はメンバーとの関わりをデイケアの参加前から参加後の全過程に参与し，メンバーの自立・成長を見届けていることが明確になっている．

　保健婦の役割としてはデイケア参加への動機づけ，グループワークへの導入を支え，グループに馴染めるよう方向づけつつ，メンバーの健康な側面を見出し，その力を自立へのバ

ネにできるよう見守っていることや，さらに，生活の場での悩みや困り事の解決への支えなどが上げられる．なお，デイケアの特性を吟味すれば，地区担当保健婦の個別ケアとデイケアスタッフのグループワークとが，常に連動する方向で運営されるには，定期的，継続的に話し合いを持つ必要があることが明らかになった．つまり，保健婦の個別相談を基盤にしたグループワークの運営が，効果的に作用したと見られる．

(2) 保健所デイケアの機能

歴史的に精神障害者の出向いていく場は病院に限られていたが，デイケア開設を契機に，地域住民として保健所を利用することになった意義は大きい．保健所は健康問題に関連して多くの市民が出入りする場のため，精神障害者が直接保健所職員や地域住民と触れ合うことによって相互に学び合い，理解し合うことや，このような活動の蓄積により，障害者間に社会参加に歩み出す気運を高める機能を果たしていることが明らかになった．

さらに，デイケアプログラム作成の中で，保健所管内区・市の体育館，図書館，福祉施設等の利用を広げ，そこで施設利用を学び，自ら公的機関を利用できる市民権を培うことになったこともうかがえる．

保健所デイケアは「心を病む人」の拠り所として，社会復帰を促す場ではあるが，「自分が病気とは思えない，病気ではない」という本人または家族が，不健康な日常生活に困り，入所を希望して来る場にもなっている．また，デイケアに参加後，中断（入院・通所できない）に至った場合でも，再度参加できる所として，保健婦の働きかけを得ている．このようにデイケアは閉じ籠もり状態～孤立化を防止することと，自立への試みを支援する役割を果たしていることも明らかになった．

5) おわりに

精神保健活動は個別相談に始まり，主に保健婦の仕事という見方が強かったが，デイケア開設により保健所職員がグループワークの場面を直接目の当たりにすることで，好意的に受け止める姿勢が生まれ，ようやく精神保健活動を実感したことがうかがえる．

1987（昭和62）年度のデイケアの実施状況は，都保健所16か所の全所で実施しており，23区内保健所・保健相談所総数81か所中32所，実施率39.5％，1990（平成2）年の実施率65.4％と，急速な広がりを見せている．表1の報告はデイケア実施保健所の約半数であるが，真剣な思いで，積極的にデイケアの運営に取り組み，そこで活動プロセスを考察し，評価したもので，私たちは多くのことを学んだ．

デイケアは保健婦活動に，また，保健所の精神保健活動に大きな転機をもたらし，その活動が徐々に地域ケアの受け皿づくりへと進んでいる．また，この体験はデイケア以外の保健婦活動にも応用することができ，従来の活動を一歩前に進めたと思う．

（検討グループ　永山　一江・小林　理恵・最上キクヱ）

参考文献

1) 表24；衛生局学会誌・デイケア関係報告，1977～1987.
2) 外口玉子：地域ケア展開の視点と保健婦活動の再考；保健婦雑誌43(11), 1987.
3) 伊藤ひろ子他：参加者の活用状況から保健所デイケアの位置づけと機能を考える；保健婦雑誌43(11), 1987.
4) 谷口啓子他：地域内支援の一環としての保健所デイケア活動の再検討（その1）；日本公衆衛生学会誌623, 1986.

5）伊藤ひろ子他：地域内支援の一環としての保健所デイケア活動の再検討（その2）；日本公衆衛生学会誌624, 1986.
6）村山正子他：衛生行政の変換と保健婦活動；衛生局学会誌133, 1990.

6.「事例」から見た保健婦の精神保健活動
　　－支援の内容の経年的な変化－

1）はじめに

　「事例」の報告は，保健婦が精神衛生に関して初めて体験したことをまとめたもので，保健婦の支援活動の方法に新しい視点を見出したことや，地域精神保健活動の中で，保健婦の果たす役割に気づかされた「事例」等である．極めて限定されたものであるが，保健婦の独自の活動として重要であり，また，保健婦の専門性を極める上でも，当初（1970年代）どのように支援活動がなされてきたのかを見る必要があると思った．

　対象の「事例」は，東京都衛生局学会誌に発表された8例のうち6例について，地域における精神障害者への援助の内容が経年的にどう変遷したのかについて検討するために，下記の文献1）〜9）を参考・引用しながらまとめた．衛生局学会の「事例」については，その概要と保健婦の関わりの特徴を挙げた．

2）「事例報告」から経年的に見た保健婦の援助活動

　精神衛生法改正〔1965（昭和40）年〕から精神保健法成立〔1987（昭和62）年〕に至る約20年間に限定して上記の事例を検討した．

（1）年代による地域における個別援助の特徴

A．初期において，従来の保健婦活動を踏襲した方法で接近を試みる

　精神障害者を地域で支えるという今までにない分野を担うことになった当初，保健婦は何に依拠して取り組みを始めているか．1968（昭和43）年〜1970（昭和45）年の報告から，次のようなことが言える．まず，相談者から得た情報だけでなく，ケースの生活状況全般を正確に把握しようとしている．そして，「地域住民の健康問題に関わる人」[1]として自分を紹介し訪問を受け入れてもらえた事例，未熟児訪問等の通常の保健婦の活動[2]を通してケースに出会い，そのニーズ（育児の方法を知りたい）に即した援助からケースとの信頼関係を築いた事例，というように，従来の保健婦活動を基盤とし，技術援助を生かす形で取り組んでいる．このような働きかけの方法は，今日も保健婦独自の有効なアプローチの手段となっている．

B．家族との関わりから新たな対応を模索する

　1970（昭和45）年には，家族関係を取り上げた報告が3例[7,8,9]ある．1例は多問題家族を取り上げ，また，他の2例は複数の事例を分析することで，精神障害者を抱える家族の心情や，家族の患者に及ぼす影響等，家族力動を踏まえた援助の必要性を述べている．それまでも，家族全体を見るということは，公衆衛生看護活動の基本とされてきたが，結核管理などの従来の家族保健指導の範疇を越えて，さらに深い家族関係への視点や対応を迫られた背景があったと考えられる．

C．個別援助から地域精神衛生活動への広がり

　1975（昭和50）年以降の報告からは，地域ケアとしての援助の広がりが見られる．精神医療との連携（一貫した医療の継続），福祉事務所のケースワーカーとの協働（生活安定への援助），近隣住民の協力など，ケース

の生活に深く関わる中から道を開いていった側面があったと言える．この年代は，保健所の新規事業として社会復帰促進事業（通称：保健所デイケア）への取り組みが始まっており，地域でケースを支える受け皿づくりへのステップを踏み始めた時期と見ることもできる．

D．対象の拡大

1980（昭和55）年から1985（昭和60）年にかけては，アルコール依存症，思春期問題が登場し，社会的な要請を受けた保健所の相談事業の拡大とともに，保健婦が対応する精神衛生に関する対象が広がりつつあることを示している．

（2）事例検討による援助技術の
向上への努力

対応が困難なケースに出会ったり，援助が行きづまってしまった時，同職種のスーパーバイザーを得て，事例を検討しながら活動を展開した報告が3例[3,5,6]あった．本人が保健婦に会うことを拒否して援助の糸口が見出せなかった「閉じ籠もり」[3,5]のケースでは，微かな行動からその人を理解することや，具体的な働きかけ方について助言を受け，関わりに生かしている．

また，他の報告[6]では，援助経過を「何をどう捉え，どう判断して」進めたのか詳細に検討している．この客観的な振り返りにより，保健婦自身の不安から行動してしまったり，ケースに対する思い込みや，情報の偏った受け止め方があったことに気づいている．

保健婦の精神衛生活動は，その時に得られた情報を基に相談を開始し，援助を展開していく過程で新たな情報を得て判断し，それをまた生かしていくという動的なプロセスをたどる．この特徴を踏まえると，保健婦間での事例検討や身近なスーパーバイザーの存在は，ケースについて的確に判断することに寄与し，よりよいケアを提供できる基盤となったと言える．〔1990（平成2）年東京都衛生局学会に久山が報告したものに追記した〕

3）事例報告から保健婦の果たした
役割を検討する（表25）

事例報告されたものを通して，その時代に保健婦に持ち込まれた問題や事例の特徴，保健婦の働きかけとその特徴について考察した．相談事例として持ち込まれたもの，印象深い

表25　衛生局学会誌報告事例一覧

No	報告演題名	事例の性別（年齢）	特　徴	報告年：報告書（所属）
1	「病気だから働けないといって趣味に没頭している精神障害者に対する保健婦の援助」	男・(33)	通院治療	1970年：最上（日本橋保健所）
2	「精神分裂病の母親とファロー四徴症の乳児の看護」	女・(33)	母子保健	1976年：岩永（城東保健所）
3	「『餓死寸前の人』との連絡を受けからのかかわり」	女・(45)	単身生活者	1982年：山下（烏山保健相談所）
4	「登校拒否の高校生の相談を受け援助した例」	男・(不明)	思春期問題	1985年：香山（江北保健相談所）
5	「支援システムの中で保健婦の果たした役割を考える」～精神分裂病の事例を通して～	女・(29)	母子家庭	1986年：岡本（幡ヶ谷保健相談所）
6	「保健婦のひきつぎを考える」～精神分裂病の事例を通して～	同　上	同　上	1986年：岡本（幡ヶ谷保健相談所）

事例,事例の持つ困難性ゆえに保健婦が充実感を持ち,役に立てると感じた事例,保健婦が関与したことによって生活が改善した事例等について,次に数例を提示したい.

(1) 病気だから働けないと言って趣味に没頭している精神障害者に対する保健婦の援助

No.1「病気だから働けないと言って趣味に没頭している精神障害者に対する保健婦の援助」は,1970(昭和45)年5月に中央区日本橋保健所の最上キクエ保健婦の報告である.1960年代の試みであり,その当時にも精神障害者への生活を支えていく視点で当事者を取り巻く家族や主治医にアプローチし,保健婦が第三者として介入することが生かされ,効果的であった事例である.

A.事例の概要

本人は男性で33歳.約10年前に発病し3か月間入院して退院.以来,月1回通院し服薬を続けており,主治医からは何をやってもよいと言われていた.家族は両親と3人の生活,家業(酒屋)の手伝いを勧められても,本人は病気だからと言ってエスペラント語の学習に没頭し,仕事をする気持ちになれないでいた.

B.保健婦の働きかけとその特徴

当時〔1968(昭和43)年〕保健婦は,家族の訪問依頼を受けていない場合でも,通院医療の申請(精神衛生法32条)をした患者には家庭訪問を行っていた.始めに父親に面接し,保健婦訪問の意図を伝えると,父親は保健婦の働きかけを快諾し,積極的にこれまでの治療や生活のことを話した.保健婦の働きかけは,本人の意向を確かめ,主治医の治療方針を聞いた上で,本人の目標とする職業(教員志望)に就職する準備として,家業の手伝いを始めることを勧めた.家業の手伝いは1日2時間とし,語学の勉強を妨げないようにした.本人は家業に就くことを好まなかったが,社会的自立の準備として体力をつける必要があること,人との交流に馴れることが大事であることを話し合い,了解している.本人は就労後4〜5か月で店員と音楽会に出かけるようになり,また,就労時間も6〜8時間働けるようになった.

この事例は,家族と主治医のケアに保健婦が参与し,本人の生活の場を大事に守りながら,就労を動機づけることができたものである.当時,保健婦は,障害者への生活支援とはどのようなことかわからなかったが,事例との出会いを通し,保健婦の役割を見出すことができた.

(2) 精神分裂病の母親とファロー四徴症の乳児の看護

No.2「精神分裂病の母親とファロー四徴症の乳児の看護」は1976(昭和51)年に行った,江東区城東保健所の岩永牟得保健婦の報告である.出産を機に精神疾患を再燃し,さらに生まれた子供がファロー四徴症であった事例であるが,保健婦が母親学級という通常の母子保健活動の中で事例と出会い,関わりが始まっていることが特徴的である.

A.事例の概要

本人は33歳の女性.24歳の時に発病し,2回入院したが30歳で結婚した.出産後育児による心身の疲労と,病気を隠して結婚したために,服薬や通院が思うようにいかず,精神症状が強くなり,産後4か月で専門病院へ入院になった.その間,乳児はファロー四徴症と診断され,小児科外来に定期的に受診することになるなど,母親の入院後の育児は祖母に任されたが,病児の世話は困難となり,保育施設に入所するに至った.

B.保健婦の働きかけとその特徴

保健婦は高齢初妊婦の訪問や母親学級を通し,本人が病気であることを知らされた.保健婦は本人の育児や家事について援助してきたが,入院に至った.その時点で夫とその家族に対し,本人の病気に対するケアの必要な

ことを話している．さらに保健婦は，母親への入院中の関わりとして1か月後の外泊時に，児の保育について援助し，早期退院に向けて主治医の協力を得ている．また，保育施設に入所した児の家庭保育の状況を施設看護婦に引き継ぎ，母親に同行して入所中の児を見舞うなど，母親の不安を和らげた．

　この事例は，母子保健活動の中で出会った精神障害者で，本人は家族（夫，姑）に自分の病気を「知られたくない」という思いが強く，保健婦もそのことを受け止めてきた．本人が再入院するに至って初めて，保健婦は本人の病気のことに触れ，心の病気であっても育児や家庭生活はできることを話した．

(3)「餓死寸前の人」と連絡を受けてからの関わり

　No.3「『餓死寸前の人』と連絡を受けてからの関わり」は，1982（昭和57）年5月に行った，世田谷区砧保健所烏山保健相談所の山下晴海保健婦の報告である．精神障害の疑いがあるとして福祉事務所のケースワーカーから訪問依頼を受けた時には，餓死寸前であったという印象深い事例である．他機関からの依頼であることで，保健婦の事例との「出会い方」が試された事例である．

A．事例の概要

　ケース本人は45歳の女性，単身生活者で友人から生活費を送付してもらっていた．「餓死」の怖れがあるとの友人の通報で，福祉事務所のケースワーカーが訪問した．しかし，本人は，

「家の中に電波が流れている」

など意味不明なことを言い，食事も食べていなかった．ケースワーカーは生活保護受給を勧めたが本人が拒否したため，ケースワーカーより保健婦に訪問依頼があった．

　保健婦の訪問に本人は，

「ご用ですか」

と対応し，

「身体はどこも悪くない」

と強調したが，顔色は悪かった．保健婦は，

「何か苦しい時には相談してほしい」

と名刺を置いて帰った．再度保健婦が訪問した時，本人は自ら精神的に苦しくなったいきさつを話し始めた．保健婦の勧めで保健所精神クリニックに来所し，医師から服薬を勧められた．本人は医療や生活費にも困っているため，公的扶助を受けることを了承し，保健婦と同行して福祉事務所に相談に行った．以来，治療および保健婦の相談を受けながら，安定した生活に入った．

B．保健婦の働きかけとその特徴

　本人ではなく関係者からの緊急な連絡を受けた保健婦の役割は重い．そこで，初回の出会いがその後の援助関係に影響することを考慮した保健婦は，本人の表現を大切にしながら，本人との会話や顔の表情から生活の状況や健康状態を察知し，次の働きかけをしている．

　この事例の特徴は，本人は援助を求めていないが，ケースワーカーからの相談に保健婦が関わる必要性を感じて，訪問を継続的に行ったことである．2回目の訪問で，本人は初めて相談したいことを話せている．心を病む人が，困っていることを表現できるような関係づくりをするために，継続的な働きかけが必要であることを学べた．事例の特徴として，単身生活者の危機的問題をどう受け止めるのか，今日においても地域精神衛生の課題である．

(4) 登校拒否の高校生の相談を受け援助した例

　No.4「登校拒否の高校生の相談を受け援助した例」は，1985（昭和60）年10月に行った，足立区江北保健相談所の香山充子保健婦の報告である．いわゆる家庭内暴力の高校生の家族に対して，助けを求めてきた母親を援助することから，病んでいる家族に介入して

いったことが特徴的な事例である．

A．事例の概要

本人は高校生，父母と3人生活．母親は本人の登校拒否と母親への暴力に困り，高校の先生の紹介で某病院の治療を受けた．本人はその治療に対する不満からいっそう危機的状態に陥った．このことがきっかけとなり，母親は施設入所をさせたいと保健婦に相談を持ち込んだ．保健婦は母親の相談を受け止める一方で本人に会い，本人との面接を週3回，約6か月継続した．その間本人は，父親（アルコール依存症）への不満，家庭不和の問題，友人との関係やつき合い方などについて保健婦に話し，暴力行為はなくなった．当初は登校拒否をしている理由を父親のせいにしていたが，それも徐々に言わなくなった．その後，保健婦と週2回面接を続ける中で，友達と自分を比べた見方や，アルバイトをしながら自分の仕事を探すようになった．

B．保健婦の働きかけとその特徴

保健婦は母親の相談を受け，まず本人に会って本人の気持ちを聞き，その過程で専門家（心理職員）の相談を受けるように進めたいと考えた．また，保健婦は父親，母親と面接をする中で，家族は話し合いができないほど病んでいることがわかった．保健婦は家族を側面から援助する役割として，母親の相談を受けている．その中で，本人は自分なりにやれる仕事を見つけて就労することができた．この事例を通し，保健婦は次のように述べている．

思春期の多様な相談に対応していくには，保健婦のみではなく，心理相談員などと協同することは望ましいが，それには関係機関との連携がシステム化されないと活用はできないのではないだろうか．

(5) 支援システムの中で保健婦が果たした役割を考える

No.5「支援システムの中で保健婦が果たした役割を考える」〜精神分裂病の事例を通して〜は，1986（昭和61）年4月に行った，渋谷区幡ヶ谷保健相談所の岡本千草保健婦の報告である．未婚のまま女児を出産し母子寮で暮らす母子家庭が事例である．就労自活の過程で不安状態になった母親を，寮母，診療所医師，家族，保健婦が連携しながら支えた事例である．母子寮の寮母から相談された保健婦が，本人の意志を尊重し，関係者との連絡調整の役割を取り，支援システムを機能させていったことに焦点を当てている事例である．

A．事例の概要と訪問時の状況

本人は31歳の女性，大学卒業後女児出産（未婚）して母子寮に入る．当時生活保護を受けていたが，就労により生活保護は打ち切られた．そのころから表情が暗くなり，

「自分は監視されている」

と言うようになった．入寮から6か月後に夜間管理人室を訪ね，

「恐い」

と叫び不安状態になる．一時姉宅に身を寄せていたが，寮母は本人のことについて保健婦に相談した．保健婦は本人，寮母，姉ら関係者と相談の上，保健所精神クリニックに来所を促し，さらに診療所で治療を受けるようになった．そうした経緯から，本人は居心地のよい母子寮に帰ることができた．

B．保健婦の働きかけとその特徴

寮母の相談を受けた保健婦は，本人が母子寮での生活ができるようになるまで，関係者らと話し合い，協同しながら支援した．その働きかけの方法として，① 精神科受診に至るまで，② 母子寮に帰るまで，③ 生活保護を再度受けるまで，のそれぞれの過程で，本人の生活に直接関わった関係者と，どのように連携を保持し協同できたのか，その中で保健婦はどのような役割を担えたのかを明らかにした．

（6）保健婦の引継ぎを考える

No.6「保健婦の引継ぎを考える」～精神分裂病の事例を通して～は，1986（昭和61）年10月に行ったNo.5と同様渋谷区幡ヶ谷保健相談所の岡本千草保健婦の報告である．保健婦が地区担当制をとって事例に対応していく上で重要な，「保健婦の引継ぎ方」に焦点を当てて検討している．

A．事例を提示し参考にする
a．引継ぎ時点での事例紹介と引継ぎ内容
a）事例

Oさん，女性，31歳．育児と仕事の両立が難しく，1年間勤めた弁当屋を退職して3か月，生活保護を受けながら3歳4か月の女児を母子寮で育てていた．保健婦はOさんから就職や育児に関して，また寮母からOさんへの対応の仕方を教えてほしいと相談を受けていた．

b）引継ぎ期間

担当保健婦が産休中の16週間〔1985（昭和60）年1月～5月〕

c）引継ぎ内容

後任のA保健婦には，
「必要に応じてOさんや寮母から相談がある，寮母に助言することで寮母がOさんを支えられる」
と口頭で伝え，
「後は記録を参照して対応してください」
と引き継いだ．Oさんと寮母には，産休期間中は担当が変わることも伝え，困ったことがあれば今まで担当にしてきたと同様，A保健婦にいつでも相談するように勧めた．

b．引き継がなかったこと－引き継がなかったためにどうなったか
a）担当保健婦から後任保健婦に対して

① Oさんから電話相談があった時に保健婦が後から連絡しようとすると，寮母が間に入ったり，本人の精神状態が不安定だったりして，直接連絡を取れないことが多い．

② Oさんは，
「できれば直接会って話をするほうが安心する」
と保健婦に言っていた．－1985（昭和60）年4月，状態が悪くなったOさんからA保健婦に初めて電話があった．3歳児健診中だったA保健婦は，片手間に相談に応じるよりは，後からゆっくり時間をとって相談に応じたいと考え，連絡し直すことにした．しかしその後A保健婦は再三電話連絡したにもかかわらず，Oさんと直接電話で話したり，直接会って話をすることができず，Oさんとの意志疎通が図れなかった．

③ 支援を円滑に進めるために保健婦がケースワーカー，寮母と必要に応じて連絡を取り，それぞれ役割を分担してOさんを支えてきたこと，およびその具体的なやり方―以上のことをA保健婦はほとんど始めから模索し直さなければならなかった．相談・援助のリズムが不安定になっている間に，すでに再就労を2度試みて〔A保健婦に相談する前の1985（昭和60）年1月～3月〕失敗していたOさんは，だれに相談したらよいかわからないまま育児，対人関係，就労の問題を1人で考え，不安定な状態に陥った．

④ 寮母は寮生に規律を守らせて共同生活を運営する立場にあるので，Oさんの支援には限界があり，保健婦の思惑とは別に寮母独自の判断で行動せざるを得ない場合がある．－Oさんの状態が悪くなった時，母子寮を運営しやすくするため，寮母の判断で入院が進められた．

b）担当保健婦からケースに対して

① 後任保健婦との新しい人間関係が始まる．今までの担当とは対応の仕方が異なるかもしれないが，Oさんのよりよい健康生活を考えて支援していこうという姿勢，気持ちは変わらないので，信頼を持って相談してほしい，というような後任保健婦への引継ぎに対して安心感を与える言葉．

② 引き継ぐ前に，後任保健婦に直接紹介する場を設けること．－Oさんに未知の人間に対する緊張感を与えたと考えられる．

c．考察

保健婦は長期研修や産休などの一定期間だけでなく，異動によっても，自分が担当し援助しているケースを他の保健婦に引き継ぐことがある．地域の中でケースを支え続けるためには，十分吟味された内容の引継ぎが必要となる．

十分吟味された引継ぎ内容とは，ケースの氏名，住所，年齢，病名，家族構成などの簡単な事例の紹介，そのケースが現在抱える問題点や保健婦の援助方針，それらに加えて，ケースとの関わりの中で前任保健婦がなぜそのように判断し，行動したか，その根拠を示して今までの看護過程を後任保健婦とできるだけ共有することが含まれると考える．

なぜなら，ケースを見る視点は各保健婦一様ではないから，前任保健婦がケースをどのように理解し，どういう立場で見ていたか，また，ケースにどう理解され，どういう立場の人間として受け止められていたかを意識して伝えることで，後任保健婦が今までの保健婦とケースとの人間関係を把握し，それを通して自分なりに，ケースにどういうふうに関わっていくかを考えるのに役立つからだ．

また，必要に応じて，前任保健婦の仲介の下で，ケースと後任保健婦が直接会って話をする機会を作ることも，引継ぎの大切な要素となろう．

ケースのための有効な引継ぎを実施するためには，ケースへの日々の対応に追われるばかりでなく，1つ1つの看護行為の意味を明確に認識し，記録していく努力が必要だと考えた．

B．保健婦の働きかけとその特徴

「事例」の引継ぎは，ケース本人の問題点と援助方針を伝えるだけではなく，判断の根拠や援助の過程を共有できることが望ましいが，後任保健婦が今までのケースと保健婦の関係を把握した上で，関わりを持てるようにしたいと述べている．

保健婦の地区担当制で重要なことは，受持ケースの引継ぎを円滑に進めることである．保健婦の活動は対象者の生活内部に深く関わるものとして，その支援活動が両者の納得の上で継続するものであるから，保健婦の交代で支援内容が変わることはケースにとって驚きであり，また，不信感を持たれることもある．こうした日常業務の問題について検討した貴重な報告である．

4）おわりに

「事例」の検討を通して，保健婦の支援活動を個人のものに終わらせず，他者に示せる形で明らかにしていくことの必要性を改めて感じた．保健婦活動を特徴づける「事例」は，他に「事例報告」を多数積み重ねて検討を進め，保健婦の看護サービスの質をより高め，地域のニーズに応えていきたい．
（検討グループ　最上キクエ・伊藤ひろ子・久山とも子）

文　献

1）最上キクエ：家主から訪問依頼を受けた精神障害者への訪問活動をめぐって；第7回公衆衛生看護学会，1968.
2）末森恵美子：未熟児訪問より発見した母親の分裂病；保健婦雑誌vol.25, 1969.
3）外口玉子他：ひとり暮らしの精神分裂病を病む老人の生活と保健婦の援助をめぐって；保健婦雑誌 vol.33, 1977.
4）安田美弥子：都市型保健所における精神障害者の援助について；保健婦雑誌 vol.36, 1980.
5）染谷睦子他：家族から「無断欠勤，暴力行為」を問題とされたひきこもり状態にあっ

た青年が職場復帰するまでの過程；保健婦雑誌 vol.37, 1981.
6) 宇佐見弘子他：分裂病の主婦とその家族の援助；保健婦雑誌 vol.37, 1981.
7) 外間邦江他：多人数精神障害者の家族に対する接近；第9回公衆衛生看護学会, 1970.
8) 大曽根やよき他：精神障害者の家族に対する働きかけ；第9回公衆衛生看護学会, 1970.
9) 最上キクエ：精神障害者家族の患者に及ぼす影響について；第9回公衆衛生看護学会, 1970.

7．全体としてのまとめ

　衛生局学会は先に述べたように，職員の日常業務の成果を発表する場であり，また，行政への意見を投げかける場でもある．今回，そのような場に保健婦が発表した内容を素材として，保健婦が地域精神衛生活動に取り組んできた足跡をたどってみた．紙面上からの読み取り作業は制約が多く，困難な部分も少なくなかったが，経験豊富な先輩保健婦からの話を参考にしながら検討を重ねた．ちょうどこの作業を進めている時期は，検討メンバーらの働く東京都多摩地区のあちこちで共同作業所ができていく時期と重なり，保健婦は地域の新たな受け皿づくりにどう関わり，役割を取ればよいのかなど，衛生局学会の発表事例についての検討内容がそのまま明日の仕事に活かされることもあった．
　保健婦の仕事，特に精神障害者への援助活動は，実態が周囲に見えにくく，成果もすぐに現われるものでもない．保健婦の自らの活動の実態をきちんと記録に残していくことがいかに大切であるのかを，この作業を通して確認した．

第Ⅳ章　精神衛生活動についての研修および学習会のまとめ

1. 精神衛生センター主催の研修

保健婦を対象とした研修は表26に示した通りである．精神衛生相談員資格取得講習会は1969（昭和44）年から始められ，1992（平成4）年までの延べ受講者数は1,338人である．入門コースは新任保健婦を対象としており，数か月後に事後研修を行うことになっている．デイケア担当保健婦を対象とした研修は，講義や討議だけでなく，実習も取り入れた実践的な内容になっている．

保健婦を対象とした研修以外に，保健所職員を対象としたものは「事務職員研修」「医師研修」，保健所デイケアの非常勤職員に対する「グループワーカー合同事例検討会議」がある．このほか思春期問題，アルコール関連問題，老人問題等の問題別の研修も行われており，これらは保健所も含め幅広い関係機関の職員が参加して，討議したり，事例検討をしたりできるようになっている．

2. 保健所または地域関係者との事例検討会

保健所の精神衛生活動を始めるに当たって，いち早く保健婦等の勉強会が持たれた．それは精神衛生に限られたことではないが，保健婦の研究会を業務の中で週1回持ち続け，精神科医，精神衛生センター職員，精神医学総合研究所の医師，看護職員を助言者に招いて，事例検討などを行ってきた．

地域精神衛生活動が進むにつれて，専門病院職員やその他の関係者との連絡会を持つようになり，さらに地域家族会づくりや保健所デイケアの開設に向けて検討するなど，学びながら活動の場を広げていった．そうした保健活動のエネルギーとなったものは，言うまでもなく研修，職場の事例検討会，関係者との話し合い，保健婦個々の学習会によって得たものである，と思っている．

表26 保健婦を対象とした研修

研修名	対象	目的
精神保健相談員資格取得講習会	保健婦歴3年以上	精神保健相談の技術向上
入門コースおよび事後研修	保健婦歴1年以上	精神保健活動の実務を学ぶ
デイケア実習コース	保健婦歴2年以上デイケア担当者	社会復帰促進事業の実務の向上を図る

平成3年度東京都中部総合精神保健センター事業概要を参考

3. 学習会

ここで言う学習会とは，保健婦が勤務時間外に，精神保健について勉強会を継続（年単位）して持っていた会のことである．学習会はそこに集う人々が課題を持ち，日常の活動を客観的に検討できる場となってきた．

東京の保健婦は精神衛生活動を始めたころから学習会を持ち，多くの保健婦はそこで学んだ．また，学習会は近年できたところもあれば，10年以上継続している会もある．本項に掲載するのはその一部である．

1）三多摩保健婦精神看護研究会

（1）発足の経過

保健婦の精神保健活動は年々増加し，多様化，多問題化してきた．それと合わせて1980年ごろより，保健所において社会復帰促進事業としてデイケアの開設が進められた．

このような社会的背景の中で，保健婦自身の振り返りや学びの場の必要性を感じていた．そこで，小平地域の保健婦が中心になって，

多摩地区の保健所・市役所の保健婦を対象に，事例を通して自分たちの関わりを振り返り，今後の働きかけを考える場を作ろうと呼びかけた．

（2）会のねらい

小平保健所，小平市役所の保健婦は，精神衛生活動における保健婦の独自な役割を明確にしたいと考え，当時東京都精神医学研究所の外口玉子姉をスーパーバイザーとして迎え，事例検討を行ってきた．

そこで事例検討で学び得たことを糸口に，活動を進めることが有効であることを体験し，さらに学習の場を広げ，他の保健所の保健婦とも共有していきたいと考えた．

また，いろいろな職種の人と組んで支援を行うことも増え，改めて「保健婦でなければやれないことがあるのか，あるとすれば何か」という他職種の人から問われたり，自らも考える機会が多くなってきた時期でもあった．

保健所の中でもまだまだ精神衛生活動については十分な協力を得られているとは言えず，事例検討会を通して保健婦同士の支え合い，精神衛生活動の基盤を作っていければよいのではないかと考えた．

（3）事例検討会の課題

まず，ケース（事例）が地域で生活を継続していくことを支援する保健婦の側の力量の向上を目的とした．

自分の援助を事例検討で振り返ることにより，関わり方の特徴や問題点を明らかにし，さらに複数の人に検討してもらうことで，自分とは異なった視点や援助方法を学んでいく．（事例と出会った時に判断する力，方法を豊かにするのである）

また，今後の働きかけの方向を見出せるように前向きに検討を行い，悩み，苦しみながら，事例を提出した保健婦を仲間同士で支えていくことも意図した．

さらに，保健婦同士，他職種，他機関の人たちとどのようにチームを組んで事例の生活を支えるか，各々の役割を明確にすることも目的とした．

（4）会員について

会員数：25名ぐらい，定例会参加数15名ぐらい

所属：保健所等14か所，市役所2か所

呼びかけ：発会の時に呼びかけ文を各保健所・市役所に配った．その後2回呼びかけ文を出したが，結局は会員の個人的呼びかけで新しく会員になっている．

（5）検討会の内容

1981年4月の集まりから，月1回，土曜の午後を定例会とし，検討会を開催することにした．

毎月事例検討会でレポーターを決め，年ごとにテーマと課題を決めている．

1981年度：デイケア
　82年度：精神衛生クリニック（受理面接について）
　83年度：家庭訪問
　84年度：　〃
　85年度：　〃　（特に初回訪問に焦点を当てて）
　86年度：　〃
　87年度：仲間との組み方，支え方，伝え方
　88年度：　〃
　89年度：　〃
　90年度：　〃

1982年より年1回，事後検討・まとめを主にした合宿を始めた．

（6）検討会を継続させたことが，保健婦活動にどのような影響をもたらしたか

A．レポーターになった時

① 事例をまとめる過程で自分の問題に気

づいた．
②　自分の活動を振り返る機会となった．
③　自分の関わり方の特徴を知った．気づきの場となった．
④　よい助言をしてもらった時は，励まされる想いがした．
⑤　事例検討後，助言を生かしながら活動できた時は喜びであり，活動の支えになった．
⑥　仲間や他機関の人の力を借りることが必要だと感じた．
⑦　職場の事例検討にない良さがある．職場内とは違って，気を使わず，気持ちを素直に出せる利点がある．それが，自主研究会の良さである．
⑧　古い仲間に加え，若いメンバーも参加しているが定着しにくい．若いメンバーが常に参加したいと思える研究会を継続していく必要があるが，なかなか難しい．しかし，「続けていること」を大切にしたい．

(7) 合宿による事後検討

　三多摩精神科看護研究会は，当時新卒で精神保健センターに配属され，地域でのケースの生活がなかなかイメージできなかった私にとって，保健所で勤務している先輩保健婦からのアドバイスや助言をもらうことのできる，非常に貴重な場であった．

　1年に1回開かれる合宿では，その年に行った事例検討から数例を選び，その後の経過がどうなったのか，事例検討時のディスカッションがどのように役に立ったのか，などを確認する場となっていた．

　ここで取り上げる事例は，1990（平成2）年9月に第1回の事例検討を行い，9か月後の1991（平成3）年6月に事後検討を行ったものである．

　1回目の事例検討後，ケースはとてもよい方向に変化し，事後検討に出したことで何が役に立ったのかを振り返ることができた．私にとっては印象深い事例であった．

A．事例紹介

　本人は当時24歳の青年で，大学受験を目指して浪人中に精神分裂病を発病した．その後通院治療を受けていたが，病院から保健所のデイケアを紹介されて通い始めた．そして生活の場を広げる意味で中部総合精神保健センターのデイケアも勧められた．しかし，本人は，新しい場や人に慣れることに非常に時間がかかる性格で，1989（平成元）年9月にデイケア通所の話が本人に提案され，最終的に行くことを決意するまでに3か月が経過している．

　1989（平成元）年12月に，彼が精神保健センターに通所するための面接に来所した時から，私が担当者となった．このケースは緊張が強く，意思表示をほとんどせず，何を聞かれても，
「はい」
「いいえ」
としか返答しないので，私は担当者として，このケースとどのように関係を作っていったらよいのかわからずに困惑した．

　デイケアの利用開始となっても，ケースはなかなか場の中に入ることができず，その場にいたたまれずに半日で帰ってしまう，という状態が続いた．1990（平成2）年6月になって，やっとプログラムの始めから終わりまでいることができるようになり，
「やっとデイケアに慣れてきたのかなあ」
とこちらがほっとしかけた時，急に6月末になって，本人から朝，
「友人と出かける」
「熱が出た」
というような電話が入って，休むことが続くようになった．私が，
「会って話をしたい」
と言っても，
「用があって行けない」
と断わられ，会うことのできない日が1か月半ばかり続いた．

家族にはこちらからは敢えて連絡することはしていなかったが，8月7日に初めて母親から，
「息子の回数券の使い方がおかしい．ちゃんとそちらに行っているんでしょうか」
と連絡が入った．そこで母親に，
「実は1か月半近く来所していない」
ことを告げ，翌日，本人，母親，担当の私の3人による面接を行った．

この面接では，本人がセンターのデイケアに来ることに対して，とても辛い思いをしていたということを，母親，担当者ともに初めて聞くことができ，本人の話せなかった気持ちを確認した．それから約1か月が経ち，本人はセンターに来るようになったが，どのように本人と関係を深めていったらよいかの方向性がつかめず，事例検討に出すことになった．

B．事例検討会でディスカッションしたこと
事例検討会では，
「担当者は本人との関係を作ろうと焦っているようだが，本人が自己表現をあまりしないのは，『自分を守るために敢えてあまり表現しない』という生き方をしてきた人だからなのではないだろうか」
と指摘された．それまで，なかなか本人とフランクに話せる関係になれない，と焦っていたが，
「待ってみよう，そういう本人を見守っていこう」
という気持ちになることができた．

また，保健所と違ってセンターのデイケアは月，火，木，金と週4日やっており，メンバーとはほとんど毎日のように会うことができる．この，
「『いつでも会うことができる』という安易さが，逆にケースと話すことができなくなっている原因ではないか，面接場面を敢えて設定したほうがよいのではないか」
という意見もいただいた．

C．検討後のケースの変化
9月の事例検討後，ケースは仲間もぐんと増え，他のスタッフへも自分から声かけをする姿が目立つようになった．

今まで金曜日だけは，もともと通っていたF保健所のデイケアに行くことを譲らなかったのが，2月に入るとその金曜日もセンターのデイケアに参加するようになった．

事例検討で，
「面接を持ったほうがよいのではないか」
という助言をいただいたので，定期的な面接を持つかどうかしばらく迷っていたが，本人も話をする時間を持ちたいと希望したため，11月から週1回の面接をすることにした．2月ごろにはずいぶん長い時間話せるようになり，話の内容も豊富になってきた．特に，自分が将来どのような生活をしていきたいのか，
ということに対して，以前は，
「わかりません」
の一言であったのが，他のメンバーからの刺激もあって，
「アルバイトがしたい」
と漠然とではあるが表現するようになり，デイケア通所中の目標にしていくことになった．

D．事後検討をして
事後検討は9か月後の1991（平成3）年6月に行った．9か月経って再度検討してもらってみると，
「最初の検討会の時には気づかなかったけれども，今になると言われている意味がわかる」
と感じることが多かった．

本人がデイケアを2か月近く休んでいたことに対して，自分は，
「どうしよう，私が担当者として至らないからだ」
とひたすら焦っていたが，今振り返ってみると至らない点も確かにあったが，本人がデイケアに慣れていくために必要なプロセスでも

あったのだ，と考えることができる．

また，本人のほうからの言語表現があまりない場合，何か言っても反応がないので，
「言ってもむだかな」
とこちらも考えてしまいがちだが，決してそうではなく，ちゃんとこちらの言うことに対して，耳を傾けていてくれていたんだ，ということを確認することができた．意図的にこちらの思っていること，感じていることを伝える場面を持ち，本人が自分の気持ちを表現していくのを促していかなければならない役割の必要性を，理解することができた．

そして，ケースへの接し方であるが，自分は，
「担当者なのだから」
とついつい保護的，母親的に対応していたように思う．しかし，他のスタッフや実習生が本人とジョークを交わし，肩をたたき合うのを見て，自分があまり肩を張る必要はないこと，むしろ友人同士のような関係のほうを本人は必要としていたことを感じた．私の肩の力が抜けて，初めて本人もリラックスできるようになったようである．

このケースの場合，最初の事例検討の場でいただいた，
「面接を定期的に持ったらどうか」
という助言が，とても適切だったように思う．「面接」という枠のある場面を持つことで，私自身が本人ときちんと向き合い，言葉を交わすことができるようになった．また，その中でお互いにさまざまなことを感じ，関係を作っていくことができるようになったのだと思う．

特に印象的なのは，面接をした後で私が，
「○○さん，最初のころはこうやって私と話をするのに，緊張していなかった……」
と尋ねると，本人が，
「ええ，新村さんも緊張していましたよね」
と笑顔で返された場面である．この後顔を見合わせて笑ってしまったが，仕事に就きたての私にとってみれば，私自身が緊張を解いて，自然体でいることの重要性を，つくづく学べた事例であった．

（新村　順子）

（8）年1回の合宿での事例検討のまとめと事後検討

A．事例検討のまとめ

1984（昭和59）年12月，婦人教育会館（埼玉県）において3回目の合宿をした．テーマは事例検討した中から10例を選び，保健婦の精神衛生活動に必要な項目を設定し，それで事例を横断的に捉えた結果について検討した．なお精神衛生活動に必要な項目は次のとおりである．①　情報の受理，②　看護の視点，③　チームワークの持ち方，④　社会資源をどのように活用したか，⑤　保健婦の関わりによって本人の生活はどのように変わったのか．

以上5項目のうち①，②について述べる．

a．情報の受理：だれが相談を持ち込んだか

まず10例の事例は，どのような人によって相談が持ち込まれたのかを見た．相談者は下記のとおりで，家族以外の相談者はその半数を越えている．

相談者がだれであれ，ケース本人との関係性から見て，どのような役割をとったのか，また，保健婦は相談者と本人との関係性を，どのように捉えて支援しようとしたのか，について検討した．

a）相談者はだれか（10例）
　本人自身が相談者：1
　家族の相談　　　：4
　近隣住民の相談　：1
　他機関関係者　　：3
　（福祉事務所ケースワーカー，看護婦，市議会議員）
　保健婦　　　　　：1
　（三歳児検診時）

b）だれが相談を持ち込んだか

当初の事例検討では，
「それほど意識していなかった」
と言う人が多かった．ことに相談者が近隣住民や他機関関係者，保健婦の相談ケースであるレポーターらから，
「本人や家族の相談と違っている点は，ケース本人に接近するまでの過程が容易ではなく，支援するニーズを見出すのも難しい，家族力量は弱いと見られた」
と言う意見が出され，そのことについて討論した．
　その結果，
「相談者はだれか」
を意識して相談を進めることがすることが重要で，相談者は何を問題として相談に来ているのかに耳を傾け，ニーズを探ることの重要さがわかった．つまり，相談者と本人との関係性に依拠した中に，働きかけの糸口を見出すことができることを学んだ．
b．看護の視点：どのような支援が本人または家族との関係性を作るきっかけとなったか
a）保健婦の相談，特に家庭訪問において，本人の気にしている健康問題や困っていることについて，直接本人をケアすることができた場合，または，本人が望む支援を見出せた場合は，いずれの事例においても，本人は保健婦を受け入れる態度をとり，以来，本人と保健婦との関係性は保持されていることがわかった．
　下記に事例を挙げる．
　①　入院依頼による訪問時，妄想の中にいるケース本人は，口元を気にし何回も手で押さえていた．保健婦は本人の口角炎に目をとめて問いかけたところ，本人は口元の痛みがひどくて困っていることがわかった．本人の話によると，
「ある理由から，母の作った食事は食べない．自分で作るか丼物を食べている」
ということであった．保健婦から野菜などの不足を注意されると，率直に受け止めた態度を示した．本人の気にしていることに目を止め，話題にしたことがその場の緊張を和らげ，本人は保健婦の関わりを受け入れることになった．
　②　不登校の子供は自宅に籠もり，家族以外の人（友達，学校の教師，保健婦）に会おうとしなかった．保健婦は本人あてに手紙を出した．本人はその手紙を読み，保健婦が，
「きっといい子に違いない」
と書いていることについて母と話をしている．その手紙による呼びかけが本人と母との会話になり，母はその喜びを保健婦に知らせてきた．それから間もなく，保健婦の訪問による話し合いができた．
　③　被害念慮に悩む単身生活の老人は，夜間，
「寝床に就くと床下から異様な人声が聞こえて，床がもぐもぐ持ち上げられる．落ちつけなくて困る，一睡もとれない」
と憔悴した姿で相談に来た．保健婦は本人の訴えは精神症状と思ったが，その対応として次のことを提案し，実際にやってみた．
　木製のりんごの空き箱を5〜6個用意し，その上に襖の板戸を乗せ，そこに布団を敷いて簡易ベッドを作った．老人はベッドに就寝するようになってから，よく眠れると喜んでいる．
　このように，困り事に対する具体的なケアは，本人との関係性を持つきっかけとなった．
　以上，保健婦の相談活動は，看護ケアおよび生活に直接関係する問題について支援することが，関係性を作り出す有効な手段であることを確認した．
　　　　　　　　　　　　　　（最上キクエ）

(9) 事例検討会10年を振り返って
　この会に参加する人たちは，はっきり目的を持って参加している人ばかりではない．小平保健所では定例の事例検討会があったが，他の職場に移ったら精神の事例検討がないか

らとか，たまたまその時困った事例があったからとか，仲間に誘われた，などなど思い思いの気持ちで入会してきたので，会への期待や参加しての感想はさまざまである．

この10年間，参加した者にとっては，ケースを通して学ぶ場，相談できる拠り所としてこの会は存続してきたと思う．会のメンバーは気心が知れ，仲間から言われたことを率直に聞き，活動に活かすことができた．

会のテーマは決めているが，保健婦の困っている事例を中心に事例検討を積み重ね，ケースが生活しやすくなるように，保健婦が工夫しながら援助してきたことを共有してきた．その中で，保健婦が意識しないで行動したことを，事例検討で自ら意識化したり，意識化させられたりした．

また，別記のように事例を別の視点からまとめる合宿も行った．まとめは勉強になるが，まとめるエネルギーは大変であった．しかし，事例検討・事後検討を続けていくのは，私たちにとって貴重なことだと感じている．

また，若い保健婦が参加していることに，先輩として何ができるのか，若い保健婦をどう支えればいいのか，保健婦にとって居心地のいい場，魅力のある場にするにはどのような研究会の持ち方をすればいいのか，また，自分たちの力を十分活かし，発揮するためにも，今後この研究がどういう形で継続されていく必要があるのか，などについても，時の流れと合わせて考えていく時期にきていると感じている．

(藤沢佐衣子)

2）特別区地域精神保健活動を検討する会

(1) 発足

1983（昭和58）年7月6日に精神衛生センター梅ヶ丘分室長最上さんの呼びかけで，数人が発起人となって発足した．当初の狙いは次の2点であった．

① 職場や区内で独自の事例検討会を持っていない所が多いため，自ら検討する意欲があっても，場がない人たちの検討の場として．
② 各所，各区の情報交換の場として．

(2) 会員

主に23区・都・精神研・精神保健センターに勤務する保健婦から構成されているが，そのほかに病院の看護婦，精神障害者共同作業所のソーシャルワーカーも参加している．登録会員数は20名前後であるが，毎回の参加人数は10名前後である．

(3) 目的

事例提供者が実際に関わった事例の検討を通して，提供者の援助内容を深め，検討された主体的な関わりを地域精神保健活動に活かす．

(4) 検討会の持ち方

毎月第1水曜日のpm6:15〜pm8:30まで，高田馬場福祉事務所において事例検討会を行う．検討会の1週間前に準備会を持ち，全会員向けに前回の報告と次回のお知らせおよび次回の検討事例を発送する．年会費は1人3,000円．ほかに特別区の自主研究助成を昭和63年度から受けている．

(5) 検討会で学んだこと

A．ケースへの関わり方

a．初回面接の大切さ

なぜ，今この時期に相談が持ち込まれたのか，だれによってケースとなったのか，何に困っているのか，保健婦に何を期待して来たのかなどを把握して，保健婦は何をする人かについても伝える．

b．相談者の大変さ，苦労を受け止めることの必要性

相談機関に相談を持ち込むのは一般の人にとってはよっぽどのことであるから，相談を

持ち込んだ人の困り事や不安な気持ち，特にこれまで相談者がどのように困難を乗り切ってきたのか，どんな工夫や苦労をしてきたのか，を受け止める．保健婦として何か「保健指導」しなくてはならない，というような役割意識は，話を十分に聞くことの妨げになりやすい．特に「受診，服薬，デイケア，作業所」を勧める際は焦らないこと．
c．保健婦の特徴を活用してケースを支援できること
　他の職種と違って，保健婦は精神面だけでなく，健康に関するあらゆる面からケースへのアプローチができる．また，本人だけでなく家族全体の健康に関与していくことも保健婦の特徴である．これらは他の職種にない保健婦職の強みである．
d．本人の気持ちを大切にすること
　相談者や周囲の意見だけで動くのではなく，本人の意見を聞いて確かめることが大切である．例えば，
「あなたのお母さんから，こういう点が心配だと聞いているが，お母さんが不安がっている点をあなたはどう思うの」
「あなたにはこうしなければならない理由が何かあるのよね」
など，本人の立場になって話を聞く．
e．本人の健康な部分に目を向けた援助
　損なわれたものを回復するための援助も大切であるが，同時に，本人の健康な部分や現在できていることを認め，それを伸ばしていくような働きかけは，本人にとっては自信を深めることにつながり，保健婦にとっては視点を広げ，病者というより「生活者」として捉えた上での援助を行いやすくする．
f．複雑なケースについては複数対応も有効
　近隣から苦情が出ているケースや，本人と家族が極端に仲が悪いケースなど，1人で対応するのが難しいケースについては，複数の担当者で役割分担したほうが援助しやすい場合もある．

g．ケースの引継はていねいに
　担当者の交替によって援助の糸が切れかかる場合も多い．前任者からケースを引き継いだ時には，なるべく早くケースと会う機会を作り，ケースにとって前任者のどんな援助が役に立ったか，どんなことが嬉しかったかということを確認すると同時に，自分も努力する姿勢があることを伝える．また，ケースに対して先入観を持たずに，自分なりにケースを捉えていくことも必要である．
B．事例検討の持ち方
a．継続していくことの難しさ
　初回には40名以上参加したメンバーも徐々に減り，3～4年前から10名前後の参加者を維持している．最初のメンバーは3名ほどになり，ほとんどのメンバーが発足当時と入れ替わっている．また，新しい人が定着しにくく，1回の参加で辞めていく人も多い．
b．グループとしての事例検討
　参加者の力量の差があり，初期のころ多くの参加者は発言が少なく，グループとして活性化せず，事例検討の持ち方について話し合うことがたびたびあった．事務局を世話人に変え，準備会をていねいに行う，発言の機会が偏らないようにする，などという工夫を重ね，現在の低空飛行に一応落ち着いている．グループとして見た時，入り込みやすい雰囲気，自由な発言のしやすさ，などが保障されていた時には活動が活性化し，一参加者としての満足度も高かったように思う．
C．情報交換とメンバーの交流
　毎回の事例検討会の中で，事例を通して得た情報だけでも膨大なものがある．しかし，より支えになったのは，準備会や検討会後のレストランや喫茶店で交わす雑談だった．この検討会で出会ったことがきっかけとなって，公の仕事でも連絡がしやすくなったり，依頼したり，されたりがスムーズにできるようになったりした経験は，参加者がそれぞれに持っていると思う．そういう意味では，この検討

会を多くの人が駆け足で通り過ぎて行ったが，参加した人たちのつながりは今後も続いていくことと思われる．

（山川　葉子）

3）4木会

発足当初は毎月，第4週の木曜日の夜に事例検討会を行っていたので，この名称がついた．

(1) 発足の時期・契機

1981（昭和56）年秋，精神衛生センター主催の思春期研修の中で，参加者同士で事例検討を行うプログラムがあった．事例検討の場で指摘を受けて，事例検討の必要性を感じた数人が，研修会の主催者であった佐々木所長（都・精神衛生センター）に助言者をお願いするとともに，都下の保健所の保健婦にチラシを送って参加者を募った．そして3～4回の準備会を経て，1982（昭和57）年3月に発足した．

(2) 会員

参加者は10名から15名ほどで，5，6か所の区の保健所保健婦を中心に，そのほか2か所の施設（病院など），2か所の教育機関（大学生を含む）からの参加者がある．参加者はほぼ固定しているが，初代のメンバーはほぼ交替している．希望者はメンバーを通じて随時加入している．

(3) 会の目標

「事例検討を通して保健婦が主体的な関わり，支援ができるようになることをともに目指そう！－公衆衛生における保健婦の主体性について学ぶ」が目標である．保健所に持ち込まれる特に精神の相談は「何で困っているのかはっきりしない」という状況のものが多く，保健婦も適切な支援ができにくい場合がよくある．相談者の要望を明確にし，ともに問題の解決に向けて方向を探っていく過程では，保健婦の主体性が要求される．事例検討を通してそれが実践できる力をつけていく．

(4) 事例検討会の持ち方

月1回，主に土曜日の午後に行う．時間配分は事例検討を13：00～15：30にかけて行い，事例検討会の運営に関する検討（各メンバーの参加の仕方などについて）を15～30分行う．

(5) 発足当初から現在（平成5年）までの運営の流れ

発足して11年経つうちには，事例検討会を運営していく上でもさまざまな問題が現われた．行き詰まったりしながらも，方向転換を図って会の運営を続けてきた．より実りのある事例検討会を運営していくためにどのようにメンバーが取り組んできたのかを，特別区自主研究助成研究発表会において発表したものの中から，一覧にまとめたものがあるので，参考のために表27として掲載しておく．

(6) 保健婦活動への効果，影響

A．個別ケースへの支援をきちんとすることの再確認

個別にきちんと関わってこそ，その先の保健婦活動につながっていくことができる．特に今後のケアに活かされるような，ニードに沿った受理面接を行うことが重要である．長年の事例検討の継続，積み重ねによって，少しずつではあるが目標に近づくことができ，手応えのある支援が見られるようになってきている．

B．個別ケアから集団ケアへの視点

個別ケースの事例検討を続けていく中で，個別ケアの限界と集団ケアの必要性，さらに地域の受皿を作っていくことの必要性が見えてきた．保健所で行っているさまざまな集団

表27　4木会事例検討一覧

年・月	会の動き	運営後の改善	他へのアピール 他グループとの交流	メンバー
昭和57.3 発足	第Ⅰ期　ねらい…公衆衛生における保健婦の主体性について学ぶ 形　式…月1回,事例検討（C・C）	運営上,主体的な動きはなかった.		都,精神衛生センター研修終了後の保健婦有志があつまる.
昭和58.4 昭和59.4	特別区研修所,自主研究グループの助成をうける. 同上,報告書作成が契機となり,活動をふり返る.	メンバーの力量は,どう変化したか…？現場での実践力をつけたい…と思いが強くなる.		助言者…都精神衛生センター所長（現,東大医学部教授）佐々木雄司先生
昭和60.4	第Ⅱ期　ねらい…個別支援の向上を図り,実践へ展開できる力をつける. 形　式…月1回のC・CとC・Cのふりかえり,3か月毎にみなおしをする.	C・C運営時,各メンバーの役割を決め,主体的にC・Cに参加することをねらいとした.（主体性の実践）		特別区保健婦以外,東大医学部学生,東大保健学科大学院生,聖路加大学大学院生,精神科病院看護士…が加わり,メンバーのひろがりにより,保健所から地域での援助のあり方と,幅が拡がった.
昭和61.3	60年度のまとめから,61年度の活動方針をだす. ねらい…個別支援の向上を図ると共に,会の運営のあり方をさぐる. 形　式…月1回のC・CとC・Cのふりかえり,メンバー各自が役割を持ち,その達成度をみる.	C・C＝受理面接と考え,レポーター＝相談者,メンバー＝被相談者として,良い相談関係が持てるようにすることをねらいとした.	昭和61年度 公衆衛生学会にて発表（2題）	
昭和62.3	61年度のまとめをだす→ゆきづまりの状況			
昭和62.4	第Ⅲ期　ゆきづまりから脱皮する為に→テーマの変更 ねらい…保健婦事業をみなおし,集団を支援する力を高める. 形　式…隔月毎,保健婦事業の検討	個別支援から集団への支援のあり方へひろがりを持たせることをねらいとした.	昭和62年度 公衆衛生学会にて発表（2題） 昭和63.1三保会参加 （他地域の保健婦との事例検討会）	メンバーの入れ変わりあり. 埼玉県保健所保健婦など,新メンバー4名が加わる.
昭和63.3	62年度のまとめをだす→事業のみなおしは,情報交換会であった. （交換された情報は,事業における人員配置の仕方,予算の使い方,健診の流れなど,システムに関するもの）			
昭和63.4	63年度の活動方針 ねらい…事業（集団健診）で浮び上がってきた,個別ケースへの支援を学ぶ. 形　式…月1回のC・CとC・Cのふりかえり	集団健診場面での個の重要性と,事業の中での,保健婦の主体的役割を学ぶことをねらいとした.	昭和63年度 公衆衛生学会にて発表（1題）	
平成1.4	第Ⅳ期　63年度のまとめをだす. 平成元年度の活動方針 ねらい…所内活動（健診,衛生教育等）と所外活動の継続性を学ぶ. 形　式…月1回のC・CとC・Cのふりかえり	集団の中の個に目を向けて検討すると,レポーターの主体性も浮上し,二次的に集団事業の問題点も検討しやすいことがみえてきた.	平成元年度 公衆衛生学会にて発表（1題） 雑誌投稿にむけて準備中	

ケア（衛生教育，健診など）と個別の相談，訪問活動をうまく嚙み合わせていくことに目が向くようになった．

C．自分自身の保健婦活動の振り返り

多忙な業務で忙殺されそうな中で事例検討会に参加することで，自分の考えを整理する機会が持てた．特に公衆衛生学会に自分たちの活動をまとめて出題した最初の年は，慣れなかったこともあって大変だったが，皆で目標を共有できるという意義は大きく，現在も出題を続けている．

D．運営の方法，会議の持ち方

自分たちの事例検討会をどのようにすれば効果的に行うことができるのか，参加者が満足し合える会にすることができるのかを探っていくことによって，自分たちが行っている事業を見る目が養われてきた．

事業を主催していく側の問題として，パターン化が挙げられる．この事例検討会でも事例の出し方，検討の持ち方に出席者がこだわりを持ち，検討そのものが非常に枠にはまってしまった時期もあった．

事業を行う時も同様である．本来，来所者のための健康診断であったものが，いつの間にか健康診断のための健康診断になってしまい，

「決められた約束事をこなすのが精一杯」になってしまうのである．

マンネリズム，パターン化に陥らないためには，常に自分たちが参加したいと思うような運営や，個別性のある事例検討を主体的に目指していくことは，グループを扱うことの多い保健婦が常に念頭に置いておかなければいけないことであろう．

（7）助言者が得られたこと，メンバーの支え合いによる学び……

今まで述べてきたように，事例検討会を続けていくというのはかなり難しいことであり，時にはメンバーがみな疲れ果ててしまい，会が成り立たなくなったこともあった．それでも今まで積み重ねをしてこられたのは，メンバー同士の支え合いと，もう1つは，グループを育てていこうという教育的な視野を持った助言者が得られたことが大きかった．

また，事例検討を通して職場のみでは得られない情報が得られたり，人脈を持つことができた．助言者の紹介で東京，埼玉，沖縄の保健婦と，各地域での特性を比較検討を目的とする交流会（通称三保会）を開き，韓国との交流も始めるなど，広がりを見せ始めている．

4木会を続けていく中から，他のさまざまなことを見る物差しを自分の中に持つことができるようになった，と感じている．また，たくさんのメンバーに参加してもらうことによって，事例検討の持ち方などについて4木会の事例検討が，各職場のモデルとなり，保健婦間である程度共通の認識を持つことができ，裾野が広がりつつあると感じているところである．

（石橋　禮子）

参考文献

1）4木会：4木会の歴史と研究成果について；特別区自主助成研究発表会．
2）渋谷京子他：保健婦の陥りやすい支援上の問題点－5年目を迎えた夜の事例検討会から（その1）；第45回日本公衆衛生学会口演，昭和61年．
3）石橋禮子他：メンバーの陥りやすい事例検討上の問題点－6年目を迎えた夜の事例検討会から（その2）；第46回日本公衆衛生学会口演，昭和62年．
4）山城久典他：事例検討から実践への展開上の問題点－6年目を迎えた夜の事例検討から（その3）；第46回日本公衆衛生学会口演，昭和62年．
5）諸沢洋子他：実践へ向けての事例検討会

運営上の問題点－6年目を迎えた夜の事例検討会から（その4）；第46回日本公衆衛生学会口演，昭和62年．

6）山村礎他：転機を迎えた自主事例検討会の問題点とこれから－7年目を迎えた夜の事例検討会から（その5）；第47回日本公衆衛生学会口演，昭和63年．

7）塩家智津子他：集団事業と個別支援－8年目を迎えた夜の事例検討会から（その6）；第48回日本公衆衛生学会口演，平成元年．

8）林邦子他：再び個別支援．とくにそのリズムを中心に（その7）；第49回日本公衆衛生学会口演，平成2年．

9）島袋洋子他：個別支援における連携（その8）；第50回日本公衆衛生学会口演，平成3年．

10）諸沢洋子他：保健所における社会復帰相談（出口）と受療相談（入口）－11年目を迎えた夜の事例検討会から（その9）；第51回日本公衆衛生学会口演，平成4年．

11）寺西秀美：ケース支援にあたって保健婦のストレスと社会資源（その10）；第52回日本公衆衛生学会口演，平成5年．

4）グループの事例検討会
　　　（中野区保健所保健婦他）

　研修（セミナーコース）をきっかけとした自主勉強会で，会の名称は特にないが，「事例検討会」と呼んでいた．

（1）発足のきっかけと経過
　1982（昭和57）年11月，東京都立精神衛生センターで第2回事例検討セミナーコースの研修が実施された．参加者の多くは比較的経験年数が長く，職場の中堅保健婦であった．それは精神保健業務が年々増加し続けている中で，保健婦の学習する場が限られていたためと思われる．
　当時のセンター所長佐々木雄司先生の，経験と研究によって構成された事例検討の方法はとても新鮮なものとして受け止められた．これまで結核や集団検診等，保健婦には管理的・公的サービス業務が多かっただけに，精神衛生活動に皆自信がなく，不安をたくさん抱えての研修だけに，研修に参加する保健婦は緊張する反面，意欲にも満ちていた．
　研修の終了間近に，だれからともなく続けて勉強したいという声が上がった．その結果，前回のセミナーコース受講者有志と合流して，1983（昭和58）年1月から毎月1回，土曜日の午後に勉強会を実施することにした．発足当時，下谷のセンターを会場にし，所長や相談員に助言者として参加してもらい，その後，中野北保健所に会場を移した．以後，最上先輩らの参加を得て，細々とではあるが7年2か月にわたって事例検討を継続してきたが，会の中心メンバーの転勤や私的事情により，1990（平成2）年3月，勉強会を一応終結することにした．

（2）勉強会を振り返って
A．会の目標
　特に改めて確認していないが，事例検討を通して日ごろの活動を振り返り，業務の向上に役立てる，というのが暗黙の一致点であったと思う．
　参加者の状況については，発足当時は10人くらいの参加者であったが，その後5～6人となった．研修の同期生に限らず勉強したい人は受け入れることとし，個人的に誘った．また，他のグループと合流し，16人も参加したこともあったが，常時は特別区の5～6か所の保健所からの参加であった．
B．検討会の内容
a．発足当初の事例は精神分裂病が多かったが，年を経るに従ってアルコール依存症や摂食障害，境界例と思われる事例，難病と精神障害の合併症，高齢の精神障害者と多岐にわたっていった．

b．デイケア事業のあり方
c．保健所の精神衛生活動のあり方等を折りに触れて
d．資料のまとめ方（単身ケースの緊急対応システムを考える）
e．その他

C．勉強会が保健婦活動にどのような影響をもたらしたか

参加者の学びや感想については，以下のようなことが挙げられる．

a．保健所の精神衛生活動について
a）精神衛生クリニックのあり方として，保健婦の役割と嘱託医の活用

特に保健婦の役割は，保健婦の相談ケースをクリニックに紹介する時，漠然と来所させるのではなく，家族が病気のことをどう考えているのか，また，何を相談し，指導されたいと思っているのか，ということについてなど，家族が専門医に相談したいことを明確にすることである．

医師の役割は診断と見通しを立てることであるから，保健婦にはクリニックの場で家族が相談したいことを，率直に，不安なく話せるよう支援する役割がある．また，実際に相談者が困っていることについて何ができるのか，そのケアを見出す場としてクリニックを活用することを学んだ．

b）近隣住民が相談者の場合，保健婦だけで対応するのではなく，クリニックを紹介し，問題となっていることや不安について直接専門医と話し合う場を作る．このように近隣者の不安や思惑をしっかりと受け止めることで関係者の緊張が和らぐ．保健婦はそうした状況を作った上で，ケースに働きかけていくことが有効であることを知った．

c）公衆衛生活動としての精神衛生活動のあり方

従来，保健所で行ってきたクリニックは，患者の早期発見，早期治療を最重点に置いてきた．精神衛生クリニックにおいてもそれは変わりないが，その他の特徴として，来所者の相談の場として位置づけている．例えば，治療中の本人や家族が主治医の相談を円滑に受けられないとか，医師の見解に不安を感じての相談もある．クリニックはこうした相談を受け入れ，主治医にどのように問いかけたらよいのか，あるいは，相談者の思いや考えに共感し，自信を持って主治医に相談する具体的なことを，相談者とともに考える場である．また，母子，成人，高齢者等の健診や相談，健康教育，結核・難病等保健婦業務は多岐にわたるが，それらの業務の中でも，常に精神衛生の視点を持つことの大切さを学んだ．

b．保健婦活動の視点および姿勢
a）常に事例から何かを学ぶという姿勢を学んだ．
b）生活者としてのケースという見方を忘れない．例えば，食べているか，眠れているか，仕事や生きがいについて，常に留意することが大切である．
c）保健婦チームとして引き受けていく態勢づくりの大切さを学んだ．精神のケースは，今すぐ生命に関わるという場合はそれほど多くないが，担当者がオープンにしないと，問題として浮上しない場合も多い．また，保健婦間での対応能力のバラツキもある．問題は学習であり，常に事例検討が必要である．
c．職場ではなかなか本音や実情が出せないが，職場を離れて客観的に本音で話し合えた．（若い保健婦からの感想）若い保健婦から率直な意見が聞けてよかった．（先輩保健婦の感想）
d．自分が保健婦として受け入れてもらえたという感じがする．

私は実習の少ない看護大学卒のため職場で即戦力にならず，同僚に受け入れてもらえない感じで自信がなかった．この事例検討で，
「その動きでいいんじゃない」
と言われ，私は初めて保健婦として受け入れられた思いになり嬉しかった．

—171—

(3) 事例検討の一部を紹介する

　振り返ってみると，検討された事例は，
「重たいなあ」
というケースが多く，解決策も見出せぬまま終了する日もあった．しかし，ここの事例を検討する過程で，前述のように多くのことを学ぶことができた．それを単に言葉としてまとめるだけでは抽象的になってしまうので，事例を通して紹介したい．

A．事例紹介
　a．テーマ
　　夫の死亡後，娘の発病に悩む母親への関わりについて
　b．提出意図
　a）過食，多動，母にまとわりつく娘にどう対処したらよいのかという母の相談に対し，緊急性はないが，保健婦のみで母親の相談を受けていてよいかどうか．
　b）母は本人を精神科医に受診させたいと考えているが，本人は拒否している．また，母は娘の育て方が問題であったと自責的になり，いちいち保健婦に指示を求める．どのように対応すればよいか．
　c．本人の生活歴
　　21歳・女性・病名不明　子供のころ敏感な子で，両親に可愛がられた．15歳の時家庭内暴力，その後1か月高校を休校して外国に旅行した．希望する大学は父の反対で受験を断念している．その後デザイナー学校に入学したが，出席日数不足のため留年になり，現在に至る．
　d．家族の状態
　　父は本年4月に49歳で死亡した．約5年前に脳出血で入院して以来3～4か所の病院施設で療養し，機能訓練を受け，回復に向かっていた．そうした中で突然心臓発作を起こして死亡した．
　　母（49歳）はこの事例の相談者で，行動力があり，テキパキした感じの人である．白黒をはっきり言う人であるとともに，他人に尽すタイプでもある．母は思うように生きてこれなかった悔いがあるせいか，娘には思う存分に生きてほしいと育ててきた．
　　妹（16歳）は高校2年生，色白ですらりとした可愛い娘である．母から見れば，素直で何でも聞いてくれるよい子である．
　e．家庭の経済生活
　　遺族年金とアパート（5世帯）の収入で生活している．

B．相談の経過
　a．相談者はだれか
　　母親からの相談
　b．相談の経緯
　　長女は父親の突然の死に直面して強い衝撃を受け，「パパを返せ」と医師に迫り，不安定な状態になった．長女は父の死亡（2か月前）後精神的におかしくなった．
　　「何回も病院に行くのは嫌だ」
と言い，家の中をウロウロし，人の眼を気にしておびえる．母はどうしたらよいのか．
　c．保健婦の対応
　　保健婦はあまり性急に病院に行くことを勧めずに，母の来所を促した．

C．相談の経過
　表28を参照．

D．事例検討の内容（一部）と考察
　a．相談者を援助者側（保健婦）がどう捉えるかがとても大切．それによって援助の方向性，内容が変わってくる．この事例の場合どう見ていたのだろうか．
　　レポーターは，
　　「母親はテキパキとはっきり事を話せる行動力のある人で，娘も言い負かされる感じがする．娘の急激な変わりように対して，娘の辛い気持ちや思いを聞くことができないでいる．母親らしい優しさを出せない，あるいは下手な人」
と見ていた．
　a）グループメンバーの考え方や意見も多様

表28　相談の経過

相談者	本人の状況と相談内容	保健婦の対応
母来所 （父の死から2か月後）	父親の死後，落ち着きがなくなり，室内をウロウロ，だらしなくなる．母親にべったり，他人の分までガツガツ食べる．精神科を受診させたいが本人は拒否している．家族の対応等を含めどうしたらよいか．	家族と1時間面接後，精神保健クリニックへ来所を奨め，嘱託医の助言を受けるように．緊急性はないと思われるので，本人が受診する気持ちになるまで待つ．保健所に相談したことを本人に話すように．
1か月後 母来所	家計が苦しいから働けと言うと，2～3日働いただけでデレデレしている．「出ていけ」と言ったら喧嘩になり母をひっかいた．母「飼い犬に噛まれるとはこのこと！」．本人「自分を人間扱いにしてない！」と，ますます興奮．祖母「不祥事でもおきたら大変．入院させたほうがいい」といっている．母も「入院させてほしい」と強く要望する．	保健婦の判断は入院の時期ではない．T病院の薬（父の主治医に相談し心臓内科の安定剤）を飲ませること．就労はまだ無理．"飼い犬に！"は本人のプライドを傷つけた．まず，母が落ちつくこと．又，落ちつけなくなったら相談を．保健婦が会いたがっていると本人に伝えてほしい．そして，家族訪問を約束（訪問は本人が拒否）
1か月後 クリニックに母来所	父の納骨に家族で出掛けた．その後本人はやや落ちつきポスターを書いている．母は"1年位遊べ"と言えるようになった．本人の対応等，細々したことに指示を求められる．母は，飲酒しないと眠れなくなり，心の中にぽっかり穴があいたようだ．どう生きていったらよいのか？パートでもしようか～	嘱託医：本人は遠まわりでも服薬なしで回復するかもしれない． 保健婦：薬飲まなくとも回復力のある人，遠回りしても乗り越えた方がよいかも，良くなっているのだから．懸命に尽くしたご主人の存在は，非常に大きかったのですねと，母の気持ちを受けとめた．
1週後 母・妹来所	姉妹けんか，妹の部屋に閉じこもり手紙や日記を見た．父の発病時，長女に相談したことを負担に感じたと言い，今，母にその責任を追求している．以前のアルバイト未払い金のことで家裁にいくといっている．母はそれが気になる．この盡だと悪くなり，妹への負担も心配．母の育て方が誤っていたのだろうか．母は就労を決心した．母は就労中，本人が火事でも起こさないかと心配．	日記や手紙の置き場所を変えたらどうか． 医師が服薬不要といったのだから，病気は軽いと思っても良いのではないか． 母の育て方が原因とは必ずしも言えないと思う．その他，失火予防等具体的対応について，一通り話をして，あとは本人を信頼する気持ちを表す．
1週後 母来所	娘達は母が厳しいと言う．母が娘を追い込んだのだろうか．妹がベタベタしても嫌いではないが，本人がまつわりつくと気持ちが悪い（本人の体臭は夫の体臭と似ているので嫌だ．母は，夫を拒否し続けてきた）． 母の外出先を一々聞きうるさい．母不在時の仏壇からの失火が心配．今後どう生きたらよいか．	厳しさや優しさ両面あってよいと思う．あまり自分を追い詰めなくともいいのではないか．娘達は大人であるから，自分の考えで事をすすめるのを見守る気持ちになれるといいかも． 夫への気持ちを整理して，すんなり本人を受け入れられるようになれば，本人も変わると思われる． 自分らしい生き方を，自分で見つけていくしかない． 失火させない工夫として，仏壇の扉を閉めて置くように提案．
1週後 母来所	本人は家裁に行ったが，相手は出廷しなかった．帰ってきてぐうぐう寝ていた． 母の就職先決まる． 本人は母の就労や，異性との交際などに一々反発．純粋に育て過ぎてしまったのかもしれない．本人を一人前にするまでは生きてやらなくてはと，母親の気持ちになる．	ソーシャルワーカーと保健婦の同時面接 ソーシャルワーカー：今，無理に医療機関や保健所に結びつけない方がいい．精神科疾患と考えないほうがいいのではないか． 友達はいるの？いれば遊びにきてもらうといいね．

—173—

であった．

「家庭の経済生活の力はあるが，娘の心の病気を見守り，対処していく側面は弱いのではないだろうか．性急な母の相談は，夫の突然の死，その後娘の病気，というこの家族にとっての危機状態に，困惑しきった相談はむしろ当然かと思われる」
というのが大方の意見であった．

b）本人が病気か，異常か，正常かを問うことではない．この年齢で家の中に閉じ籠もっている不健康さが問題である．今までの生活の仕方，やってきた内容などを見ると，やはり病的と言ってよいであろう．母親が変わることで落ち着いていける人なのかどうかを見極めたい．いつか本人と直接会うべき人である．医師に見せたほうがいい人だと思う．たとえ病気でなくとも，受け止める人がいないのだから保健婦が会うべき人である．

c）専門医相談について
　本人は，
「精神病ではない」
と言っており，本人が納得しないうちの専門医相談は無理があるが，医師に見せたほうがよいケースである．

b．関わり方の問題

a）「早口にまくしたてる母，『飼い犬にっ』などと娘を傷つける母……」というように，保健婦は母親の言葉に反応してしまっている．強い言葉や態度を出すほど中身は弱いことが多い．

　しかし，保健婦は母親の気持ちに乗らず，言葉に乗ってしまったのではないか．

b）保健婦が追いつめられてじまっている．母親が理詰めで問い詰めてくるので，理詰めで答えなければならないと思ってしまったのではないか．

c）本人に目が向けられているが，最初に暖かい援助（助言ではない）が必要なのは母親だったのではないか．母親をたしなめたりしないで，まず聞いて，どんな思いで来たのかということをよく理解し，共感するプロセスがあって初めて助言できる．しかし，なぜ母親の立場に立てなかったのか，ということを考えてみると，狭い意味の看護に捉われていたようであるが，「患者中心」という見方からその幅を広げ，家族全体を見ていくようにしたい．

d）上記の討論を経てレポーターの思いが出された．

「最初の出会いで，自分の価値観で母親を見てしまった．往々にしてそうなりがちで，相談者の気持ちを聞けない自分がある．その癖を治すのはどうしたらよいか」

　この問いに対してプロセスレコードを作り，相談者と保健婦は相互にどのような話し合いをしたのかを，振り返ってみる方法もあるという意見が出された．

c．今後，どうしていくか

a）保健婦は本人と会う方向で，母親と一緒に関わっていく必要がある．母親とだけ会って抽象論で展開していても進展がない．母親が本人に保健婦と会わせるように仕向けていく．

b）本人への援助は何ができるだろうか．アルバイト代がもらえなかったことはよくわからないが，本人の気にしていること，それを解決するのは保健婦ではないと思うが，一緒に考えることはできる．本人の「高望み」はあまり否定しないで，その人自身の希望，やれる可能性があるのかどうかを具体的に詰めていく．それでも本人がやりたいということは認めていく姿勢が大切である．また本人は挫折感が深い．その思いをまず聞き，共感するところから始める．

c）本人に対する母のケアは，本人の苦痛を受け止める態度を持てればよいし，成人した娘として扱うことが肝要である．家族も本人もともども，父（夫）死亡後の生活の建て直しとして自立を目指すことに保健婦の関わりを続ける．

d．レポーターの提出意図を踏まえて考察
a）「緊急性はないが，保健婦だけの関わりでよいかどうか」についてであるが，母との相談関係はできているが，本人とはまだ会えていない時点で，強いて他の専門職を入れなければならない理由はない．しかし，レポーターが本事例の相談について，他の専門職の意見を求めるのは自由．
b）初回相談において，保健婦は切羽詰まった相談者の話しから援助の方針を出している．不安を増幅させないように家族が落ち着くこと，本人の健康な側面に働きかけることを勧める．
c）保健婦の提案に母親は不満げであるが，定期的に相談に来ており，本人への対処の仕方を変えている．本人の健康回復が見えてきた時点で，母親は自分のことに気づき始めた．
d）保健婦の役割は，一貫してケース本人のサポートをしながら，母親の言葉や行動の影響について話し，生活の変容につなげている．
e）相談者との出会いとその受け止め方について，レポーターからも，
「自分の価値観で母親を見てしまった」
という意見が出された．確かに「関わり方の問題」で述べているように，初回相談が重要なことは言うまでもないが，相談者の思いを受け止めることが困難な場合もある．本事例では，母親と相談を続ける中で保健婦との関係性が持てるようになった．このことは，相談を継続することによって，相談者のニーズに取り組むことを可能にし，相互理解を深めることを学んだ．

（4）おわりに
　今までの経過をまとめてみると，たった1つの事例からも，これだけ多くのことを学べたことを再び確認し，改めて事例検討の必要性を痛感している．
　レポーターの事例提出意図に沿って検討したが，その一部を上げて他を割愛したため，意を尽せないところもある．
　相談者にとって緊急な出来事も，相談を受ける側としては必ずしも緊急性が見えないこともある．保健婦の日常活動では，常にこうした事例に出会うことが多い．そういう意味で，日常だれでもが出会い，経験するであろう事例を基に，保健婦の相談活動を確かめ合う事例検討を大切にしたいと思っている．
（事例提供者：板橋区保健所保健婦丸木ミサ，レポートのまとめ：黒田桂子）

参考資料・文献

1）外口玉子他：小平における保健婦の精神衛生活動の記録，精神衛生相談活動における"支援システム"としての家族へのアプローチp.47〜55；小平精神衛生看護研究会，1982.12.

5）酒害相談検討会のあゆみ

　保健所における酒害相談事業各所で始まった1985（昭和60）年ごろ，保健婦たちはあまりアルコール依存症の事例は手懸けておらず，その対応に苦慮していた．一部の経験豊富な区を除いて，スーパーバイザーに頼っての事業開始であった．今までの分裂病を中心とした精神障害者への援助の仕方とは違う方法論に戸惑いながら，活動は進められていった．
　1985（昭和60）年の夏，保健婦の自主勉強会である精神事例検討会の場で酒害相談が取り上げられ，各区の現状報告と抱えている諸問題，例えば，
「グループ運営における保健婦の役割は何か」
「地区担当保健婦が訪問するのはなぜ問題なのか」
「どうして底を突くまで黙っていなければならないのか」

など，いろいろ提起された．そして現状を出し合う中で，
「自分たちが学習しながら疑問や問題を解決する場を作ろう」
ということになり，1986（昭和61）年2月に，会発足に向けての準備会が開かれた．10人ほどのメンバーが集まり，各区の現状や問題点を出し合い，どういう会にするのかを検討した．しかし，準備会のメンバー各々が会の方向をどうするかで悩み，専門家のアドバイスをもらうことにした．アルコール専門医の病院に夜出かけて行き，自分たちの疑問や不明な点を出して，助言や意見を求めた．何回かの話し合いの結果，自分たちのアルコール問題に関しての知識不足が，グループ運営や個別援助に問題を投げかけていることを認識することになった．

そこで，会として次の3点を目標にスタートすることになった．

① アルコール依存症についての基礎知識の学習をする．

② 事例検討を通してケアの方法論を学ぶ．

③ 保健所のグループワークのあり方を検討する．

そして，2か月に1回の学習会を開くこと，事前に世話人会を開き，運営方法の検討をしながら進めることになった．

1986（昭和61）年6月，第1回の学習会がスタートした．第1回ということで，参加者が何を期待して参加してきたのか，各所の酒害相談事業の取り組み状況について話し合った．

世話人同様基礎的な学習をしたい人が多く，取り組みもまだの所や，始まったばかりの所も多い状況であった．たくさんの区の方々との交流を考え，当日は世話人の公募を行った．その結果，墨田，江戸川，板橋，練馬，足立，江東の各区の計10人で世話人会を運営することになった．学習会終了後新しい世話人会を開いて態勢づくりを行い，代表，会計，司会担当，記録担当を決めて動き出すことになった．

昭和61年度と62年度は，各分野で活躍しているアルコール問題の専門家を招いて基礎学習を行った．

昭和63年度および平成元年度は事例検討，グループワークの方法論の学習・検討等を取り入れた．

平成2年度と3年度は事例検討と講義を交互に行った．

学習会は23区の全保健所・保健相談所に通知を出して行っている．保健婦中心の会であるが，まれに看護士，医療ソーシャルワーカー，保健所のグループワーカーが参加することがある．参加人数は20人前後で，半分強が常連である．

1986（昭和61）年の第1回酒害相談検討会からスタートして，早いもので6年目を迎えた．無理をしないでやれるペースで進めてきたので，何とか続けてこられたと思っている．酒害相談事業を実施する所が増え，保健婦も積極的な取り組みをするようになった．会への参加動機も，
「酒害相談を始めたが壁にぶつかったので」
「酒害相談担当になったので勉強し直そうと思って」
などというものが多くなってきた．年度初めには，若い保健婦が先輩の保健婦に連れられて基礎知識の学習に来る姿が見られる．

会を進める中で配慮してきたことは次の3点である．

① できるだけ参加者の声を聞き，会の運営に取り入れる．

② 参加者にできるだけ発言してもらう．

③ 世話人1人1人の負担が軽くなるように，みんなで役割分担をする．

具体的に振り返ってみると，例えばグループ運営に関しての悩みが多く出されると，

① それをテーマに検討会を何回か実施する，

②　検討会の中で問題点を整理し，自分たちの体験交流を通して解決の方法をいくつか導き出す，

③　最後にスーパーバイザーを招いて講演会を行い，意見を交換し，補う，というように，参加者の声を聞くと，今述べたように，1つのテーマを何回かにわたって取り上げ，深めていき，その成果を各々の職場に持ち帰って，各自の実践の中に具体的に取り入れていきやすいように配慮している．

　世話人は確実に力をつけ，それぞれの保健所，保健相談所で積極的に事業を展開し，新人教育の場としても会を利用している．一般参加者はアルコール依存症の本人や家族と出会ったり，酒害相談事業の運営に悩んだりして，壁にぶつかったあげく，解決を求めて会にやってくる．1度参加してよかったと思った人は，次には職場の仲間を誘って来たりする．参加者はテーマによって増えたり減ったりして，顔触れも変化する．常連（世話人を含む）の感想としては，

　「技術やテクニックを学ぶ場にしている」
　「職場に帰って仲間に報告するようにしている」
　「人間としての生き方が学べる」
　「保健婦としていろいろなケースに接する時の心構えが学べた」
　「肩肘はらずに仕事に取り組めるようになってきた」
　「ほっとする場だ」
などという声が寄せられている．

　アルコール依存症という病気と，それを取り巻くさまざまな問題について学びながら，各人がいろいろなことを感じ取ってきた．それらはアルコール関連問題だけでなく，他の仕事を進める上でも活かされてきた．今後も，必要な時に参加してもらえる場，自由に何でも話せる場の提供ができるように進めていきたいと思っている．

　　　　　　　　　　　　　（多田　久子）

おわりに

　私たち保健婦の精神衛生活動の歴史をまとめようという話が，三多摩保健婦精神看護研究会で提案され，取り組み始めてから14年が経とうとしています．

　作業は，グループに分かれ原稿を依頼し，資料を集め，分析の方法を考え，できるところから始めました．しかし，まとめの作業は想像以上に難しく，検討する時間も十分とれず，これまで時間がかかってしまいました．保健婦の活動を文章化することが容易でないことを痛感し，何度も壁にぶつかりながら，何とかまとめの作業を続けてきたのは，それぞれの保健婦からいただいた活動記録のすばらしい内容に魅せられたからです．そしてこの活動の中から学び得たことを，これからの地域看護を担っていく人たちにぜひ引き継いで欲しい，そのためにも活動の一端を文字に残しておきたいという思いがあったからです．

　なおこの本の作成にあたり，多くの保健婦諸姉から原稿およびご意見や資料をいただき，完成することができました．本来の保健婦活動をしながらの原稿の執筆や資料の収集は本当に大変で，ご苦労をかけてしまいました．ここにあらためて感謝の意を表したいと思います．また，この本のみで，保健婦の地域精神衛生活動の歴史全体を網羅できるとは考えておりません．まだまだ取り上げていない活動や，違う切り口からのまとめ方があると思いますが，保健婦によってすすめられた地域精神衛生活動の一側面として見ていただければありがたいと考えています．

　最後に，三多摩保健婦精神看護研究会が発足した当初から，スーパーバイザーとして参加していただいた外口玉子氏（現かがやき会理事長）をはじめとし，東京都精神医学総合研究所・医療看護研究部門の皆様には，この本をまとめるにあたりさまざまなご協力をいただき感謝しております．また，編集に長期間かけることになり苦渋しましたが，発刊することができたのは，「やどかり出版」の西村恭彦氏の貴重なご意見とはげましを受けたおかげです．ここに厚くお礼を申し上げます．

編集委員　柏木由美子　（狛江調布保健所）
　　　　　斉藤　泰子　（宮城大学看護学部地域看護管理）
　　　　　新村　順子　（三鷹武蔵野保健所）
　　　　　最上キクヱ　（元　東京都精神衛生センター梅ヶ丘分室）

地域で生活をすることを支えて
精神障害者との出会いから50年

2000年2月15日発行
編　者　三多摩精神看護研究会
発行所　やどかり出版
　　　　代表　増田　一世
　　　　〒330－0814　埼玉県大宮市染谷1177－4
　　　　TEL 048－680－1891
　　　　FAX 048－680－1894
　　　　E－mail johokan@mb.infoweb.ne.jp
印刷所　やどかり印刷